国学经典

姜忠喆／主编

中国通史

鉴古中国兴衰成败 通五千年沧桑流变

辽海出版社

【第一卷】

图书在版编目（CIP）数据

中国通史 / 姜忠喆主编 . — 沈阳：辽海出版社，
2018.11

ISBN 978-7-5451-4749-0

Ⅰ . ①中… Ⅱ . ①姜… Ⅲ . ①中国历史—通俗读物
Ⅳ . ① K209

中国版本图书馆 CIP 数据核字（2018）第 249600 号

中国通史

责任编辑：柳海松
责任校对：顾　季
装帧设计：廖　海
开　　本：710mm×1040mm　1/16
印　　张：90
字　　数：1710 千字
出版时间：2019 年 3 月第 1 版
印刷时间：2019 年 3 月第 1 次印刷
出版者：辽海出版社
印刷者：三河市兴博印务有限公司

ISBN 978-7-5451-4749-0

ISBN 978-7-5451-4749-0

定　　价：1580.00 元

《中国通史》编委会

前 言

中国是一个拥有五千年灿烂文明史，又充满着生机与活力的泱泱大国。中华民族以其先辉的历史屹立于世界的东方。

在中华民族的历史长河中，曾创造了无数的文明奇迹，谱写了许多不朽的篇章。

自公元前 3000 至公元前 21 世纪，是中国文明初起的时代，也就是历史上三皇五帝时期。"三皇"是伏羲、女娲与神农。"五帝"为黄帝、颛顼、帝喾、唐尧与虞舜。后来黄帝统一各部，所以中华民族一向自称为"黄帝后裔"，又因炎、黄两部落融合成华夏民族，故也称为"炎黄子孙"。

公元前 21 世纪至公元前 17 世纪，是中国第一个王朝——夏王朝时期。夏朝的建立标志着中国若干万年的原始社会基本结束，数千年的阶级社会从此开始，它的诞生成为中华文明史上的一个重要里程碑。夏朝总共传了 14 代 17 个王，延续近 500 年。

商汤灭夏，是历史的进步。新建立的商王朝，虽然在社会形态上与夏王朝并无区别，但是它的诞生，毕竟给古代社会内部注入了新的活力，健全了古代阶级社会的机制。所以古书对商汤伐桀灭夏一事给予了充分的肯定，认为"汤武革命，顺乎天而应乎人"。

商朝共历 30 主 17 世。

西周从武王灭商建国，到幽王亡国，一以共历近 300 年，是中华文明的一个重要时期，也是中华古典文明的全盛时期，它的物质、精神文明对后世历史的发展产生了深远的影响。

周朝经历了 37 代天子，共 800 多年。

春秋时期，是中国历史上社会经济急剧变化、政治局面错综复杂、军事斗争层出不穷、学术文化异彩纷呈的一个变革时期，是中华古代文明逐渐递嬗为中世纪文明的过渡时期。

据史书记载，春秋 242 年间，有 36 名君主被杀、52 个诸侯国被灭，有大小战事 480 多起，诸侯的朝聘和盟会 450 余次。

战国时期，战争愈来愈多，愈打愈大。据统计，从周元王元年（公元前 475 年）至秦王政二十六年（公元前 221 年）的 255 年中，有大小战争 230 次。

公元前 221 年，秦王嬴政灭六国，终于建立了中国历史上第一个统一的多民族的中央集权的国家——秦，历史从此翻开了新的一页。

为了加强对全国的统治，使秦帝国长治久安、万世不移，秦始皇在政治、军事、经济、交通、文化及对外开拓诸方面，采取了一系列新的政策。

西汉是中国的一个黄金时代，在国力上达到空前的强盛，疆域也是扩张到空前的辽阔，势力也伸展至中亚。

东汉皇统屡绝，外蕃入侵，母后与天子多无骨肉之亲，所以多凭外戚专政。及至天子年壮，欲收回大权，必然和外戚发生冲突，于是天子引宦官密谋除掉外戚。此一时期，外戚、宦官明争暗斗，此起彼伏。

公元 581 年，北周相国杨坚接受北周静帝的"禅让"称帝，国号"隋"，建元"开皇"。

隋继承了北周的强大，等内部安定后，随即在 589 年灭南方的陈国，结束了 270 余年的大混战，统一了中国。

唐代把中国封建时期的繁荣昌盛推向了顶峰：有发达的农业、手工业和商业，纺织、染色、陶瓷、冶炼、造船等技术也都有了进一步的发展。

宋朝时，中华文化继续发展，是中华文化的鼎盛期，唐代最突出的成就是诗歌，而宋代在教育、经学、史学、科技、词等方面都超越了唐代。

南宋的历史都与抗击北方外族的战争相关，从 1127 年开始，南宋王朝对金王朝进行了 5 次战争，最后被蒙古人所灭。

1271 年，蒙古大汗忽必烈把原来属西夏帝国、金帝国、宋帝国、大理帝国和蒙古本土合并成一个帝国，国号"大元"。不断的征战和元政府的歧视汉人政策，导致汉人不断地反抗，元朝皇帝终被逐出中原，回到蒙古故地，元帝国也随之灭亡。

朱元璋建立的大明王朝，使中华民族从一个厄运又走进另一个黑暗的长夜。

明末，"辽饷""剿饷""练饷"加重了给百姓的负担。政治腐朽，贪污成风，是明末的一大痼疾。明王朝终于在内忧外患之下，走向灭亡。

明王朝的腐败，再加上李自成的暴动，加速了这个汉族建立的封建王朝的灭亡。取而代之的是中国北方的清王朝。清王朝是中国的最后一个王朝。清朝前期它带领中国进入了另一个强盛时代。

19 世纪中期以后，清王朝迅速衰败。鸦片战争之后，英、美、法、俄、日等国家不断强迫清政府签订各种不平等条约。自此，中国逐渐沦为半殖民地半封建社会。

1911 年孙中山领导的辛亥革命，推翻了清王朝 368 年的统治，同时也结束了延续 2000 多年的封建君主制，建立了中华民国，这是中国近代史上最伟大的事件之一。

但随后中国又陷入了新的混乱之中，新旧、大小军阀连年混战，日本侵略者大举入侵。以毛泽东等为代表的中国共产党人，经过 28 年艰苦卓绝的斗争，终于在 1949 年 10 月 1 日建立了崭新的中华人民共和国，中国人民自此走向新生。

《中国通史》是一部全景式再现中国历史的大型图书，它在吸收国内史学研究成果的基础上，将中华文明悠久历史沉淀下来的丰富的图文资料，按历史编年的形式进行编排，直观地介绍中国历史的发展进程，全书共分 6 册，以众多珍贵图片，配以 160 多万字的文字叙述，全方位地介绍中国历史的荣辱兴衰，内容涵盖政治、军事、经济、文化、外交、科技、法律、宗教、艺术、民俗等各个领域。

因编写时间仓促、编者水平所限，书中难免存在疏漏之处，敬请广大读者与专家学者批评指正。

《中国通史》编委会

目 录

远古文明

（公元前 800 万年至公元前 21 世纪）

夏 朝

（公元前 21 世纪至公元前 17 世纪）

商　朝

（约公元前 17 世纪至约公元前 11 世纪）

西　周

（约公元前 11 世纪至公元前 771 年）

春秋战国

（公元前 770 至公元前 221 年）

秦 朝

（公元前 221 至公元前 206 年）

西　汉

（公元前 205 至公元 24 年）

远古文明

（公元前 800 万年至公元前 21 世纪）

元谋人

1965 年中国冰川学家进行考察时，在云南元谋县上那蚌村发现了"元谋猿人"。主要发现有猿人的左、右上内侧门齿两颗，用古地磁测定法检测，这两枚牙齿化石属同一青年男性个体。后来在元谋猿人化石所在的褐色黏土层里，发现用石英岩打制的刮削器 4 件，在这个地区还采集到其他的石制品 10 余件。在厚约 3 米的 3 个地层中零星散布着炭屑，还并存有烧骨，是否人工用火的遗迹，现在尚不能断定。和元谋猿人化石并存的有多种哺乳类动物化石。这些动物有许多是食草类动物。经鉴定，元谋人距今大约为 170 万年左右，是在我国已发现的最早的人类。它确证了中国人的历史起源和存在。

根据化石，我们可以推测出：170 万年以前，云南元谋一带，榛莽丛生，森森郁郁，是一片亚热带的草原和森林，原始鹿、爪蹄兽、最后枝角鹿等第三纪残存动物在这里出没。再晚一些，则是桑氏鬣狗、云南马、山西轴鹿等早更新世的动物。它们大多数都是食草类野兽。元谋人使用原始的石器捕猎它们，以保证自己的生存。元谋人制造和使用这些石器，后来中国人的文明就这样开始萌动。

蓝田人

1963 年，考古学家在陕西蓝田县发现了中更新世时代的猿人化石，被称为蓝田人，距今约有 80 万至 60 万年了。所发现的化石有头盖骨一具、上颌骨和下颌骨各一具，还有牙齿 10 余枚。头盖骨骨壁极厚，额骨很宽，向后倾斜，眉脊粗壮，脑容量小，估计约为 780 毫升。此外，还发现有打制石器和一些动物化石。

但更重要的是他们已经是完全的直立人，而且是亚洲北部最早的直立人。直立起来，这是成为人的重要标志。

北京人

北京人的发现是 20 世纪考古学和古人类学的重大收获。

1923 年，有人偶然在北京周口店附近龙骨山上的一个天然山洞里发现两颗古人类牙齿化石。这个洞东西长 140 余米，南北最宽达 40 余米，最狭处仅

2 米，高 40 余米。后来，考古工作者从这里发掘出 6 个完整的头盖骨、153 颗牙齿等代表着 40 余位男女老幼个体的骨化石及一万多件石器工具。根据第十一号头骨化石复原的北京人头像，是人类学头像复原的首例。据研究测定，周口店北京人的脑容量为 1059 毫升，距现代人的平均脑容量 1400 毫升还有较大距离，但从脑膜上语言区部位隆起的现象分析，他们已经有了简单的思想和语言。

那时，周口店一带三面有青山环绕，北京人为了在极为艰难的环境中生存，为了对付各种凶残的禽兽的侵袭，经常二三十人在一起，过着群居生活。一个山洞就是一个群体的"家"，"家"内的人们过着没有婚姻禁约的血缘群婚生活。他们之间也没有明显的劳动分工，只是按照习惯，年迈体弱的留在家中照顾幼儿，或者干一些轻微的活儿，不过，他们还有一项十分重要而神圣的任务——看护火种。因为那时的北京人尚未学会人工取火，只能将雷击引起的天然火种引到洞内，安排在一个固定的地方看护，使之不致熄灭。当需要烧烤食物、取暖或照明时，就添加柴火，使火旺盛起来。

在希腊神话里，普罗米修斯为人类从天神宙斯那里偷火，而中国的古史传说则是燧人氏"钻木取火，炮生为熟"，火是人自己发明创造的。从地下的史料发掘看，欧洲人是在 4 万年前旧石器时代的摩斯特里安期，才有人使用火的确凿证据，而周口店北京人的遗址里，有成堆的灰烬，紫、红、白、黑、黄、五色缤纷，却是 50 万年以前人使用火的实在遗迹。

人掌握了火，不仅能驱寒取暖，还能用作与野兽搏斗的武器，更重要的是，火使人从生食到熟食，体力和脑力都得到大幅度提高和改善。可以看出在火光中，人的生活方式变得更积极，走向文明的步伐也大大加快了。

北京猿人有较多的原始特征，头骨低矮，其最宽大的位置在颅骨基部，前额低平，并且明显向后倾斜，眉脊骨粗壮并向前突出，颅骨很厚，平均厚度几乎为现代人的一倍，面骨粗大，眼眶深而宽阔，鼻骨很宽，鼻梁较平扁，颧骨高而向前，上颌明显突出，下颌宽大并向下后方倾斜。牙齿的齿冠和齿根都比较粗大，咬合面有复杂的纹理。北京猿人的肢骨仍然带有一些原始性质，如股骨稍稍向前弯曲、因管壁厚而使髓腔较小、股骨主干上部平扁等，但是其总体特征则与现代人相近。北京猿人遗址所发现的各种石器有 17000 多件，此外还有大量石片和石器。据研究，北京猿人采用砸击、锤击、碰钻等方法制造石核。据考证，北京猿人生活在距今约 50 余万年到 40 余万年之间。

远古文明

丁村人

从元谋猿人到北京猿人的这一段历史时期，在远古史上被称为旧石器时代前期。这一时期人类的文化成就很多，最突出的恐怕要算用火了。人类在尚不知用火以前，在大自然面前还只能是奴仆，只有到这时，人类才第一次取得了支配一种自然力的能力，开始了人类改造世界的历史。北京猿人已知用火，这是他们在历史上建立的殊勋。可是，从人类取得物质生活资料的主要手段来看，元谋猿人与北京猿人都还不过是一群群采集者。平时主要靠采集野果，挖掘植物的块根填充饥肠，偶然猎获些小的或温驯的动物，吃顿烧烤野味，那就是难得的美餐了。因此，他们也就未能跨越原始人群的历史阶段。

又过了几十万年，到了旧石器时代的晚期，一批批的采集者先后成长为勇敢的猎人了。这在考古发掘方面得到了充分的证实。

"丁村人"是20世纪50年代初期在山西襄汾丁村一带发现的。这里有旧石器时代早期直至晚期的丰富文化遗存，其晚期文化距今约7万年左右。这里发现了属于一个十二三岁儿童的两颗门齿和一颗臼齿化石，其臼齿咬合面结构形态在猿人和现代人之间，齿冠舌面中部低陷呈铲形，与现代黄种人较为接近。另外一个是大约两岁小孩的右顶骨化石，它比北京猿人小孩的顶骨薄，显示了人类体质的进步。发现的石制品有2000多件，石片和石器一般都比较粗大，类型有单边或多边砍砸器、石球、三棱大尖状器、鹤嘴形厚尖状器、刮削器等，其中以三棱大尖状器最具特色。从石器类型的多样性和制造技术来看，丁村人的石器已经有了较明显的专业分工。

丁村人用角页岩、燧石和石灰岩制造砍器、斫器、手斧、石球、厚尖状器、小尖状器和多边形石器。最具特色的是大三棱尖状器——三面棱角使其威力大增。

丁村文化与西侯渡文化、蓝田文化有密切关系，在类型上更接近于山西省芮城县风陵渡60万年前的匼河文化，是华北旧石器时期文化的典型代表。

河套文化

河套文化是约5万年前至3万年前的旧石器时代留下的遗址，在内蒙古萨拉乌苏河六湾沟一带的峡谷峭壁上。在河、湖生成的细沙、淤泥和风成的沙丘底层，发现了丰富的动物化石。其中有晚期智人化石23件，包括额骨、枕骨、肩胛骨、胫骨和牙齿等。还有用石英和燧石打制的刮削器、尖形器、楔形石器、钻具和雕刻器等共500余件。这些石器的特点是器形小巧，因而被命名为"细小石器"。这里的动物化石被称为"萨拉乌苏动物群"，有最晚鬣狗、诺琪驼、河套大角鹿、披毛犀、原始牛、王氏水牛、赤鹿、蒙古野马等30多种，虽然我们已不能亲眼目睹，可是凭想象，我们也能感觉到，那是一个多么壮观的原始草原动物园！

与河套文化基本同时，宁夏灵武县水洞沟文化遗址出土了1000多件石器，它们包括用硅质石灰岩、石英岩、砂岩、燧石等做原料打制的刮削器，以及柱状石核和长石片。

河套文化和水洞沟文化的遗址里都有人工使用火的痕迹，这代表人类的文明已开始持续发展。

安阳小南海文化

1960年，在河南省安阳市小南海附近的岩洞中，发现了大量石器和18种动物的化石，时间约在距今23000年以前。遗址堆积厚达8米，从上到下分为7层，器物主要在第五层和第六层中。

根据动物化石考证，这个岩洞先是斑鬣狗的巢穴，掌握了火的人类强占为自己的居所。

小南海文化石器的制造技术已经比较进步。和石锤打击燧石石料，制作固定类型的石器。细小石核和长条石叶，已经是雏形的细石器。

动物化石表明，洞熊、安氏鸵鸟、披毛犀等，都成了愈来愈强有力的人类的俘获物，人类在自然界中已居于主宰地位。

山顶洞人

山顶洞人是母系氏族公社的早期阶段。

他们是接近现代人的"北京人"。这些公元前19000年至公元前10000年的化石发现于北京周口店北京人遗址的山顶洞。这是一个洞穴堆积，洞口朝北，里面分上室、下室和地窖。东南部是上室，东西长16米，南北宽8米，是山顶洞人起居坐卧的地方。洞西北部是下室，深达8米，保存着三具完整的人骨化石，可能是葬地。地窖里则有大量的动物化石，看来是贮藏食物等生活用品的仓库。

山顶洞发现的人类化石，属于8个不同的个体，男女老少都有。检测表明，男性身高1.74米，女性身高1.59米，平均脑容量已经有1300毫升到1500毫升。无论身体外形还是智力，山顶洞人都已和现代人没有太大的差别。对头骨、面骨等作考古测量和分析，发现山顶洞人与蒙古人种比较接近，但也有个别其他人种的特征。

在山洞遗址中发现了一枚骨针，这枚骨针长 82 毫米，只有火柴棍那样粗，针身微弯，刮磨得很光滑，针眼细小，针尖锐利。山顶洞人要制作这样一枚精致的骨针，是很不简单的。必须经过切割、刮削、挖眼、磨制等一整套复杂技术。这枚骨针的发明，意味着山顶洞人已经有了相当的缝纫能力，能够制作原始的服装了。他们将猎取到的赤鹿、斑鹿、野牛、羚羊、狐狸、獾、兔等野兽皮毛剥下，然后用鹿的韧带作线，拼合缝制成色彩斑斓的衣服，以防御风霜寒流的侵袭。

山顶洞人还使用打制石器，但是已经开始采取磨制和钻孔技术来制造石器、骨器。他们把砾石、兽骨、鱼骨和海蚶壳串起来，并且用赤铁矿粉染在小孔中，作为佩戴在脖子上的装饰品。可见当时人们已经有爱美的观念，生活也丰富起来了。更引人注目的是，山顶洞人在死者的身体上撒上含赤铁矿的红色粉末。红色的赤铁矿粉末象征鲜红的血液，他们显然认为血液就是生命的来源。死者被头朝东、脚朝西放置，可能认为灵魂在东方产生而归于西方。撒铁粉大概也伴随一些简单的仪式，祈祷死者的亡灵在另一个世界永生或再度投胎复活。

有了葬礼，也就有了审美观念和灵魂观念。原始的宗教萌芽了。

山顶洞人的种种文化成就，反映着当时的社会组织已有长足的进步。山顶洞人那充满对死者怀念之情的埋葬习俗，就显然是在氏族制度的长期生活中逐渐形成的。这种人和人的关系表明，那时的氏族制度经过几万年的发展已逐步形成。

仰韶文化

1920 年，在河南省西北部的渑池县仰韶村发现了一种原始文化。其中最引人注目的是画有花纹的彩色陶器。依照考古学上的惯例，往往是以最先发现的遗址所在地来命名，这种文化就被称作"仰韶文化"。

仰韶文化是目前所知黄河流域新石器时代较早的一种文化。它的年代约是公元前 5000 年到公元前 3000 年。仰韶文化主要分布于黄河中游一带，包括陕西的关中、山西南部和河南大部分地区。它西面可到达甘肃洮河流域，东面到河北中部，北面到内蒙古南端，南面到汉水上游。遗址一般都在靠近河流的黄土台地上。

仰韶文化是母系氏族公社兴盛繁荣的时代，已经有发达的定居农耕文化。在各遗址的发掘中就发现了粟、黍、高粱和芥菜、白菜籽等。氏族中人聚族而居，有公共的墓地，村落里的居室大小、内部陈设、墓地的安葬仪式和随葬品，各遗址都大致相同。

仰韶文化内涵丰富，有大量磨制的石器工具发掘出来，在临潼姜寨遗址还发现了黄铜片，是已发现的中国最早的铜质用品。但最能集中表现仰韶文化特征的是彩色陶器，发掘出的主要的陶器类型是手工制作的泥质红陶和夹砂红陶。泥质陶上有绘彩，一般是在陶器外壁上部用黑彩绘出几何图案或者植物和动物花纹。夹砂陶器上则大都拍印着粗的或细的绳纹。陶器的形制也多种多样，有盆、钵、斜沿罐、细颈瓶、深腹瓮、平底碗、小口尖底瓶等，还有少量的釜、鼎和灶。以彩陶为特征，仰韶文化又叫彩陶文化，陶器上的纹彩颜色标志着人的生命愈来愈色彩缤纷了。

半坡遗址

约公元前5000年到公元前4500年间的陕西省西安半坡遗址，是仰韶文化的早期代表。遗址出土了丰富的陶器，形状多姿多彩：直口弧形平底或圆底钵、卷唇斜弧腹或折腹圜底盆、平唇浅腹平底盆、直口尖底瓶、蒜头细颈壶、侈口鼓腹平底罐、短唇钦口直腰或鼓腹小平底瓮，等等。这些陶器上绘画着简单朴素而颇有意趣的纹饰，有本色的绳纹、弦纹、线纹、指甲纹、锥刺纹等，也有彩陶上的红底黑彩和红彩的动物纹、植物枝叶纹以及几何图案纹。鱼、羊、鹿、蛙、人的脸，栩栩如生；三角、圆点、折波……耐人寻味。特别是双人鱼面纹，更是优美奇特，已经富有抽象和象征的倾向。是半坡文化中独特的审美特征。

半坡出土的陶器中有一种陶甑，分上下两层，中间有气孔相通，下边起釜的作用，上边起蒸屉的作用。这说明半坡人已懂得利用蒸气了。半坡人制作的尖底瓶，小口、大腹、尖底，打水时可自行歪倒灌满，巧妙地利用了重心的原理。陶器上的纹饰告诉人们，半坡人已懂得计数，并有了等边三角形和平行四边形的知识，人类向文明又前进了一大步。

半坡遗址中出土了许多磨制的石斧、石镰，以及蚌镰和陶镰，还发现有窖藏的粟（即谷子），在一个小陶罐中还存放着一些菜籽。这些东西是在一个可以居住四五百人的村庄遗址中发现的。这座居住区的中心有一座大型房子，大房子四周分布有几十座中小型房子，小房屋之外有一条深宽五六米的壕沟围绕着，形成一个完整的氏族村落。村庄遗址中除屋室外还有窖穴和栅栏，屋中还放置有许多盆盆罐罐。这种种迹象表明，半坡的原始居民们已在这里长期定居了，人口已比较兴旺了，有计划的种植经济早已成为他们生活的主要来源。这种状况还可以用考古学家的一个统计数字来表明：经历了一百六七十万年的旧石器时代的原始人类遗址，目前被发现的只有60多处；而只经历了几千年的新石器时代的先民遗址，目前被发现的多达6000多处。不言而喻，新石器时代氏族公社已进入繁荣发展的时期了。

半坡遗址的房屋、窖穴等，也都很有特点。半坡的房屋，居住面和墙壁都是用草泥抹成，有一个方形门槛，两侧围起小墙，横在门道和屋室间，屋中有一到6根柱子，屋当中则有一个灶坑。在房子中间，则夹杂分布着窖穴，窖穴的直径一般在1米左右。

河姆渡文化

1976年，考古学家在浙江省余姚县河姆渡发现了一种新的原始文化——河姆渡文化。它是中国长江流域下游地区古老而灿烂的新石器文化，因首先发现于浙江余姚河姆渡而命名，主要分布在杭州湾南岸的宁绍平原及舟山岛，其年代为公元前5000年至公元前3300年。河姆渡文化遗址共分4层：第三四层和一二层分别代表其发展得早、晚期。早期：约公元前5000年至公元前4000年，陶器以夹炭黑陶为主，器形有敛口或敞口肩脊釜、直口筒式釜、颈部双耳大口罐、宽沿浅盘等。晚期：约公元前4000年至公元前3300年，夹砂红陶和红灰陶占绝对优势，器形有鼎、落地式两足异形规等。

河姆渡文化的农业以种植水稻为主。在其遗址第四层较大范围内，普遍发现稻谷遗存，有的地方堆积着0.2米至0.5米厚交互混杂的稻谷、稻壳、稻秆和稻叶，稻类遗存数量之多，保存之完整，是中国新石器时代考古史上绝无仅有的，经过科学鉴定，主要属于稻籼亚种晚稻型水稻，它与马家浜文化桐乡罗家角遗址出土的稻谷，年代均在公元前5000年，是迄今中国最早的稻谷实物，也是世界上目前最古老的人工栽培水稻，河姆渡文化的农具除石斧等石质工具外，最有特色的是大量使用骨耜。骨耜是一种翻土工具，它们用水牛等大型哺乳动物的肩胛骨制成。此外，遗址中出土了成堆的橡子、菱角、酸枣、菌类、藻类、葫芦等植物遗存，反映了当时采集业较发达。

河姆渡文化的骨器制作比较发达，有耜、镞、鱼镖、哨、锥、匕、锯形器等器物，磨制精细，一些有柄骨匕、骨笄上雕刻图案花纹或双头连体鸟纹，堪称精美绝伦的实用工艺品。发达的木作工艺是河姆渡文化手工业的又一特色，已出土的许多建筑木构件上凿卯带榫，尤其是发明了较先进的燕尾榫、带销钉孔的榫和企口板。在第三层出土的一件木质漆碗，瓜棱形圈足，外表涂有红色涂料，微显光泽，经鉴定与马王堆汉墓出土漆皮相似，为生漆，这是迄今中国最早的漆器。

河姆渡出土大量野生动物遗骨，有哺乳类、爬行类、鸟类、鱼类和软体动物共40多件，其中鹿科动物最多，仅鹿角即有400多件，其他像淡水鱼在遗址中到处可见，生活在沼泽地的鸟、鱼等动物骸骨亦较常见，这些东西是当时主要的猎狩、捕捞对象，使用的渔猎工具有骨镞、木矛、骨哨、石丸、陶球等。

河姆渡文化的主要建筑形式是栽桩架板高于地面的干栏式建筑。在遗址各层都发现了与这种建筑有关的圆桩、方桩、板桩、梁、柱、木板等木构件，共达数千件。干栏式建筑是中国长江以南新石器时代以来的重要建筑形式之一，目前以河姆渡发现的为最早，与北方地区同时期的半地穴式房屋有着明显区别。

河姆渡文化的早期遗存与马家浜文化罗家角类型年代相当，陶器中的六角形口沿的盘盆类和弧敛口双耳钵等制形相接近，表明两者之间存在一定的联系。而河姆渡文化晚期则分别与马家浜文化马家浜类型和崧泽文化大体同时，马家浜类型的素面腰沿釜，在河姆渡文化晚期偶有所见，而河姆渡文化晚期富有特征的垂囊式，在马家浜类型中也有个别发现。河姆渡文化晚期可能受到马家浜文化、崧泽文化的强烈影响。以河姆渡文化为代表的长江下游发达的新石器文化，比同时期的黄河流域毫不逊色，其中某些文化因素，如夹炭黑陶中的鼎、豆、壶为代表的礼器组合，水稻的栽培，为以后的商、周文化所吸收，成为当时最具代表性的特征。因此长江下游地区的新石器文化也是中华文明的重要渊薮，代表中国古代文明发展趋势的另一条主线，与中原地区的仰韶文化截然不同。

大汶口文化

大汶口文化是黄河下游地区的新石器时代文化，因 1959 年发掘的山东省泰安县大汶口遗址而得名。主要分布在山东省泰山周围地区，延及山东中南部和江苏淮北一带。年代约始自公元前 4300 年，到公元前 2500 年，发展成山东龙山文化。大汶口文化分为 3 个发展阶段。早期约在公元前 4300 年至公元前 3500 年之间，以刘林、王因遗址为代表。中期约在公元前 3500 年至公元前 2800 年之间，以大汶口墓地早、中期墓为代表。晚期约在公元前 2800 年至公元前 2500 年之间，以大汶口晚期墓为代表。

大汶口文化以农业经济为主，种植适合黄河流域的耐旱作物粟。农业生产工具有石铲、鹿角锄等，木质农具如耒、耜等已经出现。三里河遗址中发现了贮藏的窖穴，表明当时已有较多的剩余粮食，农业经济达到较高水平。

大汶口文化的饲养业比较发达，饲养猪、狗、牛、羊、鸡等动物，渔猎经济仍然占有一定的比重，骨镞、角质鱼镖、网坠等遗物表明当时居民在进行狩猎和捕鱼。当时还出现了一种大汶口文化特有的獐牙刃勾状器，鹿角为柄，可用来捕鱼和切割，为多用途复合工具，是大汶口文化的代表之一。

大汶口文化的陶器制作工艺在不断发展。早期以红陶为主，形状简单，还有火候不足造成的一器多色的现象。中期盛行灰陶，陶制品的种类明显增加。晚期则以黑皮陶为主，陶胎为棕红色，少量为纯黑陶。轮制技术的广泛使用使陶器制作获得长足的进展。晚期出现了快轮制陶工艺，用一种新的制陶原料，产生了一种质地坚硬，胎薄而均匀，色泽明快的白色、黄色、粉红色陶器，统称为"白陶"。大汶口文化制陶工艺最高水平的代表为薄胎高柄杯，造型优美，色泽鲜亮，集实用性和观赏性为一体，成为龙山时代蛋壳黑陶的祖先。制石、制玉、制骨等手工业在大汶口文化中也已经比较发达。

大汶口文化的房屋有圆形半地穴式，屋顶为木质的原始梁架结构，屋顶呈圆锥形。还有方形平地起建式，墙基挖沟槽，沟内填黄土立木柱砌建而成。当时的房屋大多结构简单，面积不大，为小家庭式住屋。

大汶口文化早期已是母系氏族制度的尾声，而中期和晚期，则已是父系氏族社会了。这时私有制已在氏族公社经济中萌芽，出现了富有家族与贫困家族。这种社会状况可以从大汶口的葬仪中得到证实。

在大汶口墓葬中，明显地分成大墓和小墓群。大墓中，死者往往使用几十根原木横竖咬合，叠成"井"字形棺椁，随葬有大批财物。其他大汶口文化墓葬中也是这样。有的随葬陶器多达120多件，远远超过了死者生前的实际生活需要。有的还随葬有镂花象牙筒、鳄鱼鳞板、玉铲、宝贝、龟甲等珍奇物品，以显示其生前的富有。可是其他许多小墓却只挖有才容得下尸体的小坑，除一具白骨之外，别无他物。这表明，大汶口文化晚期已经出现了严重的贫富分化，原始社会已经逐渐走向解体。

龙山文化

山东龙山文化是在大汶口文化的基础上发展而来的。主要分布在山东省中部、东部和江苏省的淮北地区，时间在公元前2500年到公元前2000年之间。

黑陶是山东龙山文化的典型象征。这些陶器采用轮制技术，造型中规中矩，壁很薄，同时很均匀，陶器表面多素面磨光，有各种花纹和附饰，最常见的有画纹、弦纹、竹节纹、镂孔、盲鼻和乳钉等。器型则以袋足器、三足器和圈足器等最发达。最珍贵的陶器是蛋壳黑陶和灰陶制品，器壁仅仅厚0.5厘米，还有镂孔和纤细画纹的美丽装饰。这种陶器达到了中国古代制陶史的峰巅。

最典型的山东龙山文化遗址是章丘龙山镇城子崖遗址。在这里出土的陶器有碗、杯、豆、罐、瓮、三足盘等，都是精良的黑陶和灰陶制品。其中的蛋壳陶，是用摄氏1000度左右的高温烧成，像上了一层黑漆，又光又亮，是稀世珍品。

而河南陕县三里桥遗址则是河南龙山文化的重要类型，也是仰韶文化王湾三期类型中的一个重要类型。该遗址出土的陶器表现了不同类型文化的彼此过渡和互相影响。王湾遗址从下到上，地层分为三期：王湾一期是仰韶文化，王湾二期是仰韶文化和龙山文化的过渡时期，王湾三期是河南龙山文化王湾三期类型。

河南龙山文化的白营遗址中有早、中、晚三期的房基。早期是9座半地穴房基，中期是8座房基，分半地穴和地面建筑两种，晚期是46座地面建筑房基，已经是中国早期的土坯房屋。从出土的各种工具来看，那时人们已经对房屋涂抹和打磨白灰。遗址上还发现了一口深达11米的水井，口大底小，圆角方形，井壁上有46层用木棍凿榫交叉扣合成的井字型木架。这是迄今为止中原地区发现的年代最早、结构最复杂的水井。白营遗址出土的陶器，早、中、晚三期都有，其中晚期的一件高圈足盘，上面刻着两个裸体人像，圆圆的脸盘，伸着臂，露着乳，是原始线刻的珍贵艺术品，体现着原始先民的丰富智慧。

能够取代仰韶文化的是在大约公元前2600年以后，晋陕一带的龙山文化，山西龙山文化以约公元前2500年至公元前1900年的陶寺遗址为代表，陕西龙山文化则以约公元前2300年至公元前2000年的客省庄遗址为代表。

陶寺遗址位于山西省襄汾陶寺林南，于1978年至1983年由中国社会科学院考古所进行发掘。遗址面积有6000平方米，发现了小型地面、半地穴式和窑洞三种形式的住房和1000多座氏族墓葬，出土了大量陶器、玉器、木器和生产工具。生产工具有很发达的磨制石器，如三象犁形器、石铲、石斧、石刀、石镰等，此外还有骨铲、双齿木耒等工具，说明当时的农业生产较为发达。陶器多数是黑陶，器表多有彩绘，纹饰有龙纹、变纹、动物纹、圆点纹、涡纹等。陶器中以彩绘蟠龙图形盘最具特色，是目前中原地区发现最早的蟠龙图案。彩绘陶器和彩绘木器构成了陶寺龙山文化的两大特色。出土的一件小铜铃，是迄今所知中国最早的金属乐器，也是最早的一件用复合范铸造的金属器，标志着生产领域中冶炼金属业的重大进步。

陶寺墓地说明了陶寺龙山文化时期社会已经分化。在陶寺墓地发掘的1000多座墓葬中，大型墓仅有9座，墓主都是男性，使用木棺，内撒朱砂，随葬品多达100至200件，有彩绘陶器、彩绘木（漆）器、成套玉器和石器等，还有整只猪骨架。中型墓较多，也使用木棺，随葬品有成组陶器、玉器和少量彩绘木器，或者有几付至几十副不等的猪下颚骨。小型墓最多，墓坑窄小，除少数有骨笄等小件随葬品外，绝大多数没有任何器物。由此可见，当时极少数首领人物执掌大权，独占龙盘、石磬、鼍鼓等重要礼器，私有财产十分丰富，此外，陶寺人已经使用了木器和玉器，具有较高的工艺水平和审美意识。在陶寺遗址上发掘的龙山文化的1000多座墓葬中，出土了大量的朽木和成套玉器。根据朽木的痕迹复原了数十件木器标本，主要有家具和饮厨用具，其中一件仓形器高24厘米，底径15厘米，上面有蘑菇形盖，下部为圆柱体。制造木器的方法多种多样，如枋木挖凿、榫卯插合、板材拼接等。木器上面多数施彩绘或喷漆，以红色为主，也辅有其他颜色，图案有条带纹、几何形纹、回纹、云纹等。彩纹木器和彩绘陶器一样，都是陶寺型龙山文化的一大特色。

根据古史传说，晋西南有"夏墟"之称。从遗址显示出的年代、生产力水平以及龙盘提供的族属信息诸方面分析，有人认为，陶寺遗址很可能就是夏人遗存，不过，由于没有文字材料可资佐证，这还只是一种推测。但陶寺遗址所代表的这支具有鲜明特色的文化遗存，无疑是探索"夏文化"的重要研究对象之一。

在陕西省西安市客省庄发现的龙山文化遗址，它的时间可以追溯到公元前2300年到公元前2000年间。客省庄遗址上发现了10座房屋遗址，都是半地穴式的建筑。建筑的典型结构是一间内室和一间外屋，内外室之间是过道，外室挖有一个龛形壁炉，内室中部有一个炊爨取暖的灶面，有的房屋还在外室挖一个窖，并修一节台阶式的门道或斜坡，一直通到室外。

这里出土的陶器主要是泥质灰陶，黑陶很少。陶器表面的花纹以篮纹和绳纹最为普遍。有一种折肩小平底瓮，是陕西龙山文化独有的陶器。用内模制造陶器袋足的制陶工艺，也是其他地方没有发现的，山东寿光县边线王村北于20世纪80年代中期发现有龙山文化时期的城堡遗址，面积达57000平方米，为迄今所见龙山文化城堡之最大者。山东龙山文化的房屋建筑普遍采用挖槽筑墙和原始夯筑的技术，多为长方形土台式建筑，居室地面往往分层筑成。农业已经成为龙山文化氏族公社的主要经济部门，渔猎经济的比重比仰韶文化已经显著地下降了。更重要的是，在龙山文化遗址里，还发现了一些为仰韶文化所没有的新型农具。例如半月形的双孔石刀，有柄的石镰、蚌镰，及双齿木耒，等等。这些新型农具的发现，充分说明了龙山文化的农业生产技术已达到了很高的水平。

二里头文化

从公元前21世纪一直延续到公元前17世纪的二里头文化，遗留在河南中西部的郑州和伊、洛、汝、颍诸水流域一带，山西南部的汾水下游也有所分布。它得名于河南偃师二里头遗址，属于青铜时代文化。

当时居民以农业为主，农具有石器、骨器、玉器以及青铜制品。二里头文化时期，青铜器不论是数量还是种类都较多，当时已有爵、铃、戈、镞、戚、刀、锥、钩等。其中铜爵的合金成分为：铜百分之九十二、锡百分之七。二里头文化显然已经进入了青铜时代，这和青铜器大量出现的二里冈商文化比较接近。

在这一文化时期，制陶业发展迅速，遗留的器物群突出表现了二里头文化的特征。以陶器为参照物，二里头文化可以分成四期：第一期以褐陶为主，磨光黑陶占一定比例，纹饰以篮纹为主，有少量方格纹、细绳纹。第二期陶器中黑陶数量减少，以细绳纹为主，篮纹和方格纹明显减少。这两期的器形多折沿、鼓腹、小平底，基本上保持有龙山文化时期的陶器特征。第三四期的陶器颜色普遍变为浅灰，以绳纹为主，出现粗强纹，蓝纹和方格纹几乎绝迹。早期常见的鼎、深腹盆、甑等一直沿用，到晚期，新出现了鬲、大口尊、小口高瓮等器物：已和二里冈商代文化陶器有着更多的相似之处，显示着人类的发展渊源。

二里头文化的居址有半地穴式、平地起建筑和窑洞式等几种，做成圆形、方形圆角和长方形状，适合几口之家居住。同时出现了大型宫殿的建筑，普遍使用的夯土筑台基技术和二里冈商文化前期基本一致。整个宫殿由堂、庑、庭、门等单位组成，布局严谨，主次分明，是迄今为止所知的中国最早的宫殿建筑。宫殿的出现，表明奴隶主和奴隶、贵族和平民之间明显的阶级对立，也预示着新的社会——奴隶制社会已经到来。

二里头文化从时间上说晚于龙山文化，而早于二里冈期商文化。有学者认为，二里头文化的一二期遗存是夏文化，而第三期遗存中出现了一组与二里冈期商文化有相同或相近的代表性器物，而且数量越来越多，这正好表明第三期遗存已进入商代纪年，三四期遗存应是商代早期的遗存，其遗址应是商汤都城西亳。因此，二里冈期商文化是由二里头文化发展而来的，商朝的文明渊源于二里头文化。

三皇的传说

我国的历史自盘古开天辟地起，其后传说我国的远古和上古时期出现过伟大的三皇五帝，他们大智大勇，无所不能，做了很多造福于人类的事。由此往下世代相传，才有了我们中华民族的亿万众生。因此后来就有了"自从盘古开天地，三皇五帝到如今"这句话。但是，距今相当遥远的三皇五帝是谁？由于古籍记载各异，直至今天也难以确定。

最早提出"三皇"这一统称的是《吕氏春秋》，最早具体指出三皇为何人，是《史记·秦始皇本纪》中的李斯奏议。李斯奏称："古有天皇，有地皇，有泰皇，泰皇最贵。"此后关于三皇是谁的不同记载便陆续出现，如《三五历纪》记载，是天皇、地皇、人皇；《春秋纬·运斗枢》则记载是伏羲、女娲、神农；《白虎通义》说是伏羲、神农、祝融；《通鉴外记》却说是伏羲、神农、共工；《礼纬·含文嘉》又说是燧人、伏羲、神农。由此看来，即使天、地、人、泰四者尚不十分具体，暂不计算在内，可称三皇者仍有 6 人之多。

为什么上述古籍的不同记载皆以"三皇"为限呢？这是因为我们的祖先极为崇尚"三"这个字，认为它具有增加和发展的含意，即"一生二、二生三、三生万物"。而"皇"字又是一个神圣而高尚、权威无比、主宰万物的称号，所以尽管对三皇的解释不尽相同，但三皇的总称却一直未加更动。那么，究竟谁配称三皇呢？我们发现，伏羲、神农二氏为上述诸说所共有，由此二者先入为主，应无问题。

剩下的几位原始英雄各有功德。先看女娲，这位女英雄乃是神话中人类的始祖，传说人类由她和伏羲兄妹相婚而产生，后来他们禁止兄妹通婚，制定了婚礼，反映了我国原始时代由血缘婚进步到族外婚的情况。还传说她曾用黄土造人，并炼五色石补天，折断鳌足支撑四极，治平洪水，杀死猛兽，使人民得以安居等等。这位女英雄果然劳苦功高，列为三皇是当之无愧的。次看燧人，他是传说中人工取火的发明者，相传远古人民原本过着"茹毛饮血"的生活，是他钻木取火，教人熟食，促进了人类的进化，他的这一宏伟业绩正反映了中国原始时代的人，从利用自然火进步到人工取火的情况。燧人氏于人类有如此大功，进入三皇之序应该是理所当然的。再看共工，此人是古代传说中的天神，据《淮南子·天文》记载，他曾与颛顼争夺帝位，"怒而触不周之山，天柱折，地维绝，天倾西北，故日月星辰移焉；地不满东南，故水潦尘埃归焉。"共工改变了人类的生存环境，功绩显赫，自然也当列为三皇之一。最后看祝融，据《山海经》记载说：他是一位"绝地天通"使人神分界的英雄，身手不凡，功劳也不小，进入三皇之序也是合情合理的。

由于女娲、燧人、共工、祝融四位各有各的丰功伟绩，谁也不比谁逊色，因而我们论功定位的做法也是徒劳无功。那么，有没有言之成理的见解呢？有人认为由燧人、伏羲、神农并称三皇为好。理由是，燧人的名字，反映了原始人学会用火，而伏羲和神农，一个反映了原始人的肉食屠宰；一个反映了原始人的庄稼采撷，他们三者统称三皇正是当时生活的写照，客观地反映了那时的社会经济状况。此外按《尚书·大传》的解释：燧人用火，"火，太阳也。阳尊"，所以燧人便是天皇。伏羲在人间活动，是人皇。神农掌握并开发地力，是地皇。这样解释与上文所引《三五历纪》中"天皇、地皇、人皇"的说法也能沟通。这种看法是否合适？由于缺乏确凿的史料记载，今天我们只能凭推断来下定义。还有待于日后的证明。

五帝的传说

三皇无定说，自古如此。那么五帝的情况又怎样呢？五帝说大概形成于周、秦之际，"五"字的应用也是很有讲究的，如东、南、西、北、中为"五方"，金、木、水、火、土为"五行"。以"五"来根据自然和社会，与"三"同样具有特殊的地位。古人把"五方""五行"之说应用于社会，便产生了"五帝"的概念。五帝是谁？这个问题也是其说不一，难以定论。《史记·五帝本纪》的记载是黄帝、颛顼、帝喾、唐尧、虞舜；《礼记·月令》的记载是太皞、炎帝、皇帝、少皞、颛顼；《帝王世纪》的记载是少昊、颛顼、高辛、唐尧、虞舜；等等。这些不同说法中哪种说法的理由比较充分呢？《史记·五帝本纪》立说的根据是黄为中和之色，象征万世不易，黄帝制作了不容更易的制度；颛等于专，顼代表正，颛顼之名是专政天下之道的意思；喾，极也，其意为能穷极道德，是最讲德行的；尧等于亮，有清妙高远之意，人们认为他能博衍众圣之长；舜，意味着绵延下去，是能继承并推行尧道的含意。看来这种认识是从当时的实际出发的，反映传说中的五帝时代已出现了制度和实行某种专制的统治者，已开始向阶级社会迈进了。所以这样解释还是比较可信的。《礼记·月令》的解释是以五方说、五行说为根据，如："东方木也，其帝太皞……；南方火也，其帝炎帝……；中央土也，其帝黄帝……；西方金也，其帝少皞……；北方水也，其帝颛顼……"这样认识虽难免有臆断成分，但还符合当时人的认识水平。今天我们常说中华民族是炎黄子孙，《礼记·月令》的解释恰好包括炎、黄二帝在内，从这个角度看，也是有可信的成分的。至于哪一种是正确的，只能让后人去证明了。

黄帝，是稍后于炎帝出现的一个大帝。在三皇五帝中，他的名声最响，业绩累累，被推为中华民族的老祖宗。我们称炎黄子孙，就是把黄帝和炎帝作为祖先崇奉的最好证明。

传说在约五六千年以前，中国大地上已是一片兴旺的景象。北方住着狄人，西方住着羌人，南方住着苗人，东方住着夷人，等等。

东方夷人的首领叫蚩尤。兽身人言，吃砂石，以金作兵，还会作雾，打起仗来很厉害。黄河中游居住的羌人中，也有位了不起的英雄叫共工。羌人"振滔洪水"，危害了下游夷人的利益，双方开始了战争。结果，蚩尤把共工氏打败，共工一怒之下，竟以头触不周之山，直撞得"天柱折，地维绝"。从此就天倾西北，地陷东南了。

接着，打了胜仗的蚩尤又同北方氏族部落的首领黄帝大动干戈。开始蚩尤占了优势，直追到黄帝的后方涿鹿（今河北涿鹿东南）。这时，黄帝和羌人的首领炎帝结成联盟，在涿鹿同蚩尤进行决战。蚩尤又造了大雾来使黄帝的士兵迷失方向，可黄帝发明了"指南车"，在大雾中士兵们也能准确地辨别方向。后来，黄炎联盟取得了大胜，蚩尤被捉到杀死了。他是历史传说中的第一个负面人物。

黄炎联盟在打败蚩尤以后也走向破裂。起因据说是"炎帝欲侵凌诸侯"，想争夺盟主的地位。可是，"诸侯咸归轩辕"，都被黄帝争取过去了。结果，双方诉诸武力，在阪泉摆开了战场。双方打得很艰苦，黄帝"三战，然后得其志"。炎帝一败涂地，黄帝声威大震。四方首领公推黄帝做了"天子"，成为中原盟主。

相传黄帝做了"天子"以后，发明了许多东西，如衣裳、舟车、宫室。又命臣子伶伦制乐器，大挠作干支，仓颉造文字。黄帝的妻子嫘祖还教人们养蚕。从此，天下大治，人民安乐。黄帝是战争中的胜利者。长期的大规模的战争打破了氏族的狭窄界限，推动了各族人民的融合，逐渐形成了古老的华夏族，即汉族的前身。因而，后人又尊黄帝为华夏族的始祖，把一切文物制度的创立都归功于黄帝，称黄帝为"人文初祖"。

传说黄帝陵就是黄帝之墓，黄帝陵所在的县治就叫黄陵县。黄帝陵是国家重点保护的文物单位之一。那里有陵墓、殿宇、碑石，还有数万株苍松古柏，雄姿勃勃，郁郁苍苍，看守着华夏民族先祖的故灵。

颛顼相传是黄帝子昌意的后裔（《山海经》《国语·楚语》有此说），居帝丘（今河南濮阳市），号高阳氏。被黄帝征服的九黎族，到颛顼时，仍奉巫教，杂拜鬼神。颛顼禁绝巫教，逼令九黎族顺从黄帝族的教化。当时南方苗族又逐渐向北发展，自颛顼到禹，传说中常见苗族、黎族与黄帝族的不断冲突。

帝喾相传是黄帝子玄嚣的后裔，居西亳（今河南偃师市），号高辛氏。传说帝喾有4妻、生4子。姜嫄生弃（周祖先），简狄生契（商祖先），庆都生尧，常仪生挚。《左传》文公十八年，季文子说，高阳氏有才子8人，号称八恺，高辛氏有才子8人，号称八元。这16族世世有声名，尧没有任用，舜举用八恺，使主管后土，地平天成；又举用八元，使主管教化。

尧传说是帝喾少子。尧姓伊耆，名放勋，号陶唐氏，史称帝尧、唐尧。传说他办事公正，体恤人民，严于律己，勤俭朴素，被视为仁君的典范。尧曾设官治理国政，命羲、和二人掌管时令，制定历法，教人民按时农作。传说尧在位时洪水泛滥，曾任用鲧治水。晚年征询四岳（四方部落首领）的意见，推荐舜为其继承人，并经三年考绩，让位于舜。史称"禅让"。尧恐此举长子丹朱不服，将其放逐于南方。后丹朱举兵反叛，尧亲自率兵平叛，处死丹朱，让位给舜。另一种传说是尧晚年德衰，舜夺尧位，并将尧放逐于平阳。

舜，名重华，号有虞氏，又称虞舜。相传为上古帝王。生于妫汭（今山西永济），20岁时以孝闻名。尧年老，征询"四岳"意见将其荐举，使其摄政。舜巡行四方，除去鲧、共工、驩兜和三苗"四凶"。尧死后正式登帝位，建都于蒲坂（今山西永济西）。以禹、后稷、契、皋陶、倕、益等分掌政事。

舜年老后，荐举治理洪水有功的禹为嗣。后南巡狩，死于苍梧之野（今湖南宁远南），葬于九疑（宁远东南）。或说"舜生于诸冯（今山东菏泽南），迁于负夏（今山东兖州北），卒于鸣条（今河南封丘东），东夷之人也"（《孟子·离娄下》）。一说禹非经舜禅让，而是逼舜让位（《韩非子·说疑》）。

黄帝、颛顼、帝喾、唐尧、虞舜并称五帝，五帝时期，中国社会已由母系氏族社会进入父系氏族社会，部落间的争战反映了这一时期氏族社会已开始向解体发展了。

夏　朝

（公元前 21 世纪至公元前 17 世纪）

夏王朝概况

夏王朝的奠基人是治水英雄大禹。尧、舜时期，黄河中下游洪水泛滥成灾。尧曾经任命禹的父亲鲧治水，没有成功。舜继尧以后，又任命禹治水。禹率领中原各部落人民辛勤劳动13年，终于疏通了河道，排除了水患，安定了民生。禹又曾奉舜的命令，率领华夏族各部落打败了三苗族各部落，把他们驱往边远地区，从而稳固了华夏族各部落在中原的地位。舜死以后，禹受禅继位，曾会诸侯（原先的各部落首领）于涂山，据说与会者有"万国"。又会诸侯于会稽，并处死了迟到的诸侯。禹命令各地诸侯进贡方物和铜，由铜铸成九鼎。鼎上刻着各州应贡的产物，这些都表示夏王是位在诸侯之上的"天子"。禹死后，其子启夺得王位，"世袭制"代替了禅让制，约在公元前21世纪，建立夏朝。中国开始进入阶级社会。

夏启夺得王位以后，以为自己的政治统治已经牢固，因此，整日沉醉于骄奢淫侈、田猎无度的生活中。在启死了以后，他的儿子太康即位。太康比启更为荒淫无道，整日游玩田猎，时间一长，又嫌在都城附近打猎游玩已不能尽兴，于是"畋于有洛之表，十旬弗反"（《尚书·五子之歌》）。也就是打猎的地方已跨过洛水以南，而且越玩越远，一直去了100天都没有返回都城。

本来在太康即位以后，整天只知"盘游"又"不恤民事"，人民就有怨恨之言，诸侯、方国也开始产生离心。当他这次跨过洛水去打猎，而且长时间不返国都，就给地处黄河以北有穷国的方伯后羿造成了进攻的机会。有穷氏部落首领后羿趁此良机把自己的部落从鉏迁到穷石（今河南境内洛阳附近），利用夏民对太康的不满，夺取了太康的政权。太康在洛水南边打猎尽兴归来时，已不能还朝，只得率领打猎的少数兵员，暂住洛水南岸，大约10年后在夏阳死去，史称"太康失政"。

太康死后，仲康继位，政权掌握在后羿的手中，仲康当了一个时期傀儡。仲康死，后羿赶跑了仲康之子相，自己正式当了国王。这就是"后羿代夏"。

相被赶跑后，逃到同姓斟灌氏那里，依靠斟灌氏和斟寻氏的力量，在那里避居起来。

后羿担任国王后，统治并不稳固，内部矛盾重重。

后羿死后，寒浞取而代之，担任了国王。寒浞有二子，长子名浇，次子名豷。这时，相还避居在外，这对寒浞政权是很大威胁。为免除后患，寒浞派其子浇灭掉了斟灌氏和斟寻氏，杀死了相。相妻后缗为有仍氏之女，这时已怀孕，在紧急中从小洞逃跑。

后缗逃至其母家有仍氏处，生子少康，少康长成后，任有仍氏牧正。

这时寒浞的政权为浇所掌握。浇又欲杀少康，少康逃奔有虞氏，任有虞氏庖正，并娶有虞氏女为妻。少康在这里积极积蓄力量，做复国的准备。

夏的遗臣靡，在后羿死后逃奔有鬲氏。少康和靡以及有鬲氏联合起来，并聚集了夏的势力，经过长期准备，最后消灭了浇和豷，恢复了夏王朝的统治。少康继任夏的国王。太康失去帝位，经过几十年，又被少康恢复，被称为"少康中兴"。

经过这场动荡之后，夏王朝又重新建立起来了。自此，夏朝的统治得到了巩固。

夏王少康从小就经历过一段流离的生活，接触过平民和奴隶，深知要保住祖业就必须得到人民的拥护，因此少康即位后，由于关心生产，治理水患，使社会生产有了较快的发展，王朝的统治也得到巩固，但东夷诸部落、方国时服时叛，少康欲对东夷征伐，未及而死。

少康死，其子杼继位为夏王，杼为了扩大夏王朝的统治范围，即位不久就将王都由斟鄩（即太康所居之地今河南巩义市）迁到黄河北岸的原（今河南济源市西北）。当其完成征伐东夷的准备以后，为了战争的需要，又迁都于老丘（今河南开封市祥符区陈留镇北），然后出兵征伐东夷。

杼率兵征伐东夷的过程中，得到沿途各地诸侯、方国的支持，所以较顺利地征服了分布在今河南东部、山东和江苏北部一带的夷人部落，而且一直打到大海之滨。这样，夏政权的统治继续稳固下来。经过杼征东夷的胜利，夏王朝的威望在各地诸侯、方国中大大增高，此后，夏王朝政权经历了长期的发展。到了后期，自孔甲开始，由于统治阶级日趋淫乱腐化，使夏王朝逐渐走向衰落。孔甲喜好鬼神，淫乱无度，原来臣服于夏后氏的部落便开始脱离夏的统治。

孔甲传四世是履癸，履癸即夏代最后一个国王夏桀。桀是中国历史上著名的暴君之一。在桀即位以后，夏王朝的统治已经摇摇欲坠，王畿以内的民众怨声载道，那些原来与夏后氏结盟的部落也纷纷叛离。面对这样的情形，夏桀不但不修明政治，施恩于民众，相反，却赋敛无度，竭尽民力物力，修筑宫室台榭，劳民伤财。现存的汉代武梁祠石刻就有夏桀把人当坐骑的浮雕，象征了夏桀对人民暴虐的事实。不仅如此，夏桀还频繁地对周边部落用兵。桀兴兵讨伐有施氏，获得了有施氏的女子妹喜，桀对妹喜极其宠爱，生活也愈益荒淫无道。桀为了加强对各部落的控制，召集各部落首领在仍会盟。居住在山东一带的有缗氏公然反叛，于是桀又发动了讨伐有缗氏的战争，这一举动更加剧了各部落的不满和反抗。夏桀的残暴统治，也使王畿以内的民众更加离心离德。人民咒骂桀说："时日曷丧？予及汝偕亡。"夏桀的统治再也无法维持下去了。

就在这个时期，临近夏王朝东部边界的商族，已经兴盛起来。商族是个古老的民族，经过长期的发展，这时候，在商汤的领导下，逐渐强盛起来，积极做灭夏的准备。

商的兴起对周围各小国的影响很大，一些不满夏王朝统治的部落和方国，都聚集在商的周围，商族成为东方反对夏政权的一面旗帜。甚至夏政权内部的一些臣僚，由于对夏桀不满，也纷纷投奔商汤。

夏桀的忠臣关龙逢因进谏被杀，此事在统治阶级内部引起很大不满，以致"众庶泯泯，皆有远志，莫敢直言"。

助汤灭夏的伊尹，原来也是夏桀的臣属。这时，他也弃夏奔商，后来成为商汤的重要辅臣。

夏族的起源

我国历史上最早相继的 3 个王朝——夏、商、周，目前关于这 3 个朝代的存在，被史学界和考古学界所公认。而三代之首的夏代，人们只能从保存在先秦典籍中极少的、零散的甚至相互矛盾的关于夏代历史的记载中对夏代有一个大体的认识。夏代，对人们来说始终是一个解不开的谜。关于先夏族的起源，就是一个聚讼千年的历史疑案。春秋战国时的人在回顾历史的时候，对夏族就觉得茫然。自汉代以来，今古文学派之争大盛，各家从自己的学术立场出发，各抒己见。形成了诸多不同的说法，一直影响到今天。迄今为止，关于先夏族的起源意见不一，主要有以下三种意见：

中原说

有学者认为先夏族居住在以河南嵩山为中心的黄河中游地区，主要是伊洛汝颍流域。《国语·周语上》曰："昔夏之兴，融降于崇。"史书常把夏的始祖称为"崇伯鲧""崇禹"，在古代崇、嵩通假，崇即嵩。又因为夏人"禘黄帝而祖颛顼，效鲧而宗禹"，就是说夏人与黄帝、颛顼有着直接的血缘关系。据《帝王世纪》和《吕氏春秋》载黄帝世居"河南新郑"，颛顼生在汝水，所以先夏族亦不出这个范围。也有人提出禹因封在夏地而称夏国。至于夏地的地望虽有不同说法，如有人认为夏是指"夏水"，有人认为是指山西的夏墟，也有人考证是古代的雅山、阳翟，但这些地方都在今河南的嵩山附近。另有人提出了"发展"的中原说，他们认为夏后氏这一部落联盟的活动区域首先在较西的陕、晋一带，逐渐向东发展最后到达河南。在洛阳西南的甘泽与有扈氏部落发生战争，得胜以后便在今郑州西南登封市定居下来，都阳城。

西羌说

持西羌说的本身也有两种意见：一种认为先夏族与西羌有着密切的关系。

相传禹出在于西羌的茂州汶川县石纽乡。《史记·六国年表》说"禹兴于西羌"。《集解》和《正义》都说"伯禹夏后氏，姒姓，生于石纽，长于西羌，西羌夷人也"。另一种意见则以为夏族本身就是羌人的一支。鲧与西方羌人集团有莘氏妇女修己（又名女志）结婚，生禹于羌地，文献中常见"戎禹""戎夏"并称。有人考证夏人与羌人都奉"白石"作为本族的崇拜对象。从周族与夏族的关系来看，周族祖先弃为西羌人姜嫄所生，故周人常称"我有夏"。据近人考究，周与夏可能是西羌族下的两派分支。

东夷说

东夷说源于《山海经》《竹书纪年》等上古文献的记载，据说夏后氏与东方夷人部族密切关系，提出了夏为东夷说。据史载，鲧、禹曾"教乎九夷"，鲧因治水无功而被流放到东方的羽山，"以变东夷"。在先夏历史上一些重大事件都发生在东部地区。如大禹治水在今山东境内，禹在会稽山即今浙江省境内会诸侯，"执玉者万国"，而且与夏族有交往的部落涂山氏、有扈氏、有羿等都属于东夷族，所以夏应起源于东方。至于夏人为西羌说，依据的材料都是晚出的，不可靠。

大禹治水

相传在尧做华夏部落联盟领袖的时候，发生过一次延续时间很长的特大洪水。滔滔的洪水咆哮着四处横流，田地被淹没，庄稼被冲毁，房屋倒塌，牲畜死亡。洪水泛滥，逼得人们逃上高丘或山上去找洞穴避难。居住在平原地区的人民，不少人就在大树上搭起木架巢居。洪水时涨时退，人们根本无法耕种。这就是《孟子》书中所说的："当尧之时，天下犹未平，洪水横流，泛滥于天下。草木畅茂，禽兽繁殖，五谷不登，禽兽逼人，兽蹄鸟迹之道交于中国。"（《滕文公上》）这里所谓的中国，并不是如后来指统一后的全中国。而是战国时期的人们认为中原地区处于四方之中，把它叫中国。

相传有一个黄帝族的后裔，名鲧，号若阳。其祖先由西北方戎人居住地区，迁到伊水和洛水流域（今河南西部）定居。尧时鲧为夏部落酋长，尧封他于崇（今河南登封崇山附近），为崇伯，赐姓姒。故又称为崇伯鲧。鲧是一个很能干的人，为人有些恃才自负。与其他氏族酋长们关系处得不好，因此常被其他氏族、部落酋长们指责，说他品德不好。在以尧为首的部落联盟里，他也是其中的成员。

尧为滔滔洪水漫患了中原地区，影响人们的生活而万分心急。于是在一次联盟议事会上，向到会的各氏族、部落酋长们说："如今洪水滔天，为患很大，已快淹到山顶，百姓们很担心，这样下去怎么能生活，你们想想有谁能来治理洪水？"酋长们都说："鲧可以治理。"尧说："鲧这个人很自负，不大听教命，容易把事情办坏，不可以用！"四岳（主管四方事务的酋长）说："如今没有比鲧能干的人了，不妨让鲧试试。"尧说："既然如此，就让鲧试试吧。"尧执行了大家的决定，命鲧去负责治理洪水。

鲧接受了尧的任命以后，就采用从前共工治水的"堕高堙庳"的办法。而当年共工是"欲壅防百川，堕高堙庳，以害天下"（《国语·周语下》）。意思就是要防治泛滥的流水（百川），将高的地方铲低（堕高），把低的地方填高（堙庳），也即是用土把水填堵起来。但这是一个失败的方法。鲧认为共工之所以失败是因填堵得太低，未能阻住流水。因此他继续采用这种筑堤围堵的方法，来使洪水归流。

但是，鲧用筑堤围堵的方法，不但没有把洪水堵住，反而使被堤围堵的水越积越多，最后把堤冲溃，大水更加横流泛滥。鲧虽然也辛辛苦苦地奔波了9年，修筑了许多大大小小的堤防，但是堵了东边西边溃堤，围了南边北边泛滥，始终没有把洪水制服。这时期华夏部落联盟的首领尧，由于年老而让位给舜。舜见鲧治水9年，不但未成功，反而使人民不能安居而继续遭受损失。就在部落联盟议事会上指责鲧"治水无状"（《史记·夏本纪》）。"违背了天帝的命令，危害了同族"（《尚书·尧典》）。于是将鲧流放到羽山（今江苏赣榆县西南），后来又将他诛杀。

舜主持的议事会商量治水问题，人们又一致举荐禹领导治水。禹是鲧的儿子，从小跟先人治水，积累了许多实践经验，也深知鲧失败的教训。禹为人勤劳、俭朴，又很谦虚。他再三推荐贤者以自代，大家还是把这项重任委托给了他。

禹毅然奉命，不敢稍有懈怠。他背着干粮袋，拿着工具，勘察山川地势，足迹遍及九州。禹在亲自调查研究的基础上改变了各氏族部落分散治水的办法，动员九州的力量统一划分治水区域，并把边界上的大树剥掉皮，刻上表记，以作标志。禹借鉴鲧治水失败的经验教训，就改用"疏导"的方针，先导大河之水入于湖海，再导沟壑之水入于大河。禹用了13年的时间，终于把洪水驯服，治理得地平天升了。

这就是家喻户晓的"大禹治水"的故事。这个古老的故事告诉我们，浩浩荡荡的洪水给先民们造成了灾难，人们在同灾难的斗争中增长着才干，密切了联系。洪水被战胜了，由于各部落在治水过程中密切合作使氏族部落之间的狭窄界限也在同洪水斗争中被突破了。这种在同自然斗争中引起的组织形式的变革，不久就反映到社会政治生活中来了。

禹为中华民族做出了不可磨灭的贡献，因而受到人们的崇拜，因此关于他的神话传说也很多。

关于禹的出生有一个美丽的传说，据说鲧偷窃了天帝的宝物"息壤"以治洪水，天帝发怒，命火神祝融把鲧杀死在羽郊。鲧死了 3 年尸体都不腐烂，有人用刀剖开他的肚子，里面就出来禹，而鲧自己则变化成一头黄熊（一说黄龙）隐入山中。

禹忙于治水，到了 30 岁还没有结婚。这时来了一只九尾白狐，变化成一个叫涂山氏的美丽姑娘，向禹唱歌表示爱情，禹就和她结了婚。可是禹婚后仍然忙于治水，很少回家，涂山姑娘想念禹，就去治水工地找他，却正好看见禹变成一头熊在挖山洞。涂山氏觉得嫁了熊很羞耻，回头就跑。禹在后面追，匆忙间也忘了变回人形。涂山氏见还是一头熊追来，就变成了一块石头。禹对着石头大声说："还我儿子来！"石头就裂开了口生出一个小孩，所以小孩的名字就叫启或开。

此外，还传说他得到了许多神灵的帮助，如有黄龙替他曳尾疏导河川，有鱼身人脸的河精送给他河图帮助他治水，又有蛇身人面的神送给他长一尺二寸的玉简来量度天地，平定水土，等等。同时，禹在治水过程中也杀死了一些水怪、山妖、木魅等危害人类的妖怪，如他曾擒杀水妖无支祁。

夏王朝诞生

禹治水成功，征讨三苗大获全胜，这两个事件极大地增加了他的权势和威望。于是，上了年纪的舜就按照部落联盟中的传统，让位于大禹。舜死后，禹按照华夏部落联盟的传统，为他举行了祭奠，办理丧事，守孝了 3 年。虽然禹的势力已经很大，还是按照部落联盟的传统，表示让位给舜的儿子商均，自己住到老根据地阳城去。但是这时的形势已和以前大不一样了，所谓"天下诸侯皆去商钧而朝禹。"（《史记·夏本纪》）也就是四方拥护禹的氏族、部落的酋长们，都不去朝见商钧，而去朝见禹，表示拥护禹当领袖。这是社会发展的必然趋势。"禹于是即天子位，南面朝天下，国号曰夏后，姓姒氏。"（《史记·夏本纪》）我国历史上的第一王朝——夏王朝就这样诞生了。从时间上来推算，这是在公元前 2100 年至公元前 2000 年之间的某一年。夏后即夏王，古书中称的夏后氏，就是指以禹为首的姒姓夏族。

禹建都何地，古书中有不同的记载，历来的史学家也有不同的说法。见于记载的有阳城、阳翟、平阳、安邑和晋阳。阳城在今河南登封，阳翟在今河南禹县，平阳在今山西临汾西南，安邑在今山西夏县西北，晋阳在今山西太原市南的晋源镇。这 5 个地方除晋阳外，都在今河南西部和山西西南部。从考古工作对夏文化的发掘考察来看，一部分学者认为在河南西部的可能性较大。

禹建立的夏王朝，以原华夏部落联盟为基础，统治地区由原来的中原地区扩大到黄河上下及长江流域。当时在这些地区是小邦林立，社会发展阶段也各不相同，虽然，禹伐三苗的胜利迫使这些氏族、部落统一在禹的领导下，但仍是一种联盟的形式。

夏启继位

禹代舜为华夏部落联盟领袖以后，因皋陶贤能，曾推荐皋陶为自己的接班人，可是皋陶在禹代舜没有多久就病死了。禹建国以后，又选定了益（即伯益）作为自己的继承人，并且将夏王朝的政事也委益掌管，有意培养益。这说明禹虽建立国家，做了国王，但这样一个国家制度还不健全的国家中，还保留着部落联盟中军事民主制的传统。所以在禹死后，益仍然按照部落联盟的传统，为禹举行丧葬，挂孝、守孝 3 年。3 年的丧礼完毕之后，益没有能继承夏王朝的王位。原因是夏后氏的势力已不允许益来继王位。于是发生了"益之佐禹日浅，天下未洽。故诸侯皆去益而朝启"的情况（《史记，夏本纪》）。也就是说益虽然助禹治水，但时间短，资格不够，诸侯们都不拥护他，而拥护禹的儿子启。益助禹治水的时间确实是不如契、后稷、皋陶长。但这并非主要原因，主要的是这时期禅让制已经过时，氏族社会那种"天下为公选贤与能"的"大同"世界已经结束，这是历史发展的必然结果。

益也深知自己不孚众望，无力对抗夏后氏的势力，才在"三年之丧毕，益让帝禹之子启，而辟居箕山之阳"（《史记·夏本纪》）。益为了让启，避到箕山（今河南登封）的南面去。益是一个识时务而头脑清醒的人，因为这时期的情况是："朝觐、讼狱者，不之益而之启，曰：吾君之子也。讴歌者，不讴歌益而讴歌启，曰：吾君之子也。"（《孟子·万章上》）前面已说了，诸侯们不去朝益而朝启，这里还可以看出，不但不去朝见，人们打官司都不找益而找启，唱歌的歌词也只歌颂启，其理由就是："启是我们君王大禹的儿子。"这反映了历史发展到阶级社会以后，所建立起的奴隶制国家，氏族时期的禅让制必然被世袭制取代。

启继承夏王朝王位的情况，还有另外一些传说。如"益干启位，启杀之""禹选定益为王位继承人时宣布说：启只能为人臣。但到年老时，又宣布：启不胜任做天子，要将王位传给益了。于是启与同党用武力攻打益，结果夺得了王位。天下的人都说禹虽说名为传位给益，实际上是在暗中让启培植同党（支党）用武力夺取王位。"（《战国策·燕策一》）《史记·燕召公世家》又说："启代益作后。"（《楚辞·天问》）启做了夏王朝的国王后，将国都定在阳翟（今河南禹县）。

古代的"禅让"制度遭到了破坏，父子、兄弟相传的王位世袭制度确立了。

这是古代中国历史上的一个重大变革。

少康中兴

后羿将太康逼得向东流亡以后，取太康而代之，掌握了夏的政权。但因夏族自大禹以来，在众多方国、诸侯之中有很高的威望，后羿并没有完全得到他们的拥护。后羿掌管了夏朝的政事后，没有作巩固政权的打算，而是自恃射术过人，武力强大，不理民事，又整日沉溺于田猎游乐之中。把政事交给寒浞处理。寒浞便诱使后羿以打猎为乐，不理国事，且乘机挑拨离间，制造混乱，培植自己的势力。

后羿驱逐了太康，取代了夏后氏以后，对夏后氏家族并未诛杀或驱逐，以防后患，夏王朝中一部分贵族和臣僚们仍在后羿政权中供职。后羿对太康的弟弟们的行动也未加限制。太康之弟仲康见哥哥久而不归，在部分贵族、臣僚们的保护下，在斟鄩建立了一个小朝廷做了夏王。而且也得到了部分诸侯、方伯的暗中拥护。仲康是一个无大作为的人物，不但无力复国，而且不到20岁就死了。当时属于夏的有穷国的势力很大，后羿以为从此可以统治天下，没有将仲康的小朝廷放在心上，只受寒浞的引诱而一心打猎玩乐。

仲康死后，在斟鄩存在的夏族小朝廷，由仲康年幼之子相继为王。此时夏王室势力有所发展，引起了后羿和寒浞的注意，于是后羿以武力威逼相及其夏王室。年幼的夏王相，在王室贵族们的保护下，迁居到帝丘（今河南濮阳）。到帝丘以后，得到了同姓的斟灌氏和斟鄩氏两个诸侯的帮助，使夏王室的势力又开始重新壮大。

斟灌氏和斟鄩氏是夏王朝所封的两个姒姓诸侯国。斟灌氏封国在今山东寿光，斟鄩氏封在太康建都的地方（今河南巩义市）。后羿取代夏政以后，斟鄩氏被迫迁去与斟灌氏为邻（今山东潍县）。由于相迁居帝丘，得到斟灌氏和斟鄩氏的帮助，势力壮大起来，这也影响了一些原来忠实于夏王朝的诸侯和方国，他们都对相表示拥护，这就引起了寒浞的恐惧。

寒浞是在后羿外出打猎时，煽动族众杀死后羿而夺取大权的，并且霸占了后羿的妻妾。寒浞霸占了后羿的妻妾之后，生了两个儿子，大的取名叫浇，小的取名叫豷，长大后皆勇力过人。而寒浞"恃其谗慝诈伪而不德于民"（《左传·襄公四年》）。即是仗恃着自己的奸诈，善于用作伪缺德的手段欺骗人民，而不是对人民真正的施以恩德。为了扩大有穷国的势力，统治天下，寒浞把大儿子浇封在过（今属山东莱州市），小儿子豷封在戈（今河南杞县与太康一带）。虽然如此，但对相的存在，总觉得不放心，因为相自从迁到帝丘以后，也在斟灌、斟鄩两个诸侯的协助下，尽力地扩充实力，准备消灭寒浞，夺回失去的政权。

夏王朝建立以后，分布在祖国东部地区的是一些古夷人氏族、部落，都先后臣服于夏。但是自"夏后氏太康失德，夷人始叛"（《后汉书·东夷传》），也就是太康的所作所为丧失了人心，东夷的各氏族、部落就开始叛夏。有穷国的后羿本来就是东夷中的一个氏族，在夷人中有很大的影响。后羿夺取夏王朝的政权以后，东夷中的一些部落就拥护有穷国。相被逼迁至帝丘，斟灌、斟郭二国又与夷人为邻相处。相在二斟的协助下扩充实力，首先就与夷人发生了矛盾。相传在夏相到帝丘以后的初期，就发生过"征淮夷"和"征风夷及黄夷"的战争。（《竹书纪年》）

淮夷是族居在淮河流域的一个较大部落。风夷和黄夷都是族居在现在山东和江苏北部的所谓"九夷"中的两种，这两个靠近海边的部落，就其力量来说，当然敌不过斟灌和斟郭的联合军队。由于对风夷和黄夷的战争的胜利。有的夷人又重新臣服夏，所以又有"后相七年，于夷来宾"的情况（《后汉书·东夷传》注引《纪年》）。于夷也是九种夷人之一。到了商代，于夷被称为盂方，其族居地在今河南睢县一带。"来宾"就是来向夏相致礼朝贺，表示臣服。

由于在初期相对东夷的征伐取得一些胜利，引起寒浞的恐惧，于是寒浞命他的大儿子浇"帅师灭斟灌。"第二年浇又帅师伐斟郭氏。斟郭氏虽势孤力薄，但还是和浇"大战于潍"。斟郭氏凭借着潍水之险与浇大战。因浇兵多而勇猛，结果被浇"覆其舟，灭之"。（今本《竹书纪年》）

浇灭了斟灌氏和斟郭氏之后，即挥师直抵帝丘。相因"二斟"被灭，势孤无援，结果被浇杀死。相自迁居帝丘到被杀约20多年。此后有穷国的势力又有所壮大，寒浞愈加骄横。但各方诸侯、方国灭寒浞恢复夏王朝统治的势力也同时在壮大。

在后羿逐太康代夏政时，夏王朝中有不少臣僚服事后羿，为有穷国的臣僚。其中有一个叫伯靡的臣子，见后羿被家众杀了以后，寒浞夺取了有穷国王位，就弃官逃走，逃到一个叫有鬲的诸侯国（今山东德州北），依附于有鬲氏。并且得到了有鬲氏的支持，也在积蓄力量，准备灭寒浞，恢复夏王朝的统治。

寒浞命浇杀相时，相的妃子后缗已怀孕在身，见相被杀，就从城墙一个洞中逃了出来。后缗是夏王朝诸侯有仍氏之女，所以逃出来后就直奔有仍（今山东济宁）。后缗回到娘家不久便生了个儿子，这个相的遗腹子就是少康。有仍氏因少康是夏后氏之遗孤，对他特别爱护。少康长大后，有仍氏便命他做了牧正，也就是主管畜牧的官。少康长大以后，知道了自己的身世，对寒浞和浇满怀仇恨。同时又随时警惕着，怕浇知道他是相之子而加害于他。

因为有仍是一个较小的诸侯，少康在那里做牧正之事，没过多久就被浇得知。派了一个叫椒的人前往有仍寻找少康。椒还没有到有仍，少康得到了消息，就从有仍逃奔到有虞（今河南虞城）。有虞的诸侯叫虞思，是有虞氏之后，世代与夏后氏亲善，得知少康是夏相之子，就热情接纳。命少康做有虞国的庖正，也就是掌管膳食的官。这样安排少康是为了避免浇来杀害。"虞思于是妻之以二姚，而邑诸纶，有田一成，有众一旅。"（《左传·哀公元年》）

虞思把自己两个女儿（二姚）嫁给少康，又把纶（今河南虞城东）这个地方分给他住。在此地，少康有 10 里见方（一成）的土地，有 500 个（一旅）人供其使用。少康广泛施恩布德，团结群众，准备复国，并且暗中收集夏王朝的人，又安抚在夏王朝中做过官的人，还派了自己身边一个叫女艾的人去打探情况。派自己的儿子季杼（有的史书中又称作予、仔或伯杼）到戈城去诱惑豷。

就在少康准备灭浇、豷的同时，依附于有鬲的伯靡也在积极地准备行动。所谓"靡自有鬲氏，收二国之烬"（《左传·襄公四年》），就是将斟灌、斟鄩二国的残余部队招抚到有鬲，重新武装起来。此二国流散的人，与浇有亡国之仇，不但易于招抚集中，而且十分勇敢。伯靡得知在有虞的少康是相的遗子，夏后氏之根苗尚存，就以禹之功德来鼓动人们参加灭寒浞的队伍。因此很快就组织了一支很有战斗力的武装。他率领这支队伍一路未受什么阻力就攻入有穷国都穷石，寒浞未及防避就被众军所杀。伯靡又帅师直奔有虞迎少康回到夏邑。少康又命伯靡助女艾在过城诛杀了浇，灭了过国。浇一死，在戈的豷也就孤立无援。季杼见时机已到，就乘机杀了豷，灭了戈国。有穷国也就被灭亡了。

伯靡和夏后氏的贵族们拥少康继位为夏王"复禹之迹，祀夏配天，不失旧物"（《左传·哀公元年》）。各地的诸侯、方伯得知少康回到了夏都，恢复了夏禹的业绩，奉祀夏的祖先和天帝，维护了夏朝原有的统治，又都纷纷带着贡物前来朝贺以前旧朝的天子。

夏王朝自太康时被后羿夺取政权，失去了对全国的统治以后，经过了 3 代人约 40 年的斗争，又重新夺回政权，恢复了夏后氏奴隶主贵族的统治。自此夏王朝对全国的统治才最后巩固，所以后世史家们称少康灭有穷重建夏王朝的统治为"少康中兴"。

夏桀亡国

履癸又名桀，是夏王朝最后一个国王。是我国古代史上有名的暴君。夏朝自禹建国以来，共传了 14 代，17 王。到了夏桀时，我国奴隶制社会经过400 多年的时间，已由局部地区发展到全国大多数地区，夏王朝的统治中心也扩大到"左河济，右太华，伊阙在其南，羊肠在其北"（《史记·孙吴列传》），即东面到达黄河下游和济水流域（今河北东南部和山东），西面到华山（今陕西东南部），南面到伊水流域（今河南西部），北到羊阳（今山西晋城一带）。但是其统治势力所及，还远不只这一带。夏王朝就是从这个统治中心把势力伸展到全国的，并在全国建立起了与大大小小的氏族、部落或方国、诸侯的贡纳关系。自孔甲继位以后，各种社会矛盾日益尖锐化。统治阶级内部的矛盾也开始激化，诸侯、方国中的奴隶主贵族，有不少开始反叛。桀即位以后，面对这种江河日下、众叛亲离的统治局面，力图加强控制，以巩固他的统治，所以才不惜以残暴的手段来对付一切反抗他的人。

相传桀是一个有才智又有勇力的人，他能够一人生擒兕（野牛）、虎，折断钩索，其力之大，无人可比。但是性情很暴躁，又很残忍，动辄杀人。他酷好声色，又好喝酒。即位以后，为了控制局势，又将王都迁回斟鄩旧都（今河南巩义市）。地处东方的有施氏（今山东滕县）在桀当夏王前，就反叛不臣服。桀因有施是一个小方国，首先就出兵东进，伐有施。为了杀一儆百，桀调集了上万的军力开向有施氏的族居地。有施氏国小力薄，看见夏王朝大兵压境，首先表示请罪，愿意臣服纳贡。桀开始不准有施氏投降，一定要灭掉有施氏。有施氏得知桀是一个好色之徒，就选了一名叫妹喜的美女进献请降。桀见妹喜生得美貌，大为高兴。于是不再说要灭有施氏，就罢兵带了妹喜回到王都。妹喜见王都斟鄩的宫殿陈旧，很不高兴。桀为了讨妹喜的欢心，就下令在河南（今洛阳附近）"作倾宫、瑶台，殚百姓之财"（《文选·东京赋》注引《汲冢古文》）。修好了以后，桀就和妹喜迁往河南。当桀登上这座高大的倾宫时，十分高兴，他和妹喜日夜在此饮宴作乐。俯视其下，感到他是在天上，就将自己比作是太阳，居天下之上，永远存在。人民在桀统治时期，实在不堪其苦，就天天指着太阳咒骂："时日曷丧，予及汝偕亡。"这是借着骂太阳来咒桀，意思就是："这个太阳为何不快灭亡，我们愿与你一同灭亡。"

就在这个时期，临近夏王朝东部边界的商族，在商汤的领导下，经过长期的发展，已经兴起来了。商族是个古老的民族。这时候，逐渐强盛起来，积极做灭夏的准备。

商的兴起影响了周围各小国，一些不满夏王朝统治的部落和方国，纷纷聚集在商的周围，商族成为东方反对夏政权的一面旗帜。甚至夏政权内部的一些臣僚，由于对夏桀不满，也纷纷投奔商汤。

夏桀的忠臣关龙逢因进谏被杀，此事在统治阶级内部引起很大不满，以致"众庶泯泯，皆有远志，莫敢直言"。

助汤灭夏的伊尹，原来也是夏桀的臣属。这时，他也弃夏奔商，后来成为商汤的重要辅佐。

就在夏桀处于众叛亲离的情况下，商汤起兵灭夏。夏桀毫无准备，商军到后，仓皇逃走，被围于鸣条。商军全歼夏军于鸣条，夏桀逃奔，死于南巢。夏王朝灭亡，时间大约在公元前17世纪。

商 朝

（约公元前 17 世纪至约公元前 11 世纪）

商族的起源

商族是黄河下游一个古老的部落，在灭夏以前，已经经历了很长时间的发展。关于商族的起源，有数种说法，一说认为在北方辽河流域，一说认为在东方黄河下游的齐鲁地区，一说认为在中原，即今冀南、豫北地区的漳水流域。

契是商部族的始祖。契的母亲是简狄氏，又作简易，因是有娀氏（今在山西永济西）之女，又称娀简。相传她随本氏族的两个姊妹偶然出行，浴于玄丘水，有玄鸟（燕子）飞来，生下一只鸟卵，简狄误取鸟卵吞食，因有身孕而生下了契。这就是所谓"天命玄鸟，降而生商"的神话。契长大后，因帮助大禹治水有功，被舜帝任为司徒，掌管教化，封于商地，赐姓子氏。

以神话传说来叙述本民族起源的，乃是一种常见的现象。中国及世界上其他国家均有这种情况。简狄误吞了玄鸟的卵，因此降生了商的始祖契，虽属神话传说，但也说明两种事实。

首先，商族原是东夷旁支，氏族的图腾是玄鸟。所谓"天命玄鸟，降而生商"，是由夷族鸟图腾推衍而来的。图腾崇拜是产生于原始氏族社会的一种古老的宗教形式，这种宗教迷信是将本氏族的产生，同某一种动物或植物联系起来，认为自己的氏族与它之间存在着血缘关系，进而将它当作自己氏族的祖先、保护神或标记。由商代甲骨文中可以找到鸟图腾的证据，卜辞上记载了商王对高祖王亥的询问、祷告或是祭祀，甲骨文写王亥之"亥"字，上面均加一鸟形。王亥是商人的"高祖"，故将氏族图腾符号"玄鸟"加其名字之上。除加鸟形之外，更有的旁加手形者，由《山海经·大荒东经》中"有人曰王亥，两手操鸟方食其头"，进一步印证王亥——商的高祖与鸟有密切关系，说明商族确以玄鸟作为氏族的图腾。在东方夷族中不少氏族即以鸟作图腾，如少昊氏"以鸟名官"之传说，可见商族也是起源于东方的夷人氏族。

其次，商人的始祖是契，契母简狄是有娀氏之女，为商喾次妃，帝喾应是契的父亲。帝喾为传说中的"五帝"之一，他生下来之后，能自言其名曰夋，所以帝喾又叫帝夋。帝喾有4个妃，元妃有邰氏女曰姜嫄生后稷，次妃有娀氏女曰简狄生契，次妃陈丰氏女曰庆都，生放勋（尧），次妃娶訾氏女曰常仪，生帝挚。若依此说，各族始祖的母亲都是商誉之妃，帝誉也就不仅是帝族的祖先，而且是古代几个族的共同祖先。而帝誉与颛顼——夏族、秦族及舜的远祖又有较近的亲缘关系，均为黄帝之后。司马迁作《史记》载，黄帝正妃是嫘祖，嫘祖生二子，一曰玄嚣，一曰昌意，昌意之子便是颛顼，玄嚣之子是娇极，娇极之子便是帝誉。颛顼和帝誉又都是几个族的祖先，依此排列，则尧、舜、夏、商、周、秦乃至南方的楚，统统是由黄帝与嫘祖繁衍下来，各族均是"黄帝之子孙"，黄帝也就成为始祖了。我们今天所说的"炎黄子孙"，就是从这里来的。

商汤灭夏

商族是居住在黄河下游的一个历史悠久的部落，为东夷的一支。《史记·殷本纪》记载：有娀氏之女名简狄，吞玄鸟之卵，而生契。《诗·商颂·玄鸟》曰："天命玄鸟，降而生商。"与《史记》的记载一致。简狄时，大约尚处于母系氏族制时期，所以她是商族的始祖母。至契时，已过渡到父系氏族制时期，所以契是商族的始祖。这个传说正反映了这一过渡时期。

契之孙相土在位时，商的势力进一步发展，把附近的许多部落或征服，或纳在它的控制之下。《诗·商颂·长发》曰："相土烈烈，海外有截。"可能这时商族的势力已达到渤海沿岸，或已到了辽东半岛。

汤，殷墟卜辞作"唐"，也称"成"，后世连称"成汤"，又叫做太乙。汤自号武王。汤继位后，商族已进入奴隶社会。但当时商族的力量还比较弱小，仍臣服于夏朝。汤是一位有才干的君主。他目睹夏桀统治下的夏王朝日趋腐朽，便积极准备力量灭夏。

公元前16世纪商汤联合同盟部落和方国，举兵讨伐夏桀，并发表了著名的《汤誓》，揭露了夏桀的残暴，声称"夏氏有罪，予畏上帝，不敢不正"。双方战于鸣条（今河南封丘县东），夏桀失败东窜，又在三朡（今山东定陶）大战，商军击败夏桀残军，杀三朡伯。夏桀南逃，死于南巢（今安徽巢县），夏亡。汤灭夏，正式建立商朝，都于亳。

商族起源

商族，历史教科书上都说是活动于黄河中下游的一个古老部落，似乎已成定论。但是，商族到底起源于何地，则是史学界一个长期聚讼未决的问题。

新中国建立后，研治商史的专家、学者，用文献资料与地下考古发掘相印证，已弄清商族在灭夏后，即商王成汤建国以后最初阶段的活动地域，主要是在今河南的洛阳、郑州和安阳一带，也就是今日之黄河中游。但对先商时期商族在灭夏之前是从何方进入河南中部而统治中原的，历代学者均有考证与猜测，形成了商族起源西方、东方、北方与山西诸家说，众说纷起，悬而未决。

诸说之中，以"西方说"为先。以汉、晋为例就有司马迁、许慎、郑玄、皇甫谧、徐广等人，无一不说商族的发祥地在我国之西土。司马迁在《史记·六国表序》中说："东方物所始生，西方物之成熟，夫作事者必先于东南，收攻实者常于西北。故禹兴于西羌，汤起于亳，周之王也，以丰镐伐殷。"论定夏、商、周都是以西北为其发祥地。《史记·殷本纪》中说商汤"始居亳，从先王居"。此后，有人对"亳"的地点给予定位：许慎《说文》曰："亳，京兆杜陵亭也。"《史记·六国表》"集解"引徐广说："京兆杜县有亳亭"，将"亳"定在西方。《史记·殷本纪》又有商族始祖契被封于"商"一说。郑玄说："商，在太华之阳"；晋代皇甫谧谓"上洛，商是也"。无论是"商"，还是"亳"，他们所定的位，今日的地点，就是陕西省，亦即关中平原。这就是商族起源"西方说"。

近代以来，又有众多学者一反旧说，提出商族起源于东方。王国维论证商族早期居留地"商"与"亳"绝非古时关中，而是河南的商丘和山东的曹县（见《观堂集林》卷12）；丁山认为商人发祥地在今日的永定河与滹之间，也就是今河北省东部至渤海湾一带（见《商周史料考证》）。丁山说与王国维说略有出入，但都是"东方说"的坚持者。此后，徐中舒、傅斯年在20世纪30年代都对商族起源于东方撰文论证，提出自己的看法。近年来，又有学者对此说进行补充论证。王玉哲在《历史研究》上发表了《商族的来源地望试探》，从图腾信仰上、"商""亳"地望上等五个方面，并结合大汶口文化、龙山文化等考古资料详尽地论证了商族起源于东方：最远的祖居地可能是山东，后来才向西北转移，达到河北省的中部，到夏的末叶才把主力定居于河北省南部和山东省西部，卒能西向灭夏，建立商王朝。

金景芳则撰文，摈弃它说，提出商人起源于北方。他主要征引《荀子·成相》与《世本》的说法，并详加考证发挥。《荀子·成相》曰"契玄王，生昭明，居于砥石迁于商。十有四世，乃有天乙成汤"；《世本》载"契居番""昭明居砥石"。这里出现了"番""砥石"两个与东西说所不同的地名。经金景芳考证，"番"为史书中屡见之"亳"，虽无法确定今地，但属北方之域，即古之燕地；而契之子昭明所居之砥石则在辽水发源地，即今内蒙古昭乌达盟克什克腾旗的白岔山。据此，他提出成汤灭夏以前，商人的势力并没有到达今河南中部，因此，在今河南中部不可能有"商代先公时代的文化"或"商代早期以前的商文化"。另外尚有邹衡的"商族源于山西"一说。此说虽与金景芳之"北方说"略有不同，但从地域上看，仍属"北方说"。

综观上述种种起源说，难以定论。这个问题的症结在于文献上可以征信的史实确实贫乏，又加上商族常徙，有"前八后五"之说，即其建国前曾徙八次，立国后又迁五都。关于前八徙，皇甫谧就说过"史失其传，故不得详"。所以，关于商族的来源问题，我们只能根据有限的历史传说和近年来的田野考古收获综合分析研究，各家可以凭借这些仅有的史料，加以论述、论证。由此看来，产生商族起源诸家说是自然的事，无怪乎商族起源问题长期聚讼不决。

仲虺和伊尹

在商汤灭夏桀和建立商王朝的过程中，他的左相仲虺和右相伊尹起了重要的作用。这是两个身世和经历完全不相同的人。仲虺是个奴隶主，从他先祖起就世代在夏王朝做官。伊尹是个奴隶，从他少年时代起就过着流浪生活，长大后当了厨子。他们都很有才干，看见夏桀的暴虐，残害人民，不关心生产，只知淫乐，引起了人民的咒骂，诸侯的叛离，深知夏王朝的灭亡已为时不远。他们想解救人民的痛苦，只有扶持一个有力的诸侯，推翻夏桀的统治才能办得到。他们看见商的势力在东方地区诸侯国中是最强大的一个，认为商汤是一个理想的诸侯，于是先后通过不同的途径来到了商汤身边。汤也是个识才之君，果然任用了二人为左右相，委以灭夏的重任。仲虺和伊尹也就全力协助汤灭了夏桀，又协助汤建立起了商王朝。

相传仲虺的祖先叫奚仲，是夏禹时候的车正，就是管理制造车子的长官。奚仲原来是族居在薛（今山东滕县南）地的一个氏族酋长，善于制造车子。当了夏禹时的车正以后，就迁居邳（今江苏邳州市西南）。自奚仲以后，子孙都在夏王朝做官，为夏监制车子。到了仲虺时又迁回薛去居住，是夏王朝东方地区的一个诸侯。他看见夏桀暴虐，人民怨恨，诸侯叛离，就从薛带了个族人来到了商。汤也早就听说仲虺是个有才干的人，正想前去相请，可是又顾虑，仲虺的祖辈们都是夏王朝的臣子，恐仲虺不愿归商助他灭夏。没有料到夏桀自诛灭了有缗氏以后，引起了各地一些诸侯的恐惧，不仅与夏异姓的诸侯，就是与夏后氏同姓的诸侯也先后叛离夏桀。仲虺就是在这种形势下来到了商。汤见到仲虺以后非常高兴，向仲虺请教了治国之道。仲虺根据当时天下的形势，分析了夏桀如此下去，必然会自取灭亡，人心所向是商。他鼓动商汤蓄积力量，先伐与商为敌的诸侯，剪除夏桀的势力，然后灭夏建商。汤见仲虺是有用的人才，就任命为左相，参与国政。

伊尹，在甲骨文中又称伊（有的学者认为甲骨文中的伊夷、黄尹、黄夷都是指的伊尹），金文中称为"伊小臣"，小臣是指伊尹的身份和地位，不是名字。伊尹原名伊挚，尹是官名。有的古书中还说伊尹名阿衡（又称保衡），是不对的。阿衡是官名，商代称当权的大官为阿衡。伊尹做了商汤的右相，执掌商的大权，故称为阿衡。伊尹辅佐商汤灭夏，建立起了商朝，后来又扶立外丙和仲壬，教诲太甲改过，不仅是一代的开国元勋，还是三代功臣。所以得到了后代商王隆重的祭祀。在甲骨文中，伊尹是列为"旧老臣"的第一位，卜辞中有"侑伊尹五示"的记载，就是侑祭以伊尹为首的5位老臣。还有"十立伊又九"的记载，就是祭祀伊尹和其他9个老臣。卜辞中除了合祭旧老臣是以伊尹为首外，伊尹还单独享祀。或与先王大乙（汤）同祭。

相传伊尹是出生在伊水边（有说在今河南伊川），长大后流落到有莘氏（一说在河南开封市陈留镇，一说在今山东曹县北）。有莘氏姓姒，是夏禹后裔建立的一个诸侯国。伊尹到了有莘氏以后，在郊外耕种田地以自食。他是一个有抱负的人，虽然处身在田亩中，但还是时时关心着形势的变化。他想找到一个有作为的诸侯，消灭夏桀。他听说有莘国君是一个比较好的诸侯，对平民和奴隶不像夏桀那样暴虐，就想去劝说。但他觉得不能贸然去接近有莘国君，于是就说他会烹饪，愿为有莘国君效力。按照当时的制度，只有做了有莘氏的奴隶，才能为有莘国君所用。伊尹自愿沦为奴隶，来到了有莘国君身边当了一名厨子。不久有莘国君发现他很有才干，就升他为管理膳食的小头目。他本想劝说有莘国君起来灭夏，但是一来有莘是个小国，二来有莘氏是和夏桀同姓，都是夏禹之后，因而又不便劝说。

伊尹在有莘国做管理膳食的小头目过程中，商与有莘氏经常往来。伊尹见汤是一个有德行、有作为的人，就想去投奔商。可是做了奴隶以后，自己就没有行动的自由，即使是偷跑出去也会被抓回来，轻则处罚，重则处死。正在这时，商汤要娶有莘氏的姑娘为妃。伊尹看见机会来到，就向有莘国君请求，愿作陪嫁跟随至商。有莘国君就派伊尹为"媵臣"跟随有莘女嫁到商，所以古书中称伊尹为"有莘氏媵臣"（《史记·殷本纪》）。在夏商时期的臣，有各种不同的身份。古书中称伊尹为"小臣"（《楚辞·天问》《墨子·尚贤篇》《吕氏春秋·尊师篇》），金文中称伊尹为"伊小臣"（《叔尸镈》），甲骨文中"小臣"的身份是奴隶，但又区别于一般的奴隶，是管理奴隶的小头目。"媵臣"就是陪嫁奴隶，这与商代以后的诸侯嫁女，派大夫陪送所称的"媵臣"不同。

伊尹跟随有莘氏女来到商汤身边以后，仍然给汤做厨子，他就利用每天侍奉汤进食的机会，分析天下的形势，数说夏桀的暴政，劝汤蓄积力量灭夏桀。汤发现伊尹的想法正合自己的主张，是一个有才干的人，就破格免去伊尹的奴隶身份，任命为右相。左相仲虺也见伊尹是一个贤才，两人的政治主张也相同，也就一心和伊尹合作共同辅佐汤蓄积力量，准备灭夏。

商汤有了仲虺和伊尹的辅佐，首先是管理好内部，鼓励商统治区的人民安心农耕，饲养牲畜。同时团结与商友善的诸侯、方伯。在仲虺和伊尹的鼓动下，一些诸侯陆续叛夏而归顺商。汤经常率领仲虺和伊尹出外巡视四周的农耕、畜牧。有一次汤走到郊外山林中，看见在一个树木茂盛的林子里，一个农夫正在张挂捕捉飞鸟的网，而且东南西北四面都张挂上。待网挂好后，这个农夫对天拜了几拜，然后跪在地上祷告说："求上天保佑，网已挂好，愿天上飞下来的，地下跑出来的，从四方来的鸟兽都进入我的网中来。"汤听见了以后，非常感慨地说："只有夏桀才能如此网尽矣！要是如此地张网，就会完全都捉尽啊！这样做实在太残忍了"。就叫从人把张挂的网撤掉三面，只留下一面，也跪下去对网祷告说："天上飞的，地下走的，要往左面，就从左吧，要往右面，就从右面吧，要高就高飞吧，要下来就下来吧，就到我的网中来吧！"说完起来对那个农夫和从人们说：对待禽兽也要有仁德之心，不能捕尽捉绝，不听天命的，还是少数，我们要捕捉的就是那些不听天命的。仲虺和伊尹听了以后，都称颂说：真是一个有德之君。那个农夫也深受感动，就照汤的做法，收去三面的网，只留下一面。这就是流传到后世的"网开一面"的成语故事。

商汤"网开一面"的事在诸侯中很快就传扬开了。"诸侯闻之，曰：'汤德至矣，及禽兽'。"（《史记·殷本纪》）也就是诸侯们听说了以后，都齐声称颂："汤是极其仁德的人，对禽兽都是仁慈的。"大家都认为汤是有德之君，可以信赖，归商的诸侯很快地就增加到四十个。商汤的势力也愈来愈大。

伐昆吾灭夏

昆吾的夏伯自恃其能，率军向商进攻。伊尹见昆吾死心塌地效忠于夏桀，一心与商为敌，就请汤率军迎战昆吾。一战而大败昆吾军，再战而杀夏伯灭昆吾，并昆吾土地、人民入商。伊尹又出谋说："今年本应向桀入贡，且先不入贡以观桀的动静。"汤用其谋，不再向夏桀入贡。当夏桀得知商汤又灭了昆吾，而不再入贡，又下令"起九夷之师，九夷之师不起，伊尹曰：可矣。汤乃兴师"（《说苑·权谋篇》）。即夏桀下令调东夷的军队征伐商汤，但因桀反复无常，昆吾又是助桀为虐，与商为敌，东夷的首领们也看出夏桀不会长久，就不听调遣。伊尹看见九夷之师不起，灭夏的时机成熟了，就请汤率军伐桀。

汤和仲虺、伊尹率领由70辆战车和5000步卒组成的军队西进伐夏桀。夏桀调集了夏王朝的军队，开出王都。夏商两军在鸣条（今河南封丘东，或说在今山西城安邑镇北）之野相遇，展开了大会战。会战开始之前，汤为了鼓动士气，召集了参加会战的商军和前来助商伐夏的诸侯、方国的军队，宣读了一篇伐夏的誓词，汤说：

你们大家听我说，并不是我小子敢于随便地以臣伐君，犯上作乱。乃是由于夏王桀有许多罪恶，上帝命我去诛伐他。你们大家都知道桀的罪在于他不顾我们稼穑之事，侵夺人民农事生产的成果，伤害了夏朝传统的政事。正如我听见大家所说的，桀之罪还不仅是和他的一些奸谀臣子侵夺人民的农事生产成果。为了他们淫逸享乐，还聚敛诸侯的财物，供他们挥霍。害得夏朝的人都不得安居。大家都一致地不与桀一条心，还指着太阳来咒骂他，何日灭亡，大家都愿同他一起亡。这已经是天怒人怨。桀的罪如此之多，上帝命我征伐，我怕上帝惩罚我，不敢不率领大家征伐他。大家辅助我征伐，如果上帝要惩罚，由我一人去领受，而我将给大家很大的赏赐。你们不要不相信我的话，我决不食言。如果你们有不听我誓言的，我就要杀戮不赦，希望你们不要受罚。

这就是《尚书》中的《汤誓》，是一篇汤在鸣条会战前的动员令。

商军经汤动员以后，士气大振，都表示愿意与夏军决一死战。夏军士气低落，人有怨心。两军交战的那一天，正赶上大雷雨的天气，商军不避雷雨，勇敢奋战，夏军败退不止。夏桀见兵败不可收拾，就带领五百残兵向东逃到了三㚇（今山东定陶北）。三㚇是夏王朝的一个方国，三㚇伯见夏桀兵败逃来，立即陈兵布阵以保夏桀，并扬言要与汤决一死战。汤和伊尹见夏桀投奔三嵏，即麾师东进。商军和三嵏军在郕（今山东汶上北）交战，结果商军打败了三嵏军，杀了三嵏伯，夺取了三嵏伯的宝玉和财产。夏桀见三嵏又被汤所灭，仍旧带了那500残部向南逃走。汤和伊尹率军紧追不放，夏桀逃到了南巢（今安徽寿县东南），商军追至南巢，夏桀又想从南巢逃跑，但是刚走到城门口就被商军捉住。汤将夏桀流放（监禁）在南巢的亭山，"桀谓人曰：'吾悔不遂杀汤于夏台，使至此。'"（《史记·夏本纪》）也就是夏桀被监禁在南巢后非常气愤，对看管他的人说："我很后悔，没有将汤在夏台杀掉，才落得如此下场。"商朝建立后的第三年，夏桀就忧愤病死在亭山。

汤和伊尹为了彻底消灭夏王朝的残余势力，又率军西进。因为韦、顾、昆吾和三嵏这样一些较有势力而又忠于夏的方国都被商汤所灭，商军在西进的路上未遇到大的抵抗，很快就占领了夏都斟鄩。夏朝的亲贵大臣们都表示愿意臣服于汤。汤和伊尹安抚了夏朝的臣民后，就在斟鄩举行了祭天的仪式，向夏朝的臣民们表示他们是按上天的意志来诛伐有罪的桀，夏后氏的"历数"（帝王相继的世数）已终。这就正式地宣告了夏王朝的灭亡。我国历史上的第一个奴隶制王朝至此宣告结束。商代后人歌颂他们开国之君商汤的功绩时说："韦顾既伐，昆吾夏桀。"（《诗经·商颂·长发》）就是说，汤是先征伐韦、顾两国，然后才灭昆吾和夏桀。

汤和伊尹在夏王都告祭天地以后就率军回到了亳。这时期商的声威已达于四方，各地的诸侯、方伯以及大大小小的氏族、部落的酋长们都纷纷携带方物、贡品到亳来朝贺，表示臣服于汤。就连远居西方地区的氐人和羌人部落也都前来朝见。数月之间，就有"三千诸侯"大会于亳（《逸周书·殷祝》）。400多年前夏禹建国时在涂山大会诸侯时，"执玉帛者万国"。经过400多年的发展，这些上万的"诸侯"由于兼并、融合，到汤建国时，只有"三千诸侯"。但是这时商汤统治的地域远比夏禹时大。汤对前来朝贺的诸侯皆以礼相待，汤自己也只居于诸侯之位，表示谦逊。"于是诸侯毕服，汤乃践天子位"（《史记·殷本纪》）。也就是在"三千诸侯"的拥护下，汤做了天子，告祭于天，宣告了商王朝的建立。

古书中把汤伐桀灭夏称作"汤武革命，顺乎天而应乎人"（《周易·革》）。"革"的本意是指皮革，兽皮去其毛而变更之意。"汤武革命"是说商汤变革夏王桀之命。"顺乎天"是商讲究迷信，凡做一事都说是上天的意志，所以是顺天命。"应乎人"就是得人心的行动。商汤革命是我国奴隶社会中一个奴隶主的总代表革去另一个奴隶主总代表的命，虽革除了夏桀的暴虐，但仍然是奴隶主阶级的统治。所以后世人们又称为"贵族革命"。我国历史上的第二个奴隶制王朝，也就是在汤革了夏桀之命后建立起来的。

汤经过20年的征伐战争，最后灭了夏王朝，统一了自夏朝末年以来纷乱的中原，控制了黄河中下游地区，其势力所及，远远超过了夏王朝。所以商代的后人称颂说："昔有成汤，自彼氐羌，莫敢不来享，莫敢不来王，曰商是常。"（《诗经·商颂·殷武》）意思是说从前商汤的时候，连远在西方地区的氐人和羌人都不敢不来进贡和朝见，都说商汤是他们的君主。

汤灭夏后奠定了商王朝疆域的基础。为了控制四方诸侯，防止夏遗民尤其是夏后氏的奴隶主贵族的反抗。汤和伊尹决定将处于东方地区的亳放弃，把王都迁到距原夏王都斟鄩相近的西亳，西亳在现在的什么地方？学者各说不一，或说是在今河南偃师，也就是古书中所说的"尸乡"。

1983年夏天，考古工作者在河南偃师城西的尸乡沟一带，发现一座古城遗址，呈长方形，东西宽为1200多米，南北长为1700多米。城墙全部用夯土筑成，截至1984年年初，已经探到7座城门和若干条纵横交错的大道。同时在城中发现大型建筑基址3处，其中有一座大型的宫殿基址。发掘这遗址的考古工作者认为，可能这就是商汤所建的王都西亳。

夏桀灭亡

桀劳民伤财，残害人民，在诸侯、方伯中也引起了不满和反抗。他为了维护其统治，就下令在有仍这地方（今山东济宁）会见诸侯、方伯。虽然许多诸侯、方伯慑于桀的武力，不得不前去赴会，但各自都怀有戒心。而桀召集有仍之会，一方面要显示他是天子，仍有威力，另一方面要向诸侯、方伯们敛财，征收贡物，供他挥霍。但是"夏桀为仍之会，有缗叛之"（《左传·昭公四年》）。

有缗是夏王朝东部（今山东金乡）的一个方国，有缗首领见桀是一个暴虐贪婪的国王，不等会散就先回国了。有缗氏的这一行动，激怒了桀。桀便率领参加"有仍之会"的各诸侯、方国出兵征伐有缗。有缗国小力弱，当然无法抵御。灭了有缗之后，将其财物、美女、人口尽数掳掠到王都。但是桀所作所为被各诸侯、方伯们看在眼里，更加和夏王朝离心离德，叛夏的更多了。所以古书中说："桀克有缗，以丧其国。"（《左传·昭公十一年》）

相传夏桀命令一个叫扁的武将率兵去征伐岷山。岷山之君进献两个美女请降，这两个美女一个叫琬，另一个叫琰。经学者考证，岷山即嵋山，就是有缗。

有的古书中又作民山或蒙山，指的都是一回事。总之，桀暴虐无道，不惜用武力来灭亡一族一国来满足自己的淫逸奢欲。

自桀灭有缗之后，统治阶级内部的矛盾更加激化，桀的无道引起了众叛亲离，最后终于被商汤灭亡。

相传夏王朝有个太史叫终古，是掌记事兼天象、历法的官。见桀暴虐，又贪乐纵欲，不理朝政，便多次向桀进言，劝谏要爱惜民力，不能这样奢侈。桀根本听不进，反而征发平民和奴隶在倾宫中修建了一个很大的池子，里面灌满了酒，称为"酒池"。还做了一只彩船放在池中，使歌女们在船中演奏"靡靡之乐"（《新序》）。又使许多青年男女奴隶在池边载歌载舞地饮池中的酒，有所谓"一鼓而牛饮者三千人"之说（《韩诗外传》卷四）。然后，使男女奴隶相戏。桀与妹喜以及一些谀臣们通宵达旦地在此观看和饮酒取乐，一个月都不出宫办理朝政。终古又哭着苦苦劝谏，桀不但不听，反而责骂终古是多事。终古眼看桀如此下去，不久便会亡国，于是就逃出投奔了商汤。

夏王朝有一个大夫叫关龙逢，他见终古劝谏桀无效，就手捧"皇图"来到倾宫求见桀。"皇图"也称作"黄图"，是古代王朝绘制有帝王祖先们功绩的图，给后代帝王们看，以便效法祖先们治理国家。关龙逢捧去的"皇图"绘有大禹治水和涂山大会等图像，他是要桀效法先王，像始祖大禹一样节俭爱民、薄衣食、惜民力，以得天下诸侯的拥戴，保证长久享国。并指出若是像如今这样挥霍无度，任意杀人，亡国的日子就不远了。桀对这些忠言很感逆耳，不仅不听，反而将关龙逢杀害，下令将皇图焚毁。还警告朝臣们说，今后再有像关龙逢这样的人来进言，一律杀头。于是贤臣绝迹，言路断塞，桀愈加骄横暴虐。

夏朝末年，活动在东方地区的商国，逐渐强大起来。大约在公元前1600年间，商汤起兵伐桀灭亡夏朝。夏朝从禹建国起，到夏桀灭亡，共有471年左右的历史。有的史书中说是432年。

商王朝的巩固

为了能够有效地控制四方的诸侯、部落和夏王朝的遗民，巩固新建立起来的商王朝，汤和伊尹将王都迁到西亳。汤从夏桀灭亡中吸取了经验教训，要使国家巩固和兴旺，必须得到人民的拥护；要使人民拥护自己，就不能对人民施暴政。汤在伐桀灭夏的过程中，对人民以施德来争取人民的拥护。他曾对伊尹说："人视水见形，视民知治不。"（《史记·殷本纪》）意思就是说：人往水中看，就能看出自己的形象，看见人民的态度，就知道自己能不能治理好国家。由于汤能看到人民是国家的根本，没有人民的拥护，就不能灭夏建商。所以建立商朝以后，就废除夏桀时伤害人民的繁重徭役和横征暴敛，予民一个休养生息的环境。

我国古代任何一个国家的王都有一个"社稷"，从夏朝开始一直延续到清朝时的社稷坛。夏禹建国后，建立的社稷叫做社，社就是土地神。相传发明社的人是共工的儿子句龙。共工是世代的"水正"，治水的氏族。当洪水泛滥时期，人们都逃到高地上居住，没有高地的地方，句龙就叫人们挖土堆成土丘，使大家在上面居住。每一土丘住25家，称为一社，所以社最初是居民点，是聚落。后来句龙死后，人们就尊他为社神，给他盖了一个房屋，供奉他的神位，称为后土。后土就是土地神，这就是后世土地庙、土地神的始祖。

夏禹建国，占有四方土地，夏王是居中央之土地。五方土地皆为夏王所有。因此立社以祭祀土地神。稷为五谷神，相传烈山氏的儿子柱做过稷正（掌播种五谷的官），后来被人们尊为农神。"人非土不立，非谷不食，土地广博，不可遍敬也；五谷众多，不可一一祭也。故封土立社，示有土地；稷，五谷之长，故立稷而祭之也"（《白虎通义·社稷》）。夏王朝每年都要举行祭社的仪式，祈求后土农神福佑风调雨顺，五谷丰登。我国自古以来都以农立国，因此祭祀社稷就成为国家大事，社稷的存亡也就象征着国家的存亡。国家被灭亡，社稷也随之而毁掉，若不毁掉就要迁走。汤灭夏以后，想将夏社迁走，被伊尹阻止住，要汤留下来告诫后人，作为暴虐而亡国的见证。因为社坛是一露天的土坛，上面植有不同的树，汤就下令砍掉树盖一房屋，把夏社封起来，永不使用。商的社另建在商王都，这就是所谓的"屋夏社"。

汤除了"屋夏社"外，还实行一些改朝换代的措施。"汤乃改正朔，易服色，尚白，朝会以昼"（《史记·殷本纪》），也就是改变夏王朝的每年开始的一天（正朔）。夏称一年为一岁，夏正建寅，即以夏历正月为岁首，正月初一为一岁的开始。汤改称一年为一祀，商正建丑，即以夏历的十二月为岁首，每年十二月初一为一祀的开始。把衣服的颜色也由夏的"尚黑"（尊崇黑色）改为"尚白"，把朝见改在白天来举行。商人不光是衣服以白色为主，就是旗帜、器物，驾车的马，祭祀用的牛、羊、猪、狗也以白的为主。在商代遗址的考古发掘中，就出土了不少白色陶器。甲骨卜辞中有不少祭祀是用白牛、白羊、白犬、白豕作牺牲。在田猎卜辞中，凡是猎获白色野兽都使用了白字，如"获白兕""获白狐一""获白鹿一，狐三"，等等。

汤祷桑林

汤建国不久，商王畿内发生了一场旱灾，延续了 7 年，在后 5 年中旱情很严重，烈日暴晒，河干井涸，草木枯焦，禾苗不生，庄稼无所收，人民困苦异常。虽然旱灾刚发生时，伊尹也教民打井开沟，引水灌溉农田，但是旱情愈来愈严重。

天旱是一种自然现象，商代统治者们却把这看成是上帝所为。卜辞就有"贞（问）：不雨，帝侍莫（旱）我"（《龟》1.25.13）。意思是：不下雨，是上帝给我的旱灾。还有"戊申卜，争贞：帝其降我莫（旱）。一月，戊申卜，争贞：帝不我降莫"（《丙》63）。这也是商王武丁时期正反两问的卜辞，意思是：一月戊申这天占卜，史官争问道：上帝会降旱灾给我吗？上帝不会降旱灾给我吗？因此自从天旱发生后，汤就在郊外设立祭坛，天天派人举行祭祀，祈求上帝除旱下雨。古代在郊外祭天叫做"郊祀"。最初的郊祀仪式是燃烧木柴，用牛羊猪狗这些家畜作上供的牺牲，这种烧柴祀天的祭名叫做"燎"。汤命史官们在郊外燎祭上帝，史官手捧三足鼎，鼎内盛有牛、羊等肉作供品，向天地山川祷告说："是不是因我们的政事无节制法度？是不是使人民受了疾苦？是不是因官吏受贿贪污？是不是因小人谗言流行？是不是有女人干扰政事？是不是宫室修得太大太美？为何还不快快下雨呢？"这是史官受汤之命，说了 6 条责备自己的事以求上帝鬼神赐福降雨。尽管汤命史官天天祭祀，苦苦哀求，上帝仍然没有赐福降雨。

大旱延续到第七年的时候，汤见郊祀也不见下雨，就命史官们在一座林木茂盛的山上，选了一个叫桑林的地方设了祭坛，他亲自率领伊尹等大臣举行祭祀求雨。但祭了以后也未见下雨，后来就占卜为什么不下雨。史官们占卜后说：燎祭时，除了要用牛、羊作牺牲外，还要用人牲。就是将活人放在柴上焚烧后让被烧的人上天去祈求上帝降雨。汤听了以后说："我祭祀占卜求雨，本是为民，怎能用人去焚烧？用我来代替吧！"于是命把祭祀的柴架起来，汤将头发和指甲剪掉，沐浴洁身，向上天祷告说："我一人有罪，不能惩罚万民，万民有罪，都在我一人，不要以我一人的没有才能，使上帝鬼神伤害人民的性命。"祷告毕，他便坐到柴上去（有说是用发和指甲来代替其身），还没有焚柴时，正好就下起了大雨。这是一种巧合，久旱必有大雨是自然界的现象，但汤的这种勇于牺牲的精神，受到了人民的敬佩和颂扬。因为在迷信思想的统治下，人民还不能完全认识自然现象，下了雨，旱灾解除，人民就用歌唱来颂扬汤的德行。汤就命伊尹将人民这些歌词收集起来，编了乐曲，取名为《桑林》，也叫《大濩》，这就是后世人们称作的"汤乐"。不过汤乐很早就失传了。

自汤"祷于桑林"求雨以后，商王们遇天旱求雨，就使用了这种焚烧人的祭祀，这种祭名叫做"烄"。甲骨文中烄是个象形字，原形就像一个人站在火上被焚烧。卜辞有"其烄大有雨"的记载。还有很多用烄祭来求雨的卜辞。当然商王不会为了祈求下雨而焚烧自己，而是用奴隶来做牺牲品，甲骨文中反映出这种被用来焚烧求雨的人，大多是女奴隶。商代以后，烄祭发展成为焚烧巫（女神婆）来求雨。

旱灾解除以后，汤更加受到四方诸侯、方伯的拥护。他仿照夏朝帝王6年一巡狩的制度，开始了第一次巡狩。在巡狩过程中，诸侯、方伯们都向他进献贡品方物。回到商王都以后，汤对伊尹说："我想下一道令，根据各方所出产的物品，规定四方诸侯朝贡进献的种类。这样四方诸侯也容易备办，而王朝中就会样样都有。"伊尹就受命制定了每年四方进贡物品种类的规定，并向四方诸侯、方伯们宣布：正东方地区各国离海近，主要进献鱼皮制的器物、乌鲗鱼酱、锐利的剑。正南方地区各国出产丰富，犀牛、大象产得多，主要进献犀牛角、角牙、珠玑、玳瑁、翠羽之类。正西方地区各国地广山多，主要进献丹青、赤色、白色的颜料，以及龙角、神龟之类。正北方地区各国地广野物多，主要进献骆驼、野马、各种良马和良弓。此令下后，四方诸侯、方伯都欣然应承。

汤和伊尹将商王朝的内外政事处理了以后，就将夏禹建国时在涂山大会诸侯后铸成的9个铜鼎，即夏王朝的镇国之宝，搬到了商王都。这9个象征着国家政权的铜鼎搬到了商王都后，也就意味着夏王朝彻底灭亡，商王朝开始发展。所以古书中说："桀有昏德，鼎迁于商，载祀六百。"（《左传·宣公三年》）也就是说夏桀暴虐无德，才被商汤灭亡，将夏的铜鼎迁到商，自此以后商就延续了六百祀（年）。

"鼎迁于商"的第三年，作了约13年商王的汤就病死在王都。汤是商王朝的开国之君，所以"商人祖契而宗汤"（《礼记·祭法》），也就是在商王的祖庙中是以契为始祖，以汤为继宗。

盘庚迁殷

迁都概况

商朝自汤建国以来，前10个王都都在亳（今河南商丘附近），但自第十一代仲丁起到盘庚前的第十九王阳甲止的9个王朝，竟5次迁都，其中十一王仲丁迁隞（今河南郑州市北）；十三王河亶甲迁相（今河南内黄东南）；十四王祖乙迁邢（今河南温县东）；十五王祖辛迁庇（今山东郓城北）；十八王南庚迁奄。迁都为何如此频繁呢？

原来亳、隞、相、邢、庇、奄6个王都，均在黄河两岸，显然是为了用水的便利。但黄河又是一条常出问题的河流，大雨一来泛滥成灾，汛季一到，水害更大，如邢就曾被水淹没。黄河泛滥时，大水冲毁良田，人民无所收获，而商人中的贵族豪富，大发国难财，这就更加剧了国家的财政恐慌，甚至造成王室穷、贵族富的局面，许多大户因此无视王权。故摆脱黄河水害，成了商政权，也是新当政的商王盘庚的重大问题。

另外，商朝王位继续采取"见终弟继"法，即兄死由弟继位，直至少弟死后，再由长兄之子继位。兄终弟继这个王位继承法与父死子继法相比，使有权当商王的家族、人选相应增加了。十一王仲丁的父亲太戊是少弟，传说他继位后出现了一件奇事：亳都的宗庙生出一棵妖树，一半是桑，一半是谷。一夜妖树长得又高又粗，而且两部分互相斗争起来，太戊十分恐惧，后经相辅伊陟的提醒，太戊大修德政，以德克妖，终于使桑树自行枯死。

这个传说其实是太戊时期王位继承斗争尖锐化的反映，是王位传自己的儿子，还是传给长兄儿子两种不同势力的斗争。由于太戊安抚政策奏效，传子派暂时得势，但反对派的力量还相当强大。太戊为了转移本族的矛盾，大肆兴兵伐方国取胜，出现了所谓"中兴"的局面，太戊也就成了商王中地位显赫的"中宗"。

但"盛世"随着太戊的去世而消失，两派斗争再度激化，取得王位的太戊之子仲丁无力应付势力较大的反对派，只能迁都于隞，首创了商王迁都的纪录。从仲丁到阳甲的9个王朝，两种势力交替占上风，王都五度迁移，造成"九世之乱"。内乱必引起外患，商王朝西方、北方的方国如周、土方、舌方趁机崛起，又不来朝贡商王。盘庚正是为了上述种种考虑，才决定迁殷。

盘庚迁殷在商代历史上有着重要的意义，在盘庚后第三王武丁时期，商王朝的统治达到了极盛阶段，在盘庚迁殷后至商灭亡经 8 代、12 王、200 多年，再也没迁过王都，因此商朝在历史上又被称为殷或殷商。

巩固殷都

在商王朝约 600 年的历史中，盘庚将王都由奄（今山东曲阜）迁到殷（今河南安阳）是一个转折点。"自盘庚徙殷，至纣之灭二百七十三年，更不徙都。"也就是说自从盘庚迁都到殷，一直到纣（帝辛）灭亡的 200 多年，再也没有迁过王都。自盘庚迁殷以后，商代奴隶制国家得到了复兴，巩固了商王朝的统治，对发展社会生产起到了推动作用，为青铜文化向高水平发展创造了条件，促使我国奴隶制社会的发展进入一个更高的阶段。历史学家为了研究问题的方便，将商王朝划分为两个时期：从汤建国至盘庚迁殷以前称为前半期；自盘庚迁殷至商纣灭亡称为后半期。

盘庚在奄都连哄带吓地说服了反对迁都的臣民以后，大约在公元前 1300 年间将王都迁至殷。盘庚营建新王都比较节俭，这样又引起了王室贵族们的不满。这些人原来就反对迁都，现在看见新王都一切都很简陋，虽然勉强可以居住，总不如在奄都时那么舒服，于是，又开始散布不满的流言。因为这些王室贵族中有许多人是在朝廷中担任职务的老臣，他们的言行对人民有很大的影响。而且自盘庚迁到殷以后，不少臣服于商王朝的诸侯、方国和部落酋长都前来进贡朝贺。为了制止这批王室贵族们继续散布不满的言论，盘庚乃求助于上帝祖先，举行了一次隆重的祭祀，用龟甲进行占卜。祭祀时满朝文武和一些诸侯、方伯都参加。祭祀以后，盘庚又很严肃地对这些臣僚、诸侯、方伯们训了一次话。盘庚告诫道：

你们不要贪图安乐享受，要勤奋地把从上帝那里得来的大命很好地建树起来。我现在掏出心肠来同你们百官讲话：我心中不责怪你们，你们也不要再存以前的怨恕，勾结在一起说我的坏话。

从前，我们的先王发扬前人的功业，迁到高地免除灾害，在我们都邑里遵循着前人美好的业绩。

如今我们的人民遭受水患，荡析离居之苦没有止境。你们问我："为何震动万民来迁徙！"你们不知，这是上帝要恢复我们商祖的美绩到我们这一代王朝，故我急于敬奉上帝的旨意来拯救民命，以获永远定居于新都邑。

我不是不理会人们的意见，是由于上帝的神灵使我们得到好处。我不敢违反占卜，现在便发扬了这神龟的吉示了。

唉！各位方伯、军事长官和各级官吏们，你们都要服从这灵验的占卜，我要加强观察和选取你们，看谁能经常想到重视我的众民。我不屑于那种贪财货的行为，那种敢于孜孜从事自己家业的行为，只对那些能养育人民和为人民谋安居有成绩的，才任用，敬重他。如今我已向你们说清楚了对我的意志，不论同意与否，你们都必须服从。

盘庚对王室贵族、朝中官吏和诸侯、方伯们作了告诫训话以后，又发现百姓也吵吵嚷嚷，闹着住不惯这新都邑。盘庚就暗自作了调查，结果发现这些吵嚷都是由于贵族和一些官吏在煽动。经过再三考虑，决定用旧有的典制去矫正法纪。如果不用法纪来整顿，这个新王都就保不住。说不定连他自己这个商王也做不成。于是就下令，在一天的上午，他将朝中大小官吏召到朝廷中来，先是对他们说明：他原来派一些官员去向迁来新王都的人民讲明，为什么要由奄都迁来这里的道理，人民都能听从王命。而今有的朝臣和下属官员又在人民中散布不满，煽动人民，不使他们安居。他很严厉地对这些大大小小的官吏们说：

你们不把我的好话向百姓们宣布，这是你们自取其祸，以致做出许多坏事来害了自身。你们既然带头引导人民做坏事，那就得由你们自己来承受其痛苦，要后悔也来不及！你们看，这些小民还知道听从规劝，唯恐说出引起祸患的错话，何况我是操着你们生杀大权的人，你们为何倒不畏惧呢？你们有话为何不来告诉我，竟敢擅自用谣言来煽动人心，恐吓大众。你们要知道，即使你们像野火一样在大地上焚烧，使人近前不得，但我却有力量来扑灭它。如果一定要弄到这种地步，那是你们自己惹出的祸患，就不要怪我错待你们了！

盘庚讲了这番话后，又劝诫他们要像他们的先祖、先父们一样，和商先王们什么事都同心协力，因此在祭祀先王的时候，才把他们的先祖、先父也一同祭祀。最后又说道：

你们应该把我的话广为宣传告诫：从今天以至将来，各自忠于你们的职务，整饬你们的阶位，说话要谨慎。如果不是这样，到时候罚到你们身上，就不要懊悔呵！

盘庚迁殷以后，对于不安居于新王都的贵族、百官和人民作了耐心地说服，借助于上帝的神灵、龟卜的吉示，最后发出了警告，如果这些人再不安心维护王命，仍旧散布谣言，煽动人民，则要依法惩处，由此，收到了安居于殷的效果，王都巩固，纷乱局面得到扭转，克服了商王朝统治的危机。

盘庚迁都的借口是在奄有水患，大家过着"荡析离居"的生活。对这句话学者们有不同的解释，不管是指水患，还是方国、部落遭到侵扰，不得安宁，都使盘庚看到不迁都就无法改变商王朝那种"九世乱"后所造成的衰弱和混乱的局面，尤其是对王室亲贵、朝中大臣这些地位高、权势大、贪婪好逸的特权们的告诫，是看准了商王朝危机问题的所在。为了维护奴隶主阶级的利益，巩固商族的统治地位，采取迁都，改变统治阶级内部的一些不利的风气，便于集中力量发展生产，对付一些反叛方国、部落的侵扰，盘庚迁殷的决定是很有远见的。他是"行汤之政，然后百姓由宁，殷道复兴，诸侯来朝"（《史记·殷本纪》）。

经过盘庚的迁都、整治，衰弱的商王朝又开始复兴，这为他的侄儿武丁时集中力量征伐诸方国，振兴商王朝奠定了基础。

武丁中兴

经过盘庚的迁都、整治，衰弱的商王朝又开始出现复兴的局面。这为他的侄儿武丁时集中力量征伐诸方国、振兴商王朝奠定了基础。盘庚在位 28 年死去，由他的弟弟小辛继王位。

小辛名颂，甲骨文中也称小辛，武丁时期的卜辞中称为"父辛"。祭祀小辛的卜辞很少，武丁祭祀父亲的卜辞较多一些，但祀典很一般。这可能是小辛在位时间短，又是旁系先王的缘故。

小辛死后由他的弟弟小乙继王位。小乙就是武丁的父亲。小乙为了调查人民对商王朝的态度，观察诸侯、方伯们的动向，同时也能使武丁能学到更多的本领，成为一个安邦治国的统治者，在他死后能继位做商王，便将武丁由大邑商（殷都）派到正都以外的地方去。先是隐居在黄河岸边，后来武丁经常在黄河两岸许多地方观察人民的生活情况，接触了不少的平民和从事农业生产的奴隶。有时武丁还和这些所谓的"小人"一起参加农业劳动，使他了解到这些"小人"们生活的艰辛和劳动的辛苦。

这些就是古书中说的："命世子武丁居于河"（今本《竹书纪年》）"其在高宗（武丁）时，旧劳于外，爰暨小人"（《尚书·无逸》）的注释说："武丁，其父小乙使之久居民间，劳是稼穑，与小人出入同事。"）。自武丁和祖甲两个商王以后情况就有所变化，其原因是以后的商王没有在民间居住过。所以《无逸》中接着又说："自时厥后，立王生则逸。生则逸，不知稼穑之艰难，不闻小人之劳，惟耽乐之从。"

武丁继位前，很留心访求贤才。一次，他来到傅险，见一批刑后罚做苦工的奴隶正在修路。武丁与一位名叫傅说的奴隶交谈，发现他对国事及治国计划说得头头是道，了如指掌，十分惊服，便有心以后请他帮助自己治理国家。

武丁即位为商王后，按照古代的传统，父亲死后儿子要守孝三年，叫做"三年之丧"。为了表示是一心守孝，在这3年内的商王不得过问朝中政事，凡是国政大事皆委托于朝中的执政大臣来处理。武丁在这3年中也是照此古礼执行。他只住在守丧的房子里，这个房子叫做"凶庐"，古书中说："高宗谅阴，三年不言。"（《论语·宪问篇》《尚书·无逸》）

武丁在守孝的3年里，虽不能直接过问朝中大事，但他仍在"思复兴殷""以观国风"（《史记·殷本纪》），考虑怎样复兴商王朝和观察形势的变化，他考虑的是如何把傅说请到朝中来辅佐他治国，如果直接采取赦免傅说、任命其为相的办法，王室中的亲贵大臣和百官们一定不会同意，甚至引起反对，制造混乱。他看见这些亲贵大臣们迷信鬼神，就决定利用这种手段来达到获得傅说的目的。

3年守孝期满，武丁告祭天地、祖宗后，来到朝堂上接受百官的朝贺。在朝贺的臣僚中也有许多臣服商王朝的诸侯、方伯和部落酋长，武丁决定借此机会获得傅说，任其为相。武丁等大家颂扬之后，说道："我夜得一梦，梦见上帝赐给朕一个圣人，叫傅说，上帝对朕言道，得到此人，我朝将会兴盛起来。"并把傅说的相貌叙述了一番。然后在群臣百官中一一核对相貌。对完了后，没有一个是和傅说一样的。武丁就问群臣应该怎样办？这批新贵大臣们只好说到民间去访查，武丁就下令派使臣在百工中去寻找。没有多久就在虞山山岩修筑工地上把傅说给找了来，于是武丁召集群臣百官传梦中圣人相见。当傅说走进朝堂后，武丁一见就以礼相待。群臣百官们见与武丁所说相貌完全一样，也都问声相贺，祝武丁梦得圣人，武丁当时就任命傅说为相，辅佐他治理朝政。傅说当然是早就心中有数，也只等这一天，面对群臣百官，誓言要尽心辅佐武丁，治理国家。

武丁得到傅说，"举以为相，殷国大治"（《史记·殷本纪》）。傅说是个很有才能的人，他做了执政大臣以后，和甘盘、祖己这样一些贤臣一起，兴利除弊，很快地就改变了商王朝那种衰弱的局面，数年之间，使商王朝的统治得到巩固，而且逐渐地兴旺起来。在此基础上，武丁对其周围的方国进行了一系列的斗争。

舌方居住在今山西、陕西北部直至内蒙古河套以北，是西北地区的游牧部落，武丁时舌方非常猖獗，屡次侵犯商界，进行抢夺。商王经常接到址君的紧急军情报告。武丁曾多次亲自率兵征伐，所用兵力达三五千人。甲骨文中有"登人（征兵）五千"及很多"王往伐舌方"的记载，足见战争的激烈、规模。

土方居住在今山西北部一带，武丁时土方曾与舌方相互联合侵犯商的属国沚，土方在沚的东面，进犯沚的东鄙，舌方在沚的西面，进犯沚的西鄙。甲骨文有"沚盛告曰：土方征于我东鄙"对付这支强悍的部落，武丁也要亲自征伐，甲骨文有"王伐土方"。用兵人数，最多亦达5000，可见土方之强，似不在舌方之下。

鬼方居住今陕北、内蒙古及其以北的辽阔地区，是强大的游牧部落。武丁曾调动西部属国的兵力命震率军讨伐鬼方，花了3年的时间，平定了鬼方，使其一部落被迫西移。

羌方居住今晋南、陕西一带，也是商时用兵的主要目标。甲骨文中有关羌方的记载很多，武丁时伐羌方所用兵力最多，远超伐舌方、土方的人数，最多一次是13000人往征羌方。在战争中俘虏的羌人，被商人用作人殉人祭的牺牲。甲骨文记载了很多这类材料，其数字是惊人的。

商朝西北之敌尚有芎方，芎人善于养马，"多马芎"在商朝的战争和商王的田猎中都起着重要作用。武丁为掠夺其财富，对芎人曾大举用兵，所征调的兵力，亦竟达一万多人。

商朝在南方无劲敌，武丁曾经南征，"奋伐荆楚"，此后，商朝的势力延伸至长江以南地区。其他被武丁征伐过的方国还有缶、蜀、湔方、基方以及江淮流域的虎方等，商朝西北至南方的广大地区都被征服。如《诗经》所云："武丁孙子，武王靡不胜。龙旗十乘，大糦是承，邦畿千里，维民所止，肇域彼四海。四海来假，来假祁祁、景员维河，殷受命咸宜，百禄是何。"通过对周边部落的征伐，商的势力范围急剧扩大。

武丁在位59年，商朝的政治、经济、文化部得到了空前的发展，达到了极盛时期。史称"武丁中兴"。

商纣暴政

纣征伐东夷已经是大耗资财和人力，征服东夷以后本应安定民心，发展社会生产。可是纣只顾纵情声色，花天酒地。妲己喜欢观看歌舞，纣命乐师创作了靡靡之乐，怪诞之舞。为了玩乐，"弃田以为园囿，使民不得衣食"

（《孟子·滕文公下》）。每个商王都喜欢打猎，这是从卜辞中得以证实的。但纣还不满足，甚至干脆把商都附近的一些农田荒废，让禽兽自然生长，成为天然动物园，供他玩乐。人民无田可耕种，衣食无着，民不聊生，十分不满，激化了阶级矛盾。

纣王自以为英雄盖世，还领着兵马，到处炫耀武力，强逼各诸侯与属国增加贡赋，稍不如意，就兴兵问罪。诸侯们心中虽是叫苦不迭，但因惧怕纣王威势，都敢怒不敢言，只得勉强搜索国中珍宝，以投其所好。

纣王用兵连年得胜，愈加志满意骄起来。他大兴土木，筑了一个方圆3里，高过千尺的鹿台，专门收藏战争勒索来的或诸侯进贡的各种珠宝钱财。又修了一个叫钜桥的巨大仓库，里面装满了搜刮来的粮食。并扩建原来的宫殿，搜罗天下狗马奇物充实其中。自己则领着一群妃子宠臣整日在那里游嬉，过着花天酒地、奢靡无度的生活。纣王还十分贪恋酒色，经常和他最宠爱的女人妲己在一起，整日整夜喝着醇酒，听着靡靡之音，连朝政也无心过问。

纣王还驱使大量奴隶和民工，在南连朝歌（今河南淇县），北到沙丘（今河北广宗西北）、邯郸的广大区域内修筑了许多巍峨壮美的离宫别馆，并在这些御苑中，放养了许多珍禽异兽。甚至别出心裁，在沙丘一带的离宫里，建立"酒池"和"肉林"，供他享用玩乐。

"酒池"，即是在人工挖成的池子里灌满了酒。据说这个酒池大得可以划船，池中的酒可供3000人狂饮不竭；"肉林"，是在许多树上挂满了肉，以便随手取食。每当聚乐的时候，纣王便命成群赤身裸体的男女在酒池肉林间追逐，通宵胡闹，搅得一片乌烟瘴气。从此以后，"以酒为池，悬肉为林"便被作为历史上剥削阶级最奢侈的典型而载入史册，遗臭万年。

纣王的穷奢极侈，耗费了大量的民脂民膏，他不断用兵，屡兴大役，不仅使得民怨沸腾，连一些诸侯也纷纷叛离。纣王看到这种情况，非但不思改悔，反而大为震怒，决意用加重刑罚来维持其统治。他制做了一系列极其野蛮的刑罚来对付各种有不满情绪的人。如"炮烙"之刑，用时在一个大铜柱上涂满油，下以炭火烧炙，让"罪人"光着脚在烧红的铜柱上走，把人活活烤死，可谓残忍至极。

对于那些不称心的诸侯，纣王也随意杀戮，毫不顾惜。如西伯昌（即周文王）、九侯、鄂侯在各诸侯中素孚众望，曾被商封为"三公"。纣王眼看"三公"的势力越来越大，决心要除掉他们。九侯是他开刀的第一个对象。九侯有个美丽贤惠的女儿，被纣王看中选入宫中，后因不愿迎合他的胡作非为而被杀。

纣王怕九侯怨恨在心，把九侯也剁为肉酱。鄂侯看不过去，心生不满，也被杀死，做成肉脯，西伯昌得知二人惨死，伤心地叹了口气，被纣王的心腹崇侯虎偷听到了，立即向纣王告密，纣王大怒，把西伯昌也抓了起来，投入监狱。"三公"的悲惨结局，使朝廷大臣和各路诸侯大为寒心，人人自危，于是日益与商王朝离心离德。与此同时，由于纣王重用费仲、恶来等阿谀好利之徒，大肆搜刮百姓，在国内也渐渐失去民心。

纣王的倒行逆施，使一些较有远见的商朝贵族十分不满，一再向他进行劝谏。可纣王哪里听得进去。纣王的兄长微子启见劝谏无效，不忍心看着商朝灭亡，想一死了事，后来听了太师、少师的劝阻，便暂时逃了出去。只有纣王的叔父王子比干素称忠直，屡次向他犯颜直谏。有一天，纣王正在宫里饮酒取乐，比干又到纣王面前强谏，请他以商朝天下为重，不要再胡闹下去了。纣王听了，心下已十分不快，但还不好马上发作，只得敷衍说："叔父不必多虑，眼下商朝国运方隆，凭着我东征西讨，诸侯谁敢不服？那些小民自然更翻不了天。请叔父放心回去，有事改日再议。"比干见他如此昏庸，不禁又气又急。心想，今日就是冒死也要说个明白，于是当着纣王面把他的种种昏庸暴虐数落一番，末了又说："大王若不改过归正，恐怕祖先艰难经营得来的商朝六百年天下就要亡在你的手里了！"纣王闻言，勃然大怒，拍着桌子叫道："你这糟老头子，几次三番危言耸听，扰乱人心，我念你身为长辈，不与你计较。不料你胆大妄为，竟敢辱骂起我来。你说我是暴君，难道你是圣人？听说圣人心有七窍，我今天倒要看看你究竟是否是圣人？"说罢，喝令左右将比干推出，剖心而观。可怜比干一片忠心，竟遭如此酷刑而死。

比干惨死的消息，震动了朝野。贵族箕子深恐祸及己身，便假装疯傻，与奴隶混在一起，但纣王还是不放心，派人把他关了起来。太师、少师眼见纣王已不可救药，便带着宗庙里的祭器和各种乐器，悄悄地投奔岐周去了。其余的大臣见此状况，也纷纷另谋出路。总之商纣王将商朝的政治腐败推向了极至。

广大奴隶以及平民的强烈不满与反抗，诸侯们的纷纷叛离，商朝统治集团内部的矛盾重重和互相倾轧，这一切都表明：商王朝的灭亡已经为期不远了。

殷商灭亡

商的政治腐败导致商统治力量的削弱，许多小国便纷纷从商的控制下摆脱出来。曾长时期屈从于商的周，这时乘机拉拢一些小国，以壮大自己的力量。

《左传》说周文王"帅殷之叛国以事纣",出现了三分天下周人有其二的局面。商要被周灭掉已成定局。

公元前 1227 年周武王发布讨纣檄文,率领戎车 300 乘、虎贲(敢死队)3000 人,甲士 45000 人,东进伐纣。武王的军队来到孟津,会合了讨纣的各路人马,并争取到庸、蜀、羌、微、卢、彭、濮等方国的军队的支持。周武王在孟津举行了誓师大会,随后即率众渡黄河北上进攻。

纣王闻讯,慌忙集中商军南下,与周军会战于牧野(今河南汲县)。战前,周武王再次宣布了纣的罪行,誓死灭纣,周军士气大振,而"纣师虽众,皆无战之心"。纣王将临时编成的奴隶兵队放在头阵,奴隶们一接触到周军,即掉转戈头,向商军杀去。周军在倒戈的商军的协助下,直抵朝歌城下。纣王眼看大势已去,便登上鹿台,自焚而死,结束了自己暴虐的一生。这就是历史上著名的"牧野之战"。而后,周武王率领诸侯们进入朝歌,命人将纣王的尸体抬出,割下头颅挂在大白旗上示众,并于次日举行了隆重的礼仪,宣告天下:"周朝灭掉了商朝,我受天命管理天下。"随后,周武王迅速分兵四出,征讨商朝各地的诸侯,基本上控制了商朝原来的统治地区。

纣死后,其子武庚受封于周。周初三监叛乱被平定之后,周以微子代武庚。尽管"殷祀"还保存了很长时间,但作为一个朝代而言,纣王之死则是商朝寿终正寝的标志。

纣王的亡国,是内外交困的结果。纣王之前,武丁的四方征战已使殷商的国力大损,而祖甲的政治改革则使殷商内部的统治上层内讧不断。而纣王的个性,又不是那种以慢功见长的人。当他的急功政策受到朝野内外的反对时,他不是采取说服的手段,而是不断高压,甚至不惜滥用杀戮,以至于怨声载道,臣民对他离心离德。为了转移国内的一片反对声浪,纣王又开始了对外征战。特别是在对东方各部落的攻伐中,耗时损财,国力大减。这些因素结合起来,终于导致了商的灭亡。

甲骨文

殷商时代的历史,已被确认是中国信史的开始,这是由于甲骨文的发现与殷墟发掘的结果,使我国古代有关殷商史事的文献记载,得到了地下直接材料的印证。所以甲骨文的发现与殷墟的发掘,是近代学术上的大事,我们要认识殷商时代的史事,必须先对这两件大事作一个了解。

清末,河南省安阳县小屯村附近农田中,时有龟甲、兽骨出土,村人视为药材，谓之"龙骨"。村民李成以剃头为业，空闲时常把"龙骨"磨成粉末，用做刀伤药，并整批收购，转售药店，每斤制钱6文，因药店不喜有字的"龙骨"，所以有字者常被刮去，或丢弃枯井中。

光绪二十五年（1899），国子监祭酒王懿荣患病，在北京达仁堂所购之药材中，发现龟板上有契刻文字，知为有价值之古物，先后向潍县古董商范维卿、赵执齐等收购，共得千余片，王氏可以说是鉴定及收藏甲骨之第一人。

甲骨文是殷商时代的一种古文字，是用利器契刻或书写在龟甲（多为腹甲）或兽骨（多为牛胛骨）上的。商代是所谓"鬼文化"的时代，外在的神秘力量笼罩着人们的思想，使得越是有权势的帝王及上层社会人物，越是遇事多疑，喜用占卜解决国事或家事中的重大难题。占卜的方法简单而又复杂。通常是先在甲骨上钻孔，在这种孔洞将透未透之时，对它们进行烧灼。根据烧灼后出现的裂纹（卜兆），由专业的卜师进行解释，并把所问之事及卜兆的结果刻写在甲骨上，有时还把日后的应验也刻写上去，并用朱墨涂写这些刻字，有时也用朱墨直接写在上面。这就是我们今天所能看到的绝大多数甲骨文的模样。甲骨文内容主要是占卜，但也有一些记事的。这些记事的内容，主要是帝王的事务，比如祭祀、征伐、田猎等，也就是说，不可能是平民百姓的事情。这说明，文字的起源，主要是来自社会上层的需要。而中国的汉字，发展到甲骨文的时代，已经到了相当成熟的阶段。后来的学者曾总结汉字有6大特征，即所谓"六书"：指事、象形、形声、会意、转注和假借，在甲骨文中都有其表现。从甲骨文往上推断，中国文字的起源无疑是相当悠远的。所以，甲骨文的发现和研究，其意义也是相当深远的。

但是，由于甲骨文字记载的是一些与占卜有关的特殊的事件和场合，事实上它本身并不是殷商的历史记载。而且，甲骨文的形式，也大多是简单的字句，并没有完整的篇章，所以，很大程度上还要依靠后人的推断和想象才能概括出一些历史的遗迹。迄今为止，我们可以确定的是，甲骨文是殷商时代的文字，也是至今发现的中国最早的成系统的文字。从这些文字中，我们可以发现殷商的社会，在社会生活和精神观念诸方面，已经达到了相当成熟的水平。从甲骨文来看，殷商社会是个高度发达的文明国家。

西　周

（约公元前 11 世纪至公元前 771 年）

周朝的建立和发展

周是中国西部渭水中游黄土高原上的一个古老部落，姬姓。相传其始祖名弃，生活在陶唐、虞、夏之际，其母为有邰氏女，曰姜嫄。"姜嫄出野，见巨人迹……践之而身动如孕者。居期而生子，以为不祥，弃之隘巷，马牛过者，皆辟不践，徙置之林中，适会山林多人，迁之；而弃渠中冰上，飞鸟以其翼覆荐之。姜嫄以为神，遂收养长之，初欲弃之，因名曰弃。"弃好耕农，尧举为农师，舜封弃于邰，号曰后稷，被尊为农业神。弃诞生的传说，说明周族从弃开始，才由母系氏族社会转化到父系氏族社会。

自后稷几世传至公刘，自公刘九传至古公亶父，这时被称为戎狄的西北诸游牧部落，也向渭水流域移动，周人受到他们的压迫，古公亶父率周人去豳，而迁居岐山下的周原（今陕西岐山）。和周人同时迁徙的还有其他邻近的部落。迁居岐山后，周人的社会起了重大的变化，他们开始营城郭，建室屋，设官司，并把各部落的人民分别组织在很多被称为"邑"的地域性组织之中，即所谓"以邑别居之"。看来周至古公亶父时，已粗具国家雏形，所以后来的周人称古公亶父为太王，尊奉他为周王朝的奠基人。

古公亶父死后，幼子季历继位，周人称为其王季。王季对西北诸戎狄部发动进攻，取得了很大胜利，商王文丁任命王季为牧师，承认他是西方的霸主，号称西伯。王季又与商王联姻，势力日益强大。商王文丁为抑制周族的势力，便借故杀死了王季。自此，商周之间的矛盾日益激化。季历死后，其子姬昌继位为西伯，即著名的周文王。他在位时礼贤下士，广罗人才，如任用吕尚（又名姜尚，俗称姜太公）为军师，吕尚在灭商中起了重大作用；文王又整顿政治，制定了"有亡荒阅"的法律，得到了奴隶主贵族的拥护；并实行"怀保小民"的政策，缓和了阶级矛盾。文王还积极发展农业生产，亲自督促众人从事农耕，增强了经济实力。商纣王感到了周的威胁，便将文王囚禁于羑里（今河南汤阴县）。后来纣王虽释放了文王，但是商周关系更加紧张了。

文王被放回后，决心与商对抗，于是除修治内政外，又对外扩张，以发展自己的势力。首先北逐猃狁，先后征服了西北的西戎等国，又向西南伐蜀，扩大了疆土，解除了东进的后顾之忧，巩固了后方。然后全力向东扩张，灭掉了邘（今河南沁阳）、黎（今山西黎城）、崇（今陕西卢县东）等商的盟国，商失去了西部屏障。为了继续向东发展，乃"作邑于丰，自岐下而徙都丰"（今陕西沣水西岸），占有了富庶的关中平原，使周日益强盛了。至周文王晚年，形成了"三分天下有其二"的局面。但是，周文王没有来得及灭商就死去了。

周文王死后，文王之子姬发（周武王）继位，以"太公望为师，周公旦为辅，召公毕公之徒左右王师，脩文王绪业"，又营建镐京，积极准备推翻商朝统治。约到公元前1027年，各方面的条件已经成熟，加之殷纣王杀王子比干、微子出走、箕子被囚以后，周武王找到了进攻的口实，遍告诸侯说"殷有重罪，不可以不伐"，于是开始向殷发动进攻。周联合起微、彭、濮、羌、庸、蜀、髳等部族，武王亲率戎车300乘、虎贲3000人、甲士4.5万人，沿渭水、黄河向东进发，十二月大会诸侯于孟津。全军渡过黄河后，即向殷商都城朝歌推进。二月癸亥，周军进至距朝歌约70里的牧野附近时，与殷纣王的军队相遇。

殷纣王三十三年（公元前1027）二月甲子日凌晨，殷周两军于牧野附近展开交战。周武王亲自指挥大军，"以大卒驰帝纣师"，就是以戎车与虎贲甲士向纣军冲击。

纣军纷纷倒戈，配合周军攻打商军，因而商军在周军的冲击之下，迅即崩溃。殷纣王见大势已去，返回朝歌，登上鹿台，自焚身亡。周经过牧野决战，终于灭亡了有600多年统治根基的殷商政权。

周王朝建立两年，武王就死了，子成王诵年幼，不能管理这个新建立的国家，于是武王弟周公旦"履天子之籍，听天下之断"。管叔、蔡叔对此不满，放出流言，说周公将不利于成王。由于王位继承问题，周统治阶级内部发生了矛盾。以武庚为首的商代残余的奴隶主贵族便利用这个机会和管、蔡勾结，发动徐、奄、熊、盈等东方诸部落，举行大规模的武装叛乱，企图推翻周的统治，恢复商王朝。

据《书·大诰》说，武庚叛乱，声势浩大，致使周人的根据地"西土"也出现了骚动和不安。周公主张用武力讨伐叛乱，有些周贵族不同意，周公作《大诰》，就是为了说服那些在叛乱面前动摇和畏缩的贵族。据《逸周书·作雒篇》说，周公、召公"内弭父兄，外抚诸侯"，终于协调了统治阶级内部的分歧，出兵东征。

周公东征，遇到了商代残余奴隶主贵族顽强的反抗。经过3年的残酷战争，周公削平了商代残余的奴隶主贵族的叛乱，并压服了以奄为首的东夷诸部落，杀武庚、管叔，流蔡叔、霍叔。在这次战争中，周人才真正遇到商代奴隶主贵族的反抗，也才真正征服了商代奴隶主阶级，把自己的势力伸展到黄河下游，南及淮河流域。

西周前中期，政治情况较好，社会经济发展也较快。至后期，统治集团内部的矛盾日益严重，自西北方向来的戎、狄等族一再侵扰，国力日益衰弱。周厉王在位时，任荣夷公为卿士，为了增加财政收入，就下令把山林川泽收归国家控制，这就侵犯了有关的中小奴隶主贵族的利益；又不许劳动人民进入山林川泽中樵采捕捞，也侵夺了广大劳动人民的利益。厉王专制，引起了中小奴隶主和劳动人民的普遍不满。《史记·周本纪》记载："王行暴虐侈傲，国人谤王。"当时，召公劝厉王不要这样做，说这样，"民不堪命"。厉王不但不听，反而愤怒。命卫巫主持监视诽谤厉王的人。只要发现有"谤王"者，一旦报告，被告者就会被杀掉。于是"国人莫敢言，道路以目"。

这种道路以目的恐怖局面，延续了3年之久，劳动人民再也忍受不下去了，便在公元前841年，发动武装暴动。这次国人暴动，首先在京城爆发，迅即传至"四周"，平民和奴隶们冲到镐京，杀进王宫，周厉王出奔，逃至彘（今山西霍县）。

厉王逃跑后，首都一片混乱，由共伯和代行天子事。史称"共和行政"。共和元年（公元前841年），是中国历史上有确切纪年的开始。

国人暴动对西周统治集团的打击十分沉重，动摇了西周王朝的统治基础，加速了它的崩溃。

厉王逃跑后，"厉王太子静匿召公之家，国人闻之，乃围攻之"，要召公交出王太子，召公以其子代王太子被国人杀死，太子静保得了性命。共和十四年（公元前828年），厉王死于彘，共伯使诸侯奉太子静为宣王，而共伯复归国于青年。

宣王即位后，革新内政，外攘夷狄，使周朝一度复兴。但宣王中兴，在历史上仅是短暂的一瞬。

公元前782年宣王死，幽王宫涅继位，他是一个昏暴之君，从而加深和扩大了社会危机。他任用善谀的虢石父为卿士，使"国人皆怨"。那时，又发生长期干旱和地震，"三川（渭、泾、洛）竭，岐山崩""高山为谷，深谷为陵"，饥荒严重，人民大量流亡，纷纷南迁，社会动荡不安，王室史官伯阳父一再预言，"周将灭矣"。周幽王不仅没有采取应急措施，却嬖爱褒姒，使朝政更加混乱。"褒姒不好笑，幽王欲其笑万方，故不笑。幽王为烽燧大鼓，有寇至则举烽火。诸侯悉至，至而无寇，褒姒乃大笑。"这就是"烽火戏诸侯"的闹剧。这使周王室的威信扫地，诸侯叛离。周幽王又废申后及太子宜臼，立褒姒为后，立其子伯服为太子，宜臼逃奔外舅申国，引起诸侯不满。周王室内部这场嫡庶之争成为西周灭亡的直接导火线。

幽王时边境空虚，犬戎东侵，周师大败。但幽王竟不顾犬戎的进犯，却于幽王十年（公元前772年）与诸侯会盟兴兵讨伐申国，企图杀害宜臼。申后的父亲申侯于幽王十一年（公元前771年）联合犬戎、吕（今河南南阳）、缯（今河南方城）等国举兵攻周。周幽王急"举烽火征兵"，诸侯不至。犬戎攻破镐京，杀幽王于骊山下，西周灭亡。

周族的兴盛

姜嫄生弃

周部族的始祖是后稷，姬姓，名弃，意思就是被丢弃的孩子。弃的母亲叫姜嫄，是有邰氏（今陕西武功西）的女儿。相传姜嫄一天与同伴们到野外去游玩，忽然见到路上有一个非常奇怪的大脚印，同去的伙伴们纷纷议论，认为这一定是个大脚的怪物。姜嫄却从内心产生了爱慕之情，她看着大脚印，心中暗暗勾画着这个高大人物的形象：一定是个身材高大而魁梧的巨人，浑身充满力量。想到这里，姜嫄身不由己地将自己的脚踩到了这个大人的脚印里，她要与幻想中的高大人物比一比脚，比比个头。当她的脚踩上去后，感到肚子里有了什么东西似的，结果是怀孕了。孩子生下来以后，姜嫄认为这个没有父亲的小孩会给自己带来灾祸，便将他丢弃，让他自己慢慢地死去。开始时，她把孩子丢在狭窄的小巷子里，好让经过的成群牛马把他踩死。但是众多的牛马穿过小巷子时，都小心地躲开了孩子，没有一只牲畜踩他碰他一下。于是姜嫄抱回孩子，又丢到了荒无人烟的深山密林中，正巧遇到密林中来了很多人。姜嫄又将孩子抱出山林，丢在河面的冰块上，好让他冻死，这一次又从天上飞过来许多鸟落在孩子周围，用毛茸茸、暖烘烘的翅膀覆盖在孩子身上，为其驱寒。三番五次，姜嫄看到孩子大难不死，认为他一定有神保佑，也就改变了初衷，将这个孩子抚养下来。因为曾经想把他丢弃，所以就给他起名字叫做"弃"。

弃从孩提时起，就喜爱种植麻、豆等农作物，经常给这些小苗浇水、培土、除草、施肥，因而他所栽种的麻类、豆类作物长得非常好。弃长大成人后，由于少年时就养成的种植农作物的习惯，所以很喜欢钻研种庄稼的学问。他能够分辨土质的优良，能在适合各种不同农作物生长的土地上种植各种不同的庄稼，收获的时候总能获得很好的收成。周族的百姓们看到弃特别善于种庄稼，也纷纷学着他的样子去耕作，个个效果显著，都增加了产量。所以周族以善经营农作物而著称于天下。

弃种植庄稼很有学问这件事就传开了，后来一下子传到了部落联盟首领尧的耳朵里。尧便让人把弃请来，任命他为管理农业的农官，教人民种田耕作，弃便将他种植庄稼的一套好办法向各地区推广，果然，取得了一个大丰收，弃受到尧的奖励。舜时，天降大雨，弃又参加协助大禹治理洪水的事业。大水退去后，赤地千里，颗粒无收，弃又受舜之命帮助百姓种植百谷。刚参加了治水工程的弃，又踏上了广阔的田野，教百姓耕种庄稼。

弃为管理种植黍稷的农官，所以人们又称他"后稷"，我国以农立国，后世人们将他作为农神而长期奉祀。

公刘居豳

周族自后稷时期就进入了父系氏族社会。后稷在周人中享有很高的威望，他对周族的最重要的贡献是使农业得到很大的发展。后稷利用周人对他的敬重，逐步地把姬姓部落划归为周族。因此，他可以不经过全部落的选举，把王位传给自己的儿子不窋。

不窋末年，是夏王朝走向衰败的阶段。当时夏朝统治者太康政治腐败、生活奢侈，国内诸侯间矛盾尖锐，社会秩序动荡不安。不窋继承父亲后稷的职务，做主管农业的官，但夏朝统治阶层无心过问农事，以致后来干脆把这个官给罢免了。不窋被罢官后，率领姬姓部落迁移到戎狄地区放牧去了。不窋死后，官位便传给了他的儿子鞠。鞠死后，又传给儿子公刘。

公刘身处戎狄，以放牧为业，但始终对畜牧业不感兴趣，时刻想念着高祖后稷重视农业，发展生产的传统。公刘为了能恢复农业生产，整天在田间劳作，带领部落里的人平整土地，春种秋收。一年下来，部落里的粮食获得大丰收，各系家族也都有自己足够的积蓄。

公刘不满足于这种现状，他要使农业更大地发展。他在巡视的时候，发现渭河对面豳地是个种植庄稼的好地方。为了能得到这块土地，公刘率领着部落里的人，手持弓、矢、斧、钺在武装男子的护卫下到了豳地。部落里的人来到豳地后，看见这里有山有水，土地肥沃，远远比戎狄富庶，便都安心定居下来。公刘看大家辛勤建造房屋，命令杀猪、宰羊，一起痛快地欢庆胜利。

当部落百姓们安定下来后，公刘又率领大家去伐树除草，开垦荒地，为种庄稼做准备工作。公刘登上山顶，利用太阳的影子测量土地，观察土地的变化情况。后来，他将土地分给父系氏族的家庭，并按照每个家庭的土地多少交税。从此，豳地逐渐被开发，百姓也一天天地富有了。

与公刘一起到达豳地的部落成员都有了一定积蓄，而留在戎狄地区的人们，也因公刘在时，学会了种植农作物，也有了存粮。豳地的人民和戎狄地区的人无不称颂公刘做的好事。留在戎狄地区的人由于怀念公刘的恩情，不少的人也随之迁入了豳地，与公刘一起过着幸福的生活。

公刘在豳地居住时，开发荒地，种植庄稼，使周族的生产力有了长足的发展，据说此时的人们已学会了使用天然的陨铁制作农业生产工具了。这样更促进了姬姓部落的向前发展。由于部落的不少家庭有了剩余的粮食、牛羊，因而私有财产就产生了，氏族社会开始向高一阶段前进。

由于公刘继承了后稷的传统，重视农业的开发，为后代周族的强盛打下了良好的基础。周族的后代铭记公刘的伟大功绩，这在《诗经·大雅·公刘》中有记载。

武周灭商的背景

商纣伐东夷

商王帝乙的长子叫启，因不是王后所生，叫做"庶出"，没有被立为太子，只叫做"庶子"。小儿子叫受，是王后所生，叫做"嫡子"。帝乙本想立启为太子，但王朝的太史官极力劝阻，认为这是嫡庶不分，应当立受为太子，帝乙只好立受为太子。这说明以嫡庶为核心的宗法制度在商代时已经形成。因为太史是商王朝中专门掌管朝廷执行各种制度记录的官，王室中各种大事他都要记录在案保存起来。凡是商王有不执行制度的大事，他都有权劝谏、阻止。而这些制度都是商王的先祖们一代代地创立、发展，最后形成的，后代必须遵守。帝乙虽然很喜欢启，可是也没有办法，只好遵制立受。封长子启于微（今山西潞城东北），后世称做"微子启"或"微子"。

受即帝辛，古书中又称为纣，或受辛。受、纣二字古音相同，所以又称为纣王、商纣王或殷纣王。纣很聪明，灵敏多才，身材高大，勇力过人，能赤手和猛兽搏斗。又能言善辩，遇事自以为是，不听臣僚们的劝谏。嗜酒，常作长夜之饮。爱玩乐，喜美女歌姬。好大喜功，性情残忍，对反对他的臣僚，往往加以酷刑，轻者致残，重则丧命。

帝乙两次征伐人方，虽然没彻底征服，但东南部得以暂时安宁，又征服孟方，使东部地区的矛盾有所缓和。纣继位以后，贪图享乐，挥霍无度。一些王室贵族见纣都如此，也就恣意奢靡，有的谀臣为了讨纣的欢心，还常向他出谋划策，想出各种玩乐方法。纣嫌商都（今河南安阳小屯材一带）玩的地方太少，而且有历代祖先的宗庙和盘庚以后各王的陵墓，经常还要举行祭祀，妨碍他的玩乐，于是下令在商都以南的朝歌（今河南淇县）修建了离宫别馆（有学者称做别都）。在商部以北的邯郸（今河北邯郸市）、沙丘（今河北平乡东北）也修建离宫别馆，建有林苑亭台。这个南北长200多里的地区都算作商都的范围。纣经常带着美女歌姬和一些近臣们往来于朝歌和沙丘。在沙丘修建了一个很大的苑囿。古代的苑囿是种植果树和畜养禽兽的场所，也就像现在的动物园，在沙丘的苑囿中饲养了许多珍禽异兽。因大兴土木，修建离宫别馆，消耗了大量的资财。为了弥补费用的不足，纣想出了加重赋税的办法，把这些负担转嫁在人民身上，下令在全国增加赋税，规定属国进贡的方物由每年一次增加到两次。此时期能够按时进贡的属国已逐渐减少，纣见此情景，便下令召集各诸侯前来黎地（今山西黎城）相会。

黎地距商都很近，纣便点齐了亲军卫队，先在黎地布置了一个威武的会场。到了相会之期，纣率领全副武装的商军来到会场，各地诸侯陆续来到以后，看见刀枪林立，戒备森严，便知纣要举行"大蒐"。古代的"大蒐"就是阅兵的典礼，是一次军事大检阅。商代的正规军自武丁征伐四方以来，算是训练有素的。平常不出征时，经常要随商王去田猎，一次田猎，也就是一次练兵活动。而纣布置的这次在黎地的大蒐，是有意在各诸侯面前示威，当然就更加壮观。阅兵过后，纣便向各诸侯、方国宣布，各地要根据各地的特点加倍按期进贡赋税、方物。在强大的武力威逼下，各诸侯只好同意照办。不想东夷的首领未等会散就逃了回去，拒纳贡赋，叛商。这就是古书中说的"商纣为黎之蒐，东夷叛之"（《左传·昭公四年》）。

东夷叛商，纣很恼怒，决定征伐东夷，于是加紧准备出兵，这当然又要增加一大笔军费开支。所以，除了压榨人民外，对一些诸侯国，就用武力威逼进贡，从粮食、牛、羊、猪、鸡到珠宝、玉器无所不要。在商王朝的沁阳田猎区附近有一个小小的属国有苏（今河南武陟东），因地小人稀，出产不富，无力给纣进交年年增加的贡赋，纣认为有苏氏是有意对抗，便派兵前去征讨。有苏氏无力抗御，得知纣喜欢美女，便从族人中挑出一个叫妲己的美女献给纣以求和。纣见妲己生得很美，便撤兵免贡，班师回朝。

纣伐有苏氏以后，各属国不敢再抗命不交贡赋。于是纣率领了上万的商军向东南进发去伐东夷。人方是东夷中的一方国，是纣所征伐的主要目标，但纣所征伐的东夷还不只是人方一个。纣又下令东方各诸侯国也出兵协助征伐，所以伐东夷的战争规模是很大的。尤其引起东夷恐惧的是在商军中出现了一支用象组成的"象队"。这些象是生长在中原地区，被捉住以后进行饲养驯服，用作驮运工具，后来又被商军调驯来做进攻敌人的"武器"。古书中说："商人服象为虐于东夷。"（《吕氏春秋·古乐》）

东夷各部落当然经不起商的大军压境，经过几次战斗以后，俘虏了不少的夷人，东夷只好投降。纣为了防止东夷再叛，将商军留在东夷地区戍守，然后带着俘虏班师回朝。此后东夷未再叛商，朝聘往来经常不断。因有大批商军在东夷地区长年驻守，加上经济和文化交流，商文化便传播到了东夷，加速了东南地区的开化，东南地区的一些生产技术，如农作物中一些品种的种植，手工业生产中的一些制作技术也传到中原地区。有的学者认为商朝末年帝乙、帝辛父子两代经营东南地区，尤其是帝辛在开发东南地区方面是有贡献的。也正因为纣将军队大批地调去征伐东夷和戍守在东南地区，放松了对西部周人的警惕，才被周武王乘机袭其后路，结果弄得家破国亡。

纣王暴虐淫乱

商纣是我国历史上有名的暴君。他的暴虐统治，使他大失民心。纣的暴虐主要表现在两方面，一是"好酒淫乐，嬖于妇人，爱妲己，妲己之言是从。"（《史记·殷本纪》）；二是"重刑辟（罪），有炮烙之法"，诛杀大臣，醢九侯，脯鄂侯，剖比干，囚箕子（《史记·殷本纪》）。

纣征伐东夷已经是大耗资财和人力，征服东夷以后本应安定民心，发展社会生产，可是纣只顾淫乐，宠妲己。妲己喜欢观看歌舞，纣命乐师创作了靡靡之乐、怪诞之舞。为了玩乐，"弃田以为园囿，使民不得衣食"（《孟子·滕文公下》）。每个商王都喜欢打猎，这是从卜辞中得以证实的。但纣却更进一层，他干脆把商都附近的一些农田荒废，让禽兽自然生长，成为天然动物园，供他玩乐。人民无田可耕种，衣食无着，十分不满，更加深了社会矛盾。

为了满足淫乐，纣不惜一切压榨人民，尽力指使谀臣们搜刮人民的钱财、粮食，修建了一个很大的仓库，取名巨桥（在今河北曲周），贮备了大量的粮食。在朝歌修建了一个又大又高的台，在台楼上面可以眺望四方，并取名鹿台，又叫"南单之台"。又"以酒为池，悬肉为林（在树上挂上熟肉），使男女倮光着身子相逐其间，为长夜之饮"（《史记·殷本纪》）。夏代的暴君夏桀也是作酒池（见前夏代部分），而且还可以"运舟"。根据古书的记载，夏商两代的亡国之君，其暴行基本相同。早有史学家指出过，这可能是后世史家为了数夏桀、商纣的罪恶，将两人不同的事各自都附会上，未必完全可信，同时也很难分清各有多少。

在纣的身边有几个助纣为虐的谀臣，一个是"善谀（谄媚）好利"的费仲，另一个是"善走"的蜚廉，再一个是力大而"善毁谗（造谣）"的恶来，蜚廉和恶来是父子，也就是后来秦国的祖先。还有一个诸侯叫崇侯虎，他是纣在西部地区诸侯中的耳目。他们都是当政的大臣，又善于向纣进谗言，陷害贤臣。因为他们深得纣和妲己的信任，于是仗势欺诈人民，从中渔利。在人民中间，朝廷内外，没有不恨他们的。凡是"百姓怨望而诸侯有叛者"（《史记·殷本纪》），纣就处以重刑，"用炮烙之法"。炮烙之刑，就是用青铜铸造一根中间空的铜柱，把人绑于柱上，下面烧火，将人活活烙死。

纣的暴行引起了诸侯们的反对，有一个在朝的诸侯梅伯，多次劝谏纣不要任意对臣民施加重刑。纣杀了他以后，还将他醢了，即剁成肉酱后分赏给诸侯们吃，并宣布：如再有劝谏者，以此为例。被列为商王朝三公（西伯、九侯、鄂侯）之一的九侯（封地在今河北临漳），有一女儿长得很美，被纣得知选入宫去，因看不惯妲己的淫荡而被纣杀死，并将九侯醢了分送诸侯。三公的另一个鄂侯（封地在今河南沁阳西北）为此而指责纣，也被纣杀了后制成干尸来示众。西伯姬昌当时在商都，见两侯连遭杀害，甚是叹惜，只说了一句"太过分了"，不巧被崇侯虎听见，很快就向纣报告。纣慑于周在西部地区有很大的势力，不敢贸然杀姬昌。只下令将西伯囚在羑里（今河南汤阴北）。

纣囚西伯的消息传至周以后，周的大臣闳夭、散宜生等人，商议救西伯的办法，他们想起费仲是个好利的谀臣，纣又是个好色之徒，于是就在莘国（今陕西合阳东南）选了有莘氏的一个美女；在西戎选了些骏马和许多美玉、宝器、奇异玩物，通过费仲的手，向纣说情。纣见了有莘氏美女后，非常高兴地说："此一物（指美女）足以释西伯，况其多乎？"（《史记·周本纪》）就下命放了西伯，还赐给西伯弓矢、斧钺等兵器，表示授命西伯有征伐诸侯的兵权，还说："谮西伯者，崇侯虎也。"（《史记·周本纪》）。西伯献出洛水以西的地方，请求纣废除炮烙之刑，纣也都同意，这样西伯就回到了周。

西伯回到周以后，为了表示是新受王命有征伐大权的诸侯，效忠商王朝，就首先到周所建立的商代祖先的庙中去祭祀。1977 年在周原出土的西周早期甲骨文中，就有周文王时期被商纣授命为西伯以后，在帝乙宗庙中祭祀的记载。如有这样一条卜辞：

对于商王朝来说姬昌是"周方伯"，是一个有专征伐大权的诸侯。对周来说，他起初并没有准备伐商。他仍然在尽他有征伐大权诸侯的使命。他先后调解过虞（今山西平陆北）、芮（今陕西大荔东）矛盾。征伐过犬戎（西戎的一支）、密须（今甘肃灵台西）、黎（今山西长治西南）、邗（今河南沁阳西北）等国，都取得了胜利。这样周的势力就深入到了商王朝的腹地。加以周文王敬老、慈少、礼贤下士，和商纣的暴虐形成鲜明的对比。于是就有四方的人才前来归附，有时前来投奔他的人，多到他从早晨到中午又直到晚上都在接待，连吃饭的时间都没有，甚至像商的老臣鬻子、辛甲大夫等都投奔了周。尤其是辛甲大夫劝谏过纣 75 次，而纣都不听，才一气之下弃纣奔周。还有两个历史上有名的人物——伯夷、叔齐也投奔了周。伯夷、叔齐虽然不是因纣暴虐被逼奔周的，但也是周文王礼贤下士招来的。二人是亲兄弟，是商诸侯孤竹君（今河北卢龙）之子，孤竹君临死时遗命立次子叔齐继位。但叔齐却让位给伯夷，伯夷要叔齐遵父命，不接受其让位。叔齐先投奔了周，后来伯夷也来了。武王伐纣时，兄弟二人跪在武王的马前阻挡，灭商后二人逃到首阳山（今山西永济南），"义不食周粟"而饿死，这就是"不食周粟"的典故。所以古书中说："文王率殷之叛国以事纣"（《左传·襄公四年》），也就是说周文王是率领一批反商的诸侯和人民在做商臣。

崇侯虎是崇国（今陕西户县东）的侯，也是商诸侯中最坏的一个。他是纣在西部地区的一个耳目。因为他"谮（诬陷）西伯"致使周文王被囚禁。周文王受命专征伐以后，就利用手中这个大权去征伐他，最后将他灭掉了。

灭崇以后便在沣水西岸修建了一个城邑，叫丰（今陕西长安西北），把周的都城由周原迁到丰。迁丰后叛商归周的人更加多了，不过周文王仍然表面对纣称臣，没有出兵伐商。古书中说：三分天下有其二，以服事殷（《论语·泰伯》），就是说按其势力、人心归向来说周文王已占了优势，足以伐商，但他没有这样做，仍以臣的身份事商。也正是如此，没有引起商纣的警惕，才为他的儿子姬发伐纣灭商奠定了基础。迁丰后第二年这个在位50年的周方伯姬昌便病死了，他的儿子姬发继位，姬发便是后来所称的周武王。

当周在发展势力、争取人心时，纣却在加重压榨、盘剥人民和"淫乱不止"（《史记·殷本纪》）。此时在商王朝中是众叛亲离，怨声四起。朝中大臣们都担心西伯坐大，将不利于商。纣的叔父比干、哥哥微子多次劝谏，纣根本不听。掌管朝廷祭祀、宴会等奏乐的典乐官商容有贤名，深得臣民的爱戴。但纣嫌商容凡事都要按典章制度办，有碍他的淫乐，将商容罢官，逐出朝廷。众官员见纣愈来愈乱其祖制国法，不理朝政，和妲己、嫔妃以及几个谀臣在沙丘、鹿台日夜玩乐，便为商王朝的前途担忧。当周文王征服了黎国以后，更加引起朝臣们的忧心，便请大臣祖伊（武丁时贤臣祖己之后）前去鹿台见纣奏闻。祖伊见纣以后，先是告诉西伯征黎，招抚流亡，然后才说"现在人心不安，甚至希望朝廷早日灭亡。请大王想想，如今如何办？"纣很不愿听大臣们说这些劝谏的话，就说："我生来的命就是由天来管的，你说这些有何用？"祖伊看见用社稷安危的话都不能动纣的心，只得回来，众朝臣都前往探问，祖伊叹着说："纣不可谏矣！"

微子见纣不听劝谏，估计终有一天会亡国，想自杀，又想逃走，不能决定，便和太师、少师两乐官商议，太师说："死不是办法，不如逃走"，于是微子就逃到民间隐藏起来。纣的另一个叔父箕子也是多次劝谏纣，看见微子已逃走，有人劝他也逃走，箕子说："我还不忍心离开。"于是装成个疯子混在奴隶中。纣知道后便命武士把箕子囚禁起来。比干见箕子被囚，就冒死去劝谏纣，并指责纣囚箕子是不对的。纣恼羞成怒，下令杀了比干，还剖比干胸，挖其心。众朝臣见纣对自己的亲人都如此残暴，更加恐惧，于是商王朝中两个管理祭祀的乐官，太师庇和少师疆抢了宗庙中祭祀时使用的乐器逃出商都，投奔了周。

武王伐纣

周武王即位后，在太公望（即姜子牙，又叫吕尚）、周公旦（文王子）、召公奭（文王子）、毕公高（文王子）等人的辅佐下，开始积蓄力量，准备伐商。当时纣虽荒淫暴虐，但商终究是一个有很长历史的大国。它不仅有雄厚的物质基础，而且还有很大的武装力量。自纣伐东夷以后，将大批的商军留驻东部地区，长期以来东夷各方国有时也小叛，但再没有发生大战争。纣之所以能稳固地统治达 20 年以上（有的古书中记载为 50 多年。根据甲骨卜辞和金文所记来推算，不可能有 50 多年），是与他父子两代把东南部经营为比较巩固统治区域有关。周武王即位后 9 年（或说 11 年）才开始伐纣。可是这一次还不是正式进兵商都，而是"东观兵，至于孟津"。是用车载着文王的神王牌，"言奉文王以伐"（《史记·周本纪》）。所谓的"东观兵，至于孟津"也就是率兵到孟津（今河南孟津），这是一次率兵示威。孟津在黄河渡口以南，距商都还较远，只是试探性的一次军事行动。这次武王收到一次聚众的效果，即"是时，诸侯不期而会孟津者，八百诸侯"（《史记·周本纪》）。武王没有事先约会诸侯，到了那时就有 800 个诸侯到孟津会合。所谓"八百诸侯"，也就是大大小小的几百个氏族、方国的首领。这些可能都是商王朝西部地区的，都是主张伐纣的。周武王一看不行，其他地区的还未来，尤其是一些大的、有势力的方国还没有发动起来，就说，"时期还未到。不可以伐""乃还师归"，即率兵回去了。

当周武王观兵孟津后，纣根本不做任何准备，仍在淫乐，而且暴行还愈来愈厉害，发展到六亲不认，囚箕子、剖比干，甚至连乐官把宗庙中的乐器都抱了逃走都不闻不问。周武王又准备了两年，才向全国诸侯发表伐纣檄文说："纣有重大罪恶，不可不消灭他"，又率领戎车（兵车）300 乘，虎贲（敢死队）3000 人，甲士（披甲的士兵）45000 人东进伐纣。

周武王率领周军来到了孟津，会合了伐纣的诸侯。这一次周不但争取到更多的诸侯，还争取到了分布在西北、西南和长江、汉水流域的一些氏族、方国的人，如庸、蜀、羌、髳、微、卢、彭、濮等前来助战。各路人马到齐以后，周武王在孟津举行了誓师大会。誓词说："各位友邦君长，各位将士，你们听我说：天地是万物的父母，人是万物之灵，只有聪明才干特别比人强的人才能做天子。天子好比是人民的父母，要爱护人民。现在商王纣不敬上天，祸害下民，沉湎酒色，实行暴虐，残害百姓；他听信妇人之言，不敬天地，不祭祖宗；他遗弃同祖弟兄不用，而任用有罪的逃犯；他乱杀忠良，囚禁正直的人，耗竭民力，大修宫苑亭台，像这样暴虐无道之人，一定是要灭亡的。大家必须同心同德来消灭他！"誓师以后，周武王率领大家向东进发，渡过黄河北上伐纣。

当纣还沉浸在鹿台的酒宴歌舞时，得知周武王率兵前来征伐，已至孟津会合诸侯，忙命人前往东夷各地调驻防商军，同时将分发在王畿内从事各种劳役的奴隶集中起来，编为军队，发给戈、矛等武器。又调集了商都、朝歌、沙丘等处的亲军、卫队，一共得了 7 万人。纣一看，人数还不少，只是正规军不多，他本想等待驻守东夷的商军回来以后再开去和周军作战。但他没料到周武王率领的伐纣联合大军一路没有遇到任何抵抗就迅速地来到，纣只得驱军南下，刚走到朝歌的南郊牧野（今河南淇县南 70 里），就得知周军已先到。远远望去，周军虽然不如商军多，可是队形严整，旌旗鲜明，士气很高，战鼓齐鸣，呈现出"前歌后舞"的旺盛景象。而"纣师虽众，皆无战之心"（《史记·周本纪》）。

商周两军在牧野布阵对峙，周武王为了进一步鼓动伐纣的联合大军，再次宣布了纣的罪行，誓以灭纣。周军士气大振，决心与商军拼一死战。周武王十一年（一说是十三年）正月甲子日昧爽（拂晓），商周两军在牧野展开了一场大战，就是我国古代史上有名的牧野之战。周的后人用史诗来歌颂了这次战斗的情况：

殷商之旅，（殷纣王的商军）

其会如林。（会合起来多如林）

矢于牧野，（布满牧野这地方）

维予侯兴。（我将获得大胜）

上帝临女，（上帝亲临助你们）

无贰尔心。（大家坚信不要有二心）

牧野洋洋，（在牧野这广阔的战场）

檀车煌煌，（檀木战车多么漂亮）

驷騵彭彭，（驾车的骏马多么强壮）

惟师尚父，（看那勇敢的太公望）

时维鹰扬，（如同雄鹰在飞扬）

凉彼武王。（辅佐的那位就是武王）

肆伐大商，（努力去征伐大国商）

会朝清明。（到早晨就宣告天下明亮）

（《诗经·大雅·大明》）

纣将临时编成的奴隶兵放在头阵，充作先锋队，而以亲军、卫队为后队，驱赶着奴隶兵去冲锋陷阵。这些奴隶们，平日在以纣为首的奴隶主贵族们的压榨下，就曾以各种形式来反抗，现在又被驱赶着去送死，就更加激起了他们反抗决心。因此当头阵商军和周军接触开战时，就被周军师太公望训练出来的周军击溃，这样"纣军皆倒兵以战"（《史记·周本纪》伪古文《尚书·武成》有："前徒倒戈，攻于后以北"之语）。这些奴隶兵们掉转了戈、枪回杀商军，为周军向北开路。这就是"前徒倒戈"成语的来源。

周军有了倒戈的商军助战开路，直抵朝歌城下。纣见大势已去，深知自己罪恶多端，苦被擒获，必被处死。就登上了鹿台，穿好衣服，将多年搜刮来的美玉宝器堆在身边，命人放火焚烧鹿台，自焚而死，结束了他的一生。

周武王率军在朝歌城下得知商纣在鹿台以火自焚，则亲手举起了大白旗，将伐纣的诸侯们召到面前，以兴奋的心情向诸侯们宣布了纣自焚而死的消息。诸侯们都向周武王拜贺，然后，周武王率领诸侯进入朝歌，来到鹿台之前，不由得怒从心起，亲自对着鹿台射了3支箭，然后才从车上下来，用剑对着鹿台挥舞了3下，表示自己将纣诛杀。又命人将纣的尸体抬出，虽然已烧得不成形，周武王还是用黄钺（用黄铜制作，为天子专用的一种兵器）斩下商纣的头挂在大白旗上，昭示商纣已被诛杀。妲己和有莘氏的美女都已自杀，周武王也斩其头挂在小白旗上。第二日，周武王在朝歌郊外设立了祭坛，举行了隆重的祭祀，宣告天下："周革了殷的命，商朝灭亡。我受天命来管理天下。"自此开始了西周王朝的历史。

周武王灭商以后，面临着一大问题，就是如何处置商的遗民。武王能以一个"小邦周"而迅速地灭亡了"大邑商"，本来就是有些出乎意外，若是商军主力不放在东夷地区，则周灭商也不会这样快。所以古书中说："纣克东夷，而陨其身。"（《左传·昭公十一年》）也就是说纣将东夷征服，结果造成自己身亡。商王朝自成汤开国至纣王灭亡，共经历了17代31王，前后600年左右。大批的商遗民痛恨暴君商纣，但灭其国，就会引起民族仇恨。在如何处置大批的商遗民上，周武王和周公旦也确实是用了一番心思。结果还是周公旦建议武王不能杀戮，只能用安抚的办法，首先由武王宣布封纣的儿子武庚（名叫禄父）为商侯，继续留在商都管理商遗民。后来为了防止商遗民反叛，又封自己的弟弟姬鲜（即管叔鲜）于管地（今河南郑州），封姬度（即蔡叔度）于蔡（今河南上蔡西南），封姬处（即霍叔处）于霍（今山西霍县西南），叫做"三监"。同时将纣囚禁的箕子和一些百姓放了出来，命人给比干修了坟墓，在商容的乡里立碑表彰，将纣搜刮来的钱财和粮食散给老弱贫民，商遗民才安定下来。于是武王返回周，并将商都中保存的象征国家政权的镇国之宝、夏禹时所铸的青铜九鼎迁到了周。这就是古书中说的"商纣暴虐，鼎迁于周"（《左传·宣公三年》）。商王朝约600年的历史至此结束。

"国人"暴动

西周奴隶制国家的发展，是建立在奴隶劳动基础上的。西周也存在人祭、人殉。在陕西沣水西岸西周早期墓葬里，有4人殉或2人殉的。武王伐商得胜，就以"殷俘"百人祭。《诗经》所反映的当时奴隶的生活是住茅棚，吃野草，衣不蔽体，常有冻死或饿死。奴隶们不屈服于奴隶主的暴力统治，以各种方式进行斗争，如怠工、逃亡、起义等。奴隶主统治集团，为了镇压奴隶和平民的反抗，更加紧了对人民的控制和剥削。与奴隶同处于社会底层的还有国人。所谓国人，主要是以城市平民和百工为主体的中下层，他们是城市里主要劳动者和纳税人，而国家要想增加收入，必然首先从他们身上开刀。

周厉王在位期间对外连年发动战争，对内实行"专利"政策，他又企图堵塞言路，施行恐怖统治，任用卫巫严密监视，不准人民议论政事，凡被举发者，立即处死。人们为了免遭迫害，表面不敢讲话，但都怒目而视，表示沉默的反抗。这种路上见面只以目相对的恐怖局面，延续了3年之久，劳动人民再也忍受不下去了，便在公元前841年，发动武装暴动。这次国人暴动，首先在京城爆发，迅即传至"四周"，平民和奴隶们冲到镐京，杀进王宫，周厉王出奔，逃至彘（今山西霍县）。

厉王逃跑后，首都一片混乱，由共伯和（共国在今河南）代行天子事。共和元年（公元前841年），是我国历史上有确切纪年的开始。

国人暴动对西周统治集团的打击十分沉重，动摇了西周王朝的统治基础，加速了它的崩溃。

共和执政

公元前841年以共伯和为首的贵族联合"国人"，包括王宫所属的工匠、卫兵全都参加暴动。周厉王仓皇出逃，渡过黄河，奔匿到彘，后来就在这个地方死去。他的儿子姬静躲藏到召公家里。"国人"包围了召公的住宅，要杀死周厉王的儿子。召公无可奈何，把自己的儿子交出来，冒充太子姬静，才算了事。国人推举共伯和代行天子事，由周、召二公共同掌握实权，史称"共和执政"。

"共和执政"14年，厉王去世，召公把太子静奉为天子，是为周宣王，共伯和又回到他自己的封地去了。这时的周、召二公，是周朝初年周、召二公的后代。因为周朝实行的是世卿世禄的世袭制度，周、召两家的后人在名份上一直是周朝的卿相。但是，在专制政治的时代，职位和权力有时并不一致。在厉王之前的几朝，周、召二家的权力不太明显。所以，这两家才组织了对周厉王的宫廷政变，并开始共同执掌权力。这种共同掌权，不同于周成王年少时周公旦的个人专权，因此，在周、吕共和的14年里，国家并没有出现大的动荡。不过，如果有人说中国社会由此可能转向民主的政治制度，比如希腊、罗马时代的贵族民主政治，就有些过分天真了。因为周召共和的基础是厉王有名而失权，周召有权而无名。在国人的暴动中，据说召公用自己的儿子保护了厉王太子静的性命，并由召公抚养成人。当厉王死去，王位确实空出来之后，太子才正式继位，成为周宣王。

镐京之役

周的北方和西北方，分布着大大小小的游牧部落。他们长于乘骑，流动性大。在殷商时代，他们就不断地向东南发展，其中以鬼方和猃狁部最为强大。

文王时，曾于击破西戎后建国。武王灭商，定都镐京，接近戎狄。

犬戎盘踞凤翔以北山地，占有乘骑快速突击的优势。岐山之起伏山峦、之丘陵地带，渭河之水深流速，都限制不了戎骑驰突。镐京西北，周朝没有建立强有力的防御屏障，这就形成了犬戎以汧陇地区为基地，通过易于徒涉的渭河，作为侵入镐京的进军路线，向镐京进行突然袭击。

申后是周王朝一个诸侯国申侯的女儿，申侯见幽王废了申后和太子宜臼，自己也由侯爵降为伯爵，私人利益受到损害，决心设法夺回外甥的王位继承权。可他知道凭自己的实力做不到这一点，就把希望寄托在争取外力上。为此，他串通缯侯，共同联合犬戎，企图通过犬戎入侵镐京，扶植宜臼上台。犬戎正等待有这样的机会，于是双方一拍即合，发动了对镐京的进攻。

幽王十一年（公元前 771 年），申侯、缯侯联合犬戎兵大举入侵，矛头直指周统治中心镐京。镐京西北方向没有坚固的防御设施，王室直接统率的主力"西六师"也未进行力战，致使犬戎兵长驱直入，迅速抵达京郊地区，镐京被围。幽王坐拥愁城，只好把解围的希望寄托于众诸侯的勤王部队。按理说，如果各路勤王之师前来援救，镐京解围还是充满希望的，可是周幽王当年"烽火戏诸侯"的恶作剧，此时显示出严重的后果。

等到镐京失陷，幽王被杀的消息传来，诸侯们才明白这一回举烽火已不再是游戏，于是就纷纷组织勤王之师。其中卫、晋、郑、秦诸国部队成为勤王联军中的主力，它们开到镐京城下，对犬戎兵发起反击。经过激烈残酷的战斗，勤王联军终于击败犬戎兵，将其驱逐出城，收复了饱受兵燹之祸的镐京。

周幽王死后，诸侯和申侯一起拥立以前被周幽王废掉的太子宜臼，即平王，以供奉周朝的祭祀。

周平王即位时，周朝都城镐京（今陕西长安西北）已残破不堪，戎人遍布王畿各地，周王朝常受其滋扰。因此，周平王元年（公元前 770 年），周平王在各诸侯的护卫下迁都到洛邑（今洛阳）。由于洛邑在镐京的东部，所以历史上称为"平王东迁"。迁都后的周王朝便称为东周。

周朝的政治、经济和文化

周初为巩固统治，在全国大规模分封诸侯，即所谓"封邦建国"。据记载，武王、周公、成王曾先后封建71国。其中，武王、周公的兄弟15人，同姓40人。周王子弟一般都得到了封地，成了大小诸侯。异姓诸侯中以姜姓贵族居多，也有归附周朝的传统贵族如神农、黄帝、尧、舜、禹的后裔。分封的目的是"封建亲戚，以蕃屏周"。每个诸侯国既是统治各地的据点，又起着拱卫周王的作用。

在当时的封国中，重要的有卫、鲁、齐、宋、晋、燕等国。

周王室与卫、鲁、齐、晋、燕等诸侯大国互为犄角，遥相呼应，在大国之间还分封了许多小的诸侯国。这样，由点到线再连接为面就构成了一个控制全国的网络。

诸侯在各地建国都要举行册封仪式，由司土授疆土，司徒授民。诸侯掌握着封国内的政治、经济、军事大权，但是他们的权力是周王赐予的，必须承认周王是他们的共主。周王要定期巡视各封国，称为"巡狩"。各诸侯国要严格执行对周王的定期朝聘纳贡制度，据《礼记·王制》规定："诸侯之于天子也，比年一小聘，三年一大聘，五年一朝。"如诸侯破坏朝聘制度，要受惩罚，"一不朝见贬其爵，再不朝见削其土，三不朝见则六师移之"。诸侯还要承担出兵勤王、戍守和服劳役等义务。

诸侯国内也实行分封，诸侯将土地分给卿大夫，封地称为"采邑"。卿大夫再分封给士，封地称"食地"。士是贵族最低层。这样就形成了上自周天子下至士的宝塔式的奴隶主统治机构，而诸侯国就是西周在各地建立的统治奴隶的据点，这些据点都包括"国"与"野"两部分。从行政区域看，"国"就是指王城（包括周王和诸侯的国都）以及相连的"四郊"之地。"野"是指处于郊外的境内之地。从居民身份上看，住在国中的叫"国人"。国人是统治阶层，包括贵族和平民。工商奴隶因为直接服务于贵族，也住在"国中"。住在野的叫"野人"，而"野人"是被统治阶层，主要是直接从事农业生产的宗族奴隶——庶人。国与野的区别，实质上反映了阶级的对立。

西周推行分封制的同时，又建立了以姬姓为中心的宗法制度，两者是密切结合又相辅相成的。宗法制度的主要特点是以血缘为基础的嫡长子继承制和余子分封制。在宗法制度下，宗族分为大宗和小宗。周天子一般由嫡长子世袭，为天下的大宗，政治上的共主。其余诸子称为"别子"，被分封为诸侯和公卿，是为小宗。诸侯对天子虽为小宗，但在国内则为大宗。诸侯以下大夫等各级贵族也都依次分别以长子为大宗，余子为小宗。宗法制也适用于异姓诸侯。姬姓王族与异姓诸侯之间通过婚姻结成甥舅关系，成为宗法制的重要组成部分。

西周宗法制度下的大宗和小宗是一种等级从属关系，它体现在"尊祖"和"敬宗"的关系上。按宗法制的规定，大宗才有祭始祖的特权，而且是"百世不迁祖"。小宗即"庶子不祭祖者，明其宗也"，只从敬宗来表示尊祖，为此小宗对大宗必须绝对服从。宗法制从表面上看是以血缘为主，但其实质是要通过血缘的亲疏来确定财产、权位的继承权。所以宗法制既是贵族间解决财产、权位继承或分配的一种制度，又是团结同姓贵族和异姓贵族、加强王室与封国关系的手段，它巧妙地将政权与族权结合起来，成为巩固分封制和加强奴隶主贵族专政的工具。

西周的宗法制度确立了社会上的等级制，一般分为天子、卿大夫、士、庶人、工、商6等。这种等级制十分森严，不可逾越。

周王是封建领主的最高首领，又称"天子"，并且是天之元子。周王的权力很大，是诸侯的共主，是全国军队的统帅，对许多事情都拥有最后决定权。

在周王之下，辅佐他进行统治的有"三公"，亦称"师保"。即"太师、太傅、太保"。三公居于统治诸侯百官以奉侍周王的地位，实际上是中央国家机构的中枢决策机构的雏形。

属于周王室的军队有周六师和虎贲。周六师是由周人组成的，驻在周京所在的西土地区，所以铜器铭文中称它为西六师。六师是周的主力军，昭王、穆王曾率六师出外远征。殷八师是殷遗民编成的，将帅则由周人充任。周人对南方各族多次的征战，往往是六师、八师并用。虎贲是周王的禁卫军，武王伐纣，即以虎贲为先锋。

《书·吕刑》说周代有墨、劓、剕、宫、大辟五刑，而且五刑之属多至3000，当时刑罚既苛且滥的状况是可以想见的。铜器铭文中有关于官吏对其下级施用鞭刑和墨（黥面）刑的事。西周时是"礼不下庶人，刑不上大夫"。即使贵族、官吏犯法，他们也完全可以按"金作赎刑"的规定而交纳金贷以免罪。用铜几百爰赎罪的事，在铜器铭文中是有例可寻的。

井田制是西周奴隶制国家的基本土地制度。井田的所有权属于国家，亦即属于周王。《诗·小雅·北山》曰："溥天之下，莫非王土；率土之滨，莫非王臣。"周王把土地和奴隶分赐给各级贵族，让他们世代享用。因为土地是属于周王的，他们只有享用权而无所有权，所以不准转让和自由买卖，并规定了定期"换土易居"的分配制度。农业有了进一步的发展。当时的主要农具是木制的耒耜。此外，还有骨铲、石铲、石犁、石刀、蚌镰等。耒耜是用青铜斧、锛制作的硬木工具，很便于挖土耕地之作。刀、镰用于收割庄稼。此外，在考古发掘中还有少量铜铲、铜镈、铜镐、铜锄出土，这不是普遍使用的工具。奴隶们已积累了较丰富的农业知识，很注意选育良种、施肥、除草、除病虫害及灌田或排水等。一般田地多修有排灌系统。农作物的种类不断增多，主要的有黍、稷，此外还有稻、粱、麦、菽及蔬菜、瓜果等。经济作物有桑、麻和染料作物等，种植也较普遍。

西周的手工业集中于官府。官府设立"百工"。百工就是具有各种技艺的工匠。当时的手工业主要有青铜铸造、制陶、制骨、制玉器、制革，还有木工、竹工、漆工、丝织等等。

春秋战国

（公元前770至公元前221年）

春秋战国

周幽王死后，周平王即位。由于镐京遭受战争破坏，加上受到犬戎的威胁，公元前770年（周平王元年），平王把都城从镐京迁到洛邑（今河南洛阳）。至此，西周结束，东周建立。从这一年起到公元前476年（周敬王四十四年），为春秋时期。春秋得名于孔子所著鲁国的编年史《春秋》。这部史书上起公元前722年（鲁隐公元年），下迄公元前481年（鲁哀公十四年），与春秋时期上下限大致相同。春秋时代，为中国有史以来第一个多姿多彩的时代。王室衰微，五霸迭兴，诸侯竟敢问"鼎"之轻重，大夫的"僭越"行为层出不穷。"礼崩乐坏"的局面标志着奴隶制已到末日。

历史上习惯将公元前476年定为战国七雄历史的开端，从这一年开始到公元前221年秦灭六国，是中国历史上的战国时期。战国时期，七雄角逐，变法运动此伏彼起，诸子百家蜂拥而动，著书立言；新兴的政治势力日益活跃，"战国四公子"以"养士"闻名，但也挽救不了自身的颓势。秦国经商鞅变法，势力日增，终致扫六合归一统，秦始皇实现了一统中国的壮志雄心。战国时期是中国封建社会的确立时期。

春秋时期的诸侯争霸和大夫兼并

春秋时期，中国南方和北方的少数民族不断对中原发起进攻，对各诸侯国构成了巨大威胁。由于周天子已名存实亡，无法起到组织领导各诸侯国抵御外侵的作用；另外，一些强大的诸侯国为了争夺土地、人口以及对其他国家的支配权，纷纷"挟天子以令诸侯"，开始了春秋时期频繁的争霸战争。

齐桓公是春秋时期的第一位霸主。齐襄公死后，逃亡在外的公子纠和公子小白都急于回国，继承王位。公子纠在鲁国的护送下向齐国进发，并派自己的老师管仲去路上截杀小白，管仲射中了小白的衣服带钩，小白遂将计就计，假装死去，于是公子纠和鲁国军队放慢了行进速度。与此同时，公子小白和其师鲍叔牙却兼程领先回到齐国都城临淄，公元前685年，公子小白继承王位，即齐桓公。

齐桓公即位后，立即发兵攻鲁，迫使鲁国杀死了公子纠，并囚送管仲回齐国。管仲是春秋时期著名的政治家，齐桓公即位后，在鲍叔牙的劝说下，不计前嫌，任用管仲为相。管仲在齐国进行了一系列改革：第一，按土地好坏分等征税，打破了井田制的限制，肯定了土地私有权，调动了生产者的积极性，增加了税收，增强了国力。第二，改革行政机构，推行"叁其国而伍其鄙"制度，形成了严密的行政机构，加强了对国内的控制和管理。第三，改革兵制，实行"作内政以寄军令"的军政合一制度，士兵平时生产、训练，战时出征，增强了战斗力。第四，设"轻重九府"，由官府铸造货币，调剂物价，并设置盐铁官，发展盐铁和渔业，以增加财政收入。

经过一系列改革措施的实行，齐国国内政局稳定，经济实力增强，军队也有了较强的战斗力。这些都为齐国称霸诸侯奠定了基础。公元前 679 年，齐与宋、陈、卫、郑会于鄄（今山东鄄城），开始称霸。齐桓公以"尊王攘夷"为旗帜，联合诸侯，抗击夷狄，并提高自己的威望，发展自己的力量。

公元前 651 年，齐桓公又在葵丘（今河南兰考）大会诸侯，参加的有鲁、宋、郑、卫等国，周天子也派代表参加。这次盟会规定："凡我同盟之人，既盟之后，言归于好。"通过这次盟会，齐桓公最终取得了中原霸主的地位。齐桓公死后，诸子争立，齐国从此失去了霸主之位，走向衰落。不久，晋文公登上霸主地位。

公元前 636 年，晋国公子重耳登位，就是春秋的著名霸主晋文公（公元前 671 或公元前 697—前 628 年）。

晋文公任用很有才能的赵衰、狐偃等人为大臣，对晋国内政进行整顿：一是实行"轻关易道，通商宽农""弃债薄敛"，发展经济，增加财政收入；二是安抚旧臣，选拔人才，稳定政局；三是作三军，扩大军队，加强实力；四是整顿吏治，厘清政治。从而为晋国称霸创造了条件。这时周王室发生了"王子带之乱"。公元前 636 年，王子带联络狄族"同伐京师，入王城，焚东门"，发动叛乱，赶跑了周襄王。晋文公利用这个机会，以"尊王攘夷"为号召，会合诸侯，出兵"伐戎救周"，打败王子带，护送周襄王回雒邑。周襄王将南阳的温、原等八邑赏给晋，大大提高了晋文公在诸侯中的威望。公元前 633 年冬，楚成王率领陈、蔡、郑、许之师围宋，宋向晋文公告急。公元前 632 年，晋文公联合齐、秦两国救宋，决心与楚国争霸中原。晋文公采取诱敌深入、集中兵力、各个击破的方针，令晋军"退避三舍"，从曹陶丘退至城濮，占据了有利位置。随后晋大败楚军。这就是历史上著名的"城濮之战"。战后，晋文公和齐、鲁、宋、卫等 7 国之君盟于践土（今河南荥泽），并得到周王的册命。这年冬天，晋又会诸侯于温（今河南温县），周王也被召赴会，晋于是继齐成为中原霸主。

此时，在西方是秦穆公霸西戎。秦国地处渭水流域，于西戎、北狄之间。周宣王时封非子的曾孙秦仲为大夫，秦仲在攻伐戎、狄的战争中战死。其子庄公继续攻伐西戎，被周宣王封为"西陲大夫"。西周灭亡，秦襄公因护送平王东迁有功，被封为诸侯，占据了以岐、沣为中心的广大地区，建都于雍（今陕西凤翔），势力逐渐发展起来。经过 100 多年，到秦穆公（公元前 659 年—公元前 621 年）时，秦国发展成为强盛的奴隶制国家。秦穆公招贤任能，秦由是强盛。百里奚是当时著名的政治家，他协助秦穆公改革内政，发展生产，使秦国力渐强。在晋称霸时，秦也很想向东发展自己的势力。公元前 627 年，秦穆公乘晋文公去世之机，派军偷袭郑国，后因郑国已有准备，便灭滑国而回师。当秦军路过殽山（今河南渑池西）时，遭到了晋军的伏击，秦全军覆没，这就是著名的"秦晋殽之战"。秦向东扩张的道路被晋所阻。于是，秦穆公采用谋臣由余的计谋转而向西发展，"益国十二，开地千里，遂霸西戎"，由此，"天子使召公过贺穆公以金鼓"，秦成为西方的大国。

春秋时期楚国日益强大。楚成王时"楚地千里"，又向北扩张。但先被齐桓公遏制于召陵之盟，被迫向周纳贡，后又被晋文公败于城濮，楚北进被阻。公元前 613 年楚庄王继位，继位 3 年后发愤图强，罢斥奸臣，选用贤材，治理了内政。然后又注意经济的恢复和发展，特别是注重水利的兴修，使国力迅速发展起来。并且迅速平定了若敖氏的叛乱，稳定了政局，"国人大悦"，国力强盛。公元前 606 年，楚庄王借伐陆浑之戎，北上陈兵周郊，周天子派王孙满慰劳楚师，楚庄王竟询问"九鼎"之轻重，意在取周而代之。

楚国争霸中原的强大对手是晋国，而宋、郑诸国夹在中间，是晋楚争霸的焦点。公元前 597 年楚伐郑，围郑都 3 个月，破郑都，郑伯肉袒乞降。晋闻讯后，派大兵救郑。晋楚两军大战于邲（今河南郑州北），由于晋内部政令不行，将帅不和，晋军为楚所败而狼狈逃归。公元前 594 年，楚庄王率军围攻宋，宋人告急于晋，晋畏楚而不救，宋人坚守都城达一年多。最后宋大夫华元夜入楚营，挥刃迫楚帅子反撤围，楚宋议和，宋依附楚国。从此中原诸国除齐、秦、鲁等国外，皆背晋向楚，楚庄王成为中原霸主。

春秋中期以后，晋楚双方势均力敌，互有胜负。但连年的攻战，各国都很疲乏，尤其是小国普遍厌战。同时，争霸战争也加速了本国的阶级矛盾和新旧势力之间斗争的发展，使各国无力外顾，都想暂时休战，于是便出现了"弭兵"运动。它是由受战祸最深的宋国发起的，先后召开两次"弭兵"之会。公元前 579 年，宋大夫华元倡议晋楚两国在宋西门之外订立盟约，规定双方"无相加戎，好恶同之"。但不过几年，盟约就被撕毁，晋楚战争再起。鄢陵之战后，楚衰落，晋亦开始衰微，于是，公元前 546 年，宋大夫向戌继华元之后再次倡议召开"弭兵"之会，晋、楚、齐、秦、宋、郑、卫、鲁等 14 个诸侯国会盟于宋。会上规定，晋、楚之从国必须交相见。也就是说两国的仆从国必须既朝晋又朝楚，承认晋、楚为共同的霸主。这样，中原大国争霸就以晋楚两国平分霸权而基本告一段落。

弭兵运动之后，春秋历史进入晚期。这时，地处长江下游新崛起的吴国和越国却企图向中原争夺霸权。

吴国在春秋中叶后得晋助而强大。公元前515年，吴公子光杀王僚自立为王，即吴王阖闾，他重用伍员（子胥）和孙武等人，改革政治和军事，建造城郭，设立守备，充实仓廪，整治库兵。吴国力渐强，在晋的支持下连年攻楚。公元前506年，吴王阖闾以大军事家孙武为大将，伍子胥为副将，联合唐、蔡两国，大举伐楚。吴楚两军在柏举（今湖北麻城）会战，楚军大败。吴军又五战五胜，攻入楚都郢。楚昭王逃亡云梦泽，受"盗"攻击，后逃奔到随，楚几乎亡国。楚大臣申包胥求救于秦。公元前505年，秦襄公派兵援楚，击败吴军，收复郢都。楚由于这次失败而失去了它强大的霸主地位。就在吴攻陷楚都时，与吴相邻的越国乘机袭击吴国。公元前496年，吴伐越，战于槜李（今浙江嘉兴），吴军战败，吴王阖闾受伤而死。公元前494年吴王夫差为报父仇而伐越，在夫椒（今江苏苏州市吴中区太湖椒山）打败越军，又乘胜而攻入越都。越王勾践被迫求和，臣服于吴。吴自从灭越后，自以为从此无后顾之忧，故一心欲争霸中原。

越王勾践被打败后，不甘心屈服，暗中准备复仇。他"卧薪尝胆""身自耕作，夫人自织，食不加肉，衣不重彩，折节下贤人，厚遇宾客，振贫吊死，与百姓同其劳"，因而，得到人民的拥护。又任用文种、范蠡等人，整顿内政，发展生产，训练军队。同时在外交上采取"结齐、亲楚、附晋"的方针，孤立吴国。经过"十年生聚""十年教训"，越国的力量很快恢复起来。越王勾践看到吴国争霸黄池，主力北上，"惟独老弱与太子留守"，便于公元前482年向吴国进攻，大败吴军，杀吴太子。夫差闻讯引兵回国与越议和。过了几年，越再次伐吴，大败吴军。公元前473年，夫差被迫自杀，吴亡。越王勾践继而率师北上争霸中原，与诸侯会盟于徐（今山东滕县）。周元王使人赐勾践胙，命为伯。"当是时，越兵横行于江淮东，诸侯毕贺，号称霸王"。至战国时，越为楚所灭。

春秋时期长期的争霸战争，虽然给人民带来了巨大的痛苦和灾难，但也打破了各民族间的隔阂局面，促进了以华夏族为主的民族大融合。为后来统一的多民族国家的形成奠定了基础。

春秋时期，随着井田制的瓦解和土地私有制的产生，在政治上也引起很大变动。这主要是许多诸侯长期陷于争战之中，经济困难，政治权力日益削弱；而且不少卿大夫拥有大量的土地；掌握了强大的政治、军事权力。这些卿大夫在经济上损公济私，在政治上干预朝政，甚至影响操纵君位继承，把国君置于他们的控制之下，直至最后篡夺君位。

晋国的新兴势力代表是韩、赵、魏、范、中行、智六家，称"六卿"，又称"六将军"。春秋中叶，晋国的大权逐渐为一些新崛起的异姓贵族所掌握，而旧公族势力日弱，仅有栾氏、羊舌氏和祁氏等几家。晋厉公即位后，被栾氏所杀，拥立晋悼公。公元前550年，以范氏为首的新兴势力联合起来，打败栾氏，以后又镇压了祁氏、羊舌氏的叛乱，一部分旧贵族"降在皂隶"，成为奴隶和平民。从此，"六卿"登上了政治舞台。晋六卿进行了封建性的政治改革，各自废除了"步百为亩"的井田制，实行了封建的田亩制和地税制。此后，"六卿"内部展开了激烈的斗争，范氏和中行氏联合郑国和齐国，攻伐赵氏。公元前493年，赵鞅为争取胜利宣布："克敌者，上大夫受县，下大夫受郡，士田十万，庶人工商遂，人臣隶圉免。"意思是说，立了军功的人，无论其地位如何，皆可得到赏赐和改善地位。通过这种方式，发展了封建关系，争取了支持者，打败了范氏和中行氏。智、赵、韩、魏四家共同瓜分了范、中行二氏的地盘，而智氏势力最强，智伯掌握了晋国的国政。公元前453年，韩、赵、魏3家联合攻灭智氏，分别建立了3个封建政权，赵氏占据晋的北部地区，以晋阳（今山西太原）为都城；韩氏占据晋的中部地区，以平阳（今山西临汾）为都城；魏氏占据晋的南部地区，以安邑（今山西夏县）为都城。史称"三家分晋"，晋公室名存实亡。公元前403年，周威烈王正式承认韩、赵、魏为诸侯。公元前377年，韩、赵、魏灭晋侯，三分其地，晋亡。

在齐国，新兴的地主阶级代表是田氏。田氏本是陈国贵族，春秋初期，陈国发生内乱，公子完奔齐。改姓田，齐桓公命其为"工正"，齐景公时，公室日益腐朽没落，阶级矛盾十分尖锐。这时，陈完的四世孙田桓子已做了齐国大夫，他为取得人民的支持，在向贫苦民众放贷时，用大斗借出，小斗收入，其山海所产树木鱼盐到市场上出卖，价格同产地一样。因此大批民众都逃往田氏门下。公元前490年，齐景公死，国、高两氏立齐景公的儿子荼为君。田乞（田桓子之子）乘机发动武装政变，杀死荼，打败了高氏、国氏、弦民、晏氏四大贵族，拥立阳生为君，为齐悼公，田乞自立为相。公元前485年，齐悼公被杀，齐简公立。公元前481年，田常（田乞之子）与贵族监止分别担任左、右相。田常继续采取大斗出租小斗收租的办法来笼络平民，实力大增。五月，田常再次发动政变，击败贵族监止的军队，杀齐简公，另立齐平公，内修政治，外结同盟，5年之后，"齐国之政皆归田常"。公元前391年，田常的曾孙田和将国君齐康公放逐到海上，田和成了事实上的齐国国君。公元前386年，田和被周安王封为诸侯，并沿用齐国的国号，史称"田氏代齐"。

春秋时期经过连年战争，以及各国新兴地主阶级的夺权斗争，许多诸侯国灭亡了，大部分诸侯国中的新兴地主阶级取得了政权，中国进入了封建社会。

周王室的衰落

西周末年，周天子地位衰微，强大起来的诸侯逐渐不听从王室的指挥。到春秋前期，这种状况愈演愈烈，以致在周桓王十三年（公元前707年），爆发了周、郑聘葛（今河南长葛东北）之战，郑国的祝聃竟敢以箭去射天子周桓王。

春秋初年，郑国同王室的关系最为密切。郑武公以大军保护周平王东迁，其后成为王室卿士。郑庄公继位后，仰仗祖先的功劳，在王朝内专横跋扈。庄公在国内与其弟公叔段不和，经常不理王室之政，于是周平王就打算让虢公与庄公为左右卿士共同掌管王事。郑庄公得知这个消息后，即责问平王。平王矢口否认，并提出君臣交质，以示信任。周平王五十一年（公元前720年），平王去世，太子林继位，是为桓王。桓王上台后便准备授虢公政以分庄公之权，庄公得知，想给新即位的天子一个下马威，派祭足带领人马把王室在温地（今河南温县）的麦子割掉，又把成周（今洛阳东）的禾割走。至此，周、郑交恶。

桓王毫不示弱，郑庄公意识到失去同周天子的密切关系，对自己在诸侯中争雄不利，于是便采取了怀柔策略，于周桓王三年（公元前717年）亲自到王都朝见桓王，桓王却不加礼遇，不久又任命虢公忌父为王室右卿，与郑庄公共理朝政。郑庄公的退让，使得周桓王得寸进尺。周桓王八年（公元前712年），桓王把本来不属于王室的12个邑作为空头支票，换取郑国四邑，使郑国白白丢了4个邑；到周桓王十三年（公元前707年），桓王又干脆罢免了庄公的左卿士之职，因而庄公也就不去朝见他。这样，桓王便率领王师及蔡、卫、陈之师讨伐郑国，郑国也出兵抵抗，两军在繻葛摆开阵势。

王师方面的部署是：桓王亲率中军，虢公林父将右军，周公黑肩将左军；蔡、卫两国军队属右军，陈国的军队属左军，呈"鸟阵雁行"的阵势，突出中军。郑国方面针对王师的部署，采取"鱼网之阵"的阵法，把主力放在左右两方阵上，中军摆在两方阵中间靠后，郑庄公率中军，祭仲将左方阵，曼伯将右方阵，左右方阵中把战车排列在前面，步卒配置于战车之后，填补车与车之间的空隙，构成密集队形。开战时让左右方阵先接敌，打垮对方力量较弱的左、右军，然后三军呈鱼网状合围对方中军主力。

两军交战，郑庄公在原繁、高渠弥的护卫下坐镇中军，并与祭仲、曼伯约定中军大旗挥动时，左右两方阵同时发起攻击。开战后，陈国由于内政处于动乱之中，士气不高，遇到郑军方阵的攻击，立即溃逃，周王室的左军士卒跟着也败下阵来；蔡、卫两国的军队本无战斗力，在受到攻击后，抵挡不住，转身而逃，王室的右军也随之溃败。然后，郑国三军合围周王中军，祝聃一箭射中周桓王的肩膀。桓公忍着箭痛，指挥军队退却。祝聃请求庄公下令追击，庄公认为君子对一般人尚且不能逼之太甚，何况对于天子！如果能够使国家免于危亡，这就足够了。因此，按兵不动。当天晚上，郑庄公派遣祭仲去慰问周天子及其随从，表示郑国只是不得已应战，愿同王室和好。繻葛之战是诸侯强大、王室衰微的一个标志，祝聃"射王中肩"，王师惨败于诸侯军队名下，这使周天子的威风扫地，事实上等同于诸侯。同时这一仗也拉开了列国争雄的序幕。

泓水之战

这次战争发生在公元前638年，交战的双方是宋国（今河南商丘一带）和楚国（今长江中游和汉水流域一带）。战争的发动者是宋国的国君宋襄公。

宋襄公在历史上以标榜"仁义"著称。他以"仁义"起家，也以"仁义"覆败。泓水之战就是他以"仁义"指挥战争遭到彻底失败的一次战例。

讲"仁义"的宋襄公

宋襄公的名字叫兹甫，是宋国国君桓公的嫡子，很早就被立为太子。公元前651年，宋桓公病得快死了。兹甫一再请求垂危的父亲把君位让给庶兄目夷。他说："目夷年长，而且仁义，请您改立他为太子吧。"目夷听到了，当然不敢担当，也向宋桓公说："兹甫连君位都要让出来，这是最大的仁义了。我哪里及得上他。况且，他本来就是太子，君位理应由他来继承。"第二年春天，宋桓公死了。兹甫又推让了一番，然后当上了国君。他，就是宋襄公（公元前650—前637年在位）。

在剥削阶级的社会里，统治者争权夺利，你欺我诈，尤其是为了争夺最高的权位，往往演出流血的惨剧。宋襄公居然一再推让君位，这在当时看来，是件"仁义"的事。因此，大家都称他是个讲"仁义"的国君。宋襄公名利双收，尝到了讲"仁义"的甜头。

宋襄公认为目夷不肯接受君位，也很有"仁义"，就任用目夷做他的助手，帮助他治理国家。

宋襄公即位后的第八年（公元前643年），齐国国君齐桓公病死，他的5个儿子争夺君位，齐国发生内乱。太子昭逃到宋国，请求宋襄公做主。宋襄公觉得支持太子昭复国，是件"仁义"的事。他立刻会合了几国诸侯，共同出兵护送太子昭回齐国，帮他平定了内乱，立他为国君。太子昭就是齐孝公。

齐国是东方的大国。齐桓公的时候，他曾多次召集诸侯，主持盟会。黄河流域的许多诸侯都奉他为头儿。他成为春秋时期第一个霸主。那时候，齐国的威望高到极点。霸主的地位也特别惹人眼红。现在，宋襄公平定了齐国的内乱，代它立了国君。这样，在无形中，宋国的地位就在齐国之上了。宋襄公自然"当仁不让"，准备出场当霸主了。

但是，霸主的头衔是不能自封的，须要取得一些诸侯的拥护才行。于是，宋襄公仿效齐桓公的做法，准备召集一些诸侯举行会议，借以抬高自己的声望。他恐怕大国诸侯不听他的号令，就约请几个小国诸侯来开会。但是，就连那些小国诸侯也没有按时到齐。滕国（今山东滕县西南）诸侯迟到了，鄫国（今山东峄县东）诸侯干脆不到。会还没有开完，曹国（今山东定陶西北）诸侯又偷跑回国了。

这下子，宋襄公被激怒了。看来，"仁义"是不适用于对待小国诸侯的，还得诉诸武力。他把滕侯关押起来，把鄫侯杀了祭睢水神，又出兵压服了曹国。

接着，宋襄公准备同大国打交道，以便确定他的霸主地位。

宋楚争霸

当时的大诸侯国，有齐、秦（今甘肃天水一带）、晋（今山西太原一带）、楚等。齐国自从发生内乱以后，国力已经衰弱下去。秦和晋，一个在西边，一个在西北，离中原还远，它们暂时并不妨碍宋襄公去称霸。只有楚国，才是宋襄公称霸的唯一对手。

楚国占有长江中游和汉水流域的广大地区，疆域很辽阔。黄河流域的各诸侯国一向瞧不起它，称它为"蛮子国"。这个"蛮子国"不断向北方扩张势力，同那里的各国经常发生冲突。那时候，楚成王在位（公元前671—前626年），国力很强大。鲁、陈（今河南开封一带）、蔡（今河南上蔡一带）、郑（今河南新郑一带）等中小诸侯国，都被迫同楚国订立了盟约，接受它的节制。

对于这样一个强敌，宋襄公打算采取联络它的办法。他的如意算盘是：只要把楚国拉过来，那么，那些同楚国订立盟约的诸侯国自然也会随着一起过来了，他的霸主地位也就可以确定了。

他把这步高着告诉了目夷。目夷却另有看法：第一，宋国称霸的条件还没有成熟，如果急于去称霸，恐怕会惹出祸事来；第二，楚成王野心很大，能力也很强，恐怕宋襄公斗不过他。宋襄公却认为目夷的顾虑太多，仍旧坚持自己的意见。拉拢楚国的方针就这样草草地决定了。

公元前639年春天，宋襄公约请楚成王、齐孝公在鹿上（今安徽阜南南）开了个小会。会上，宋襄公要求楚成王约请他的盟国出席下一次诸侯大会。高傲的楚成王居然答应了。

那年秋天，宋襄公带了目夷和其他一些文官兴高采烈地到孟（今河南睢县）地去大会诸侯。楚成王也带了一帮人如期到达。此外，郑、蔡等5国诸侯也都出席了会议。

宋襄公满以为这次会议既然是由他召开的，当然得由他来担任盟主。因此，他就大模大样地登上了盟主的座位。哪里料到，他还没有坐稳，楚成王一声号令，楚兵一拥而上，就把这位"盟主"从宝座上揪了下来。顷刻间，"盟主"变成囚犯。会场上秩序大乱。在混乱之中，目夷逃回本国，准备应付事变。

楚成王押着宋襄公，带领楚军一直打到宋国的都城商丘（今河南商丘）。

幸亏目夷早做准备，楚军一时攻不破城。

楚军这次攻打宋国，本来是临时采取的措施。楚成王只是看到有机可乘，才用军事行动试探一下。现在，强攻的一手一时不易奏效，他就试用诡诈的一手。他向宋军说："你们再不投降，我就要杀掉你们的国君了。"宋军回答说："我们已另立国君。随你怎么办，我们决不投降。"

楚成王觉得在宋襄公身上已经榨不出什么油水，与其把他杀了，还不如卖个人情把他放了。这样，宋襄公才获得了自由。楚成王带着军队凯旋而回。

宋襄公泓水大败

碰了钉子的宋襄公怀着满腹委屈被目夷等一帮大臣迎回宋国。他越想越生气，楚成王如此不讲信义，这个仇非报不可。

但是，对标榜"仁义"的宋襄公说来，要报仇，总得找一个冠冕堂皇的理由才行。凑巧，公元前638年，郑国的国君去朝见楚成王。这给宋襄公带来了兴师问罪的"理由"。在宋襄公看来，郑国国君祖祖辈辈都受到周王的信任，而那个没出息的后代竟然不去朝见周王，却拜倒在"蛮子"的脚下，这简直是忘恩负义，有失体统。单凭这一点，他就有责任去惩罚郑国。何况，宋襄公十分清楚，郑国的兵力不强，打起仗来，宋国赢得胜利是十拿九稳的。郑是楚的盟国，把郑国打败了，好歹可以出一出这口窝囊气。

提不同意见的，还是那个目夷。他认为攻打郑国可能引起楚国出兵干涉，会闯出乱子，劝宋襄公忍耐一下。但是，宋襄公仍旧不听。那年夏天，他就出兵去攻打郑国。

郑国打不赢宋国，果然向楚国求援。楚成王立刻发兵，矛头直接指向宋国。宋襄公得到消息，急忙带领军队往回赶。宋军赶到泓水（故道在今河南柘县北）北岸，楚军也已到达泓水南岸了。

两军隔河相对，大战一触即发。

目夷对宋襄公说："算了吧！楚强我弱，乘现在还没有打起来，同楚军讲和吧。"宋襄公不答应。

宋军列好了阵。楚军正在乱哄哄地渡河。

目夷对宋襄公说："敌军多，我军少。乘他们刚渡河的时机，给他们来个迎头痛击，或许能够打败他们。"宋襄公还是不同意。他说："不行，讲仁义的人不能乘别人困难的时候去攻打人家。"

过了一会儿，楚军全部渡过了河，但是还没有摆开阵势。

目夷又建议道："乘他们还没有站稳脚跟，我们即刻发动进攻，还可以打赢。"宋襄公仍旧不同意。他说："不行，讲仁义的人不去攻击不成阵势的队伍。"

不一会儿，楚军摆好了阵势，千军万马冲杀过来了。到了这个时候，宋襄公才下令还击。但是，已经迟了。宋军抵挡不住，一个个地倒了下去。宋襄公的卫队全部被楚军歼灭，宋襄公的大腿上也挨了一箭，受了重伤。在目夷等的拼死保护下，宋襄公狼狈地逃了回去。

泓水之战以宋襄公的彻底失败而告终。宋襄公争霸的"理想"由此破灭。

回到宋国，大臣们都埋怨宋襄公丧失战机。宋襄公却理由十足地争辩说："讲仁义的人不去伤害已经受伤的人，这叫做'君子不重伤'；也不去捉拿头发已经花白的老人，这叫做'不擒二毛'。我怎能忍心向没有摆好阵势的敌军发动进攻呢？"

宋襄公的伤势很重。泓水之战以后不到几个月，他就死去了。

城濮之战

周襄王十九年（公元前 633 年），楚成王准备围攻宋国，派前令尹子文在睽地演习练兵，派令尹子玉在蒍地作战前演习。子文一早就完事，没有惩罚一个人；子玉整整一天才结束，鞭打 7 人，箭穿 3 人之耳。子文设宴，元老们都表示祝贺，年轻大夫蒍贾却不祝贺，认为子文把楚国政权让给子玉，而子玉刚愎自用，内不能治理百姓，对外率领兵车超过 300 乘，恐怕就要吃败仗。子玉如果失败，那是由于子文的推荐，等到子玉胜利归来再祝贺，也不算迟。不久，楚成王便会同陈侯、蔡侯、郑伯、许男围宋。

宋国的公孙固急忙到晋国报急求救。晋国名将先轸认为，报答宋襄公在晋君流亡时的施舍，救援宋国被围之难，成就晋国的霸业，都在这一次了。晋文公之舅狐偃认为，楚国刚刚得到曹国，又新近同卫国结成婚姻，如果攻打曹、卫，楚国一定会救援，那么宋国和齐国就可以免遭楚军的进攻了。于是，晋国就在被庐举行大规模的阅兵式，组建上、中、下三军，晋文公委派郤谷统率中军，郤溱辅佐他；委派狐偃率领上军，狐偃把上军之帅让给狐毛，自己做副帅；又派栾枝率领下军，先轸辅佐他。荀林父为晋文公驾驭戎车，魏犫为车右。

周襄王二十年（公元前 632 年）春，晋文公打算攻伐曹国，向卫国借路，卫国不答应。晋军回师，从南河渡过黄河，袭击曹国，攻打卫国。正月，晋军占领了卫国的五鹿；二月，晋中军元帅郤谷死，先轸继任中军之帅，胥臣补先轸的空缺辅佐下军。晋侯与齐侯在卫国的敛盂结盟，卫成公向晋请求订立和约，晋国不答应。于是卫成公想投靠楚国，卫国的贵族不同意，就赶走他们的国君，以此来向晋国讨好。卫成公只好离开国都居住在襄牛。鲁国大夫公子买率鲁军助卫防守，楚军救援卫国，不能取胜。鲁僖公害怕晋伐鲁，就杀了公子买来讨好晋国，对楚国人却说，公子买没有完成戍守的任务，所以杀了他。

晋军在打败卫国后，又包围了曹国国都，攻打城门，战死许多人。曹国的士卒把晋军的尸体陈列在城墙上，以此打击晋军士气。晋侯很为此事担忧，士卒们献策说：让军队在曹人的墓地扎营，示意掘他们祖先的坟。文公采纳了士卒们的意见，曹人果然非常恐惧，就把晋军的尸体用棺材装好送出城来，晋军乘机发起进攻，攻破曹都，俘获曹共公。晋文公当年流亡在曹，曹共公无礼地观看他洗澡，文公一直耿耿于怀，现在俘获了他，于是文公列举曹共公罪状，责备他不用贤臣僖负羁，却大封亲戚故旧，使曹这样一个小小的国家，素飧尸位的大夫就多达300余人。为了报答僖负羁当年赠飧置璧的恩惠，文公下令不许晋军进入僖负羁的住宅，同时赦免了他的族人。当年跟他流亡的魏犨、颠颉很生气，认为文公不考虑有功之臣，却去报答那些小恩小惠。于是两人带兵就放火烧了僖负羁的住宅，僖负羁被烧死，魏犨放火时伤了前胸。文公很恼怒，打算杀死他，但又爱惜他的勇武，就派人去察看伤情，如果伤势严重，就准备杀他。魏犨伤得不重，文公于是饶恕了他，杀颠颉在军中示众，又命舟之侨为兵车右卫。

晋军袭卫攻曹，愿意解宋围。但楚见此二国已失，并不前来相救，反率陈国、蔡国的军队加紧围攻宋国。于是宋国派大夫门尹般向晋君告急求救。晋文公十分为难，因为舍弃不管，宋国就会与晋绝交；请楚国退兵，楚国肯定不会答应；如果与楚国作战，齐国和秦国不会支持。进退两难之际，中军元帅先轸献上一计：让宋国用财物去贿赂齐、秦两国，请他们出面求楚国退兵，晋国扣留曹共公，然后分曹国、卫国的土地给宋国。楚国同曹、卫两国友好，其国土被分，必定不会答应齐、秦的调解，而齐、秦二国接受了宋国的贿赂，又恼恨楚国不给面子，就必然出兵伐楚。晋文公同意了先轸的离间计，实施"喜贿怒顽"的外交策略。果然，齐、秦与晋联合了起来。

楚成王见形势不利，退回申地（今河南南阳）驻扎，防备秦国的袭击，又命令戍守齐国谷邑的申公叔时和围攻宋国的子玉率部撤退，避免与晋军交战。他认为晋文公在外流亡了19年，险阻艰难，全都经历了：民情真假，他都知道了，上天使他享有高年，同时除掉他的祸患。天所予，不可败。但是子玉却骄傲自负，坚持要与晋军作战，他说：虽不敢保证一定能建立什么了不起的战功，但希望用胜利堵住奸邪小人（指楚大夫芴贾）进谗言的嘴。

于是，子玉派大夫宛春到晋军中谈判，条件是：恢复卫侯的君位，同时退还曹国的土地，楚军解除对宋国的包围。狐偃认为子玉太无礼了，晋君（文公）只得到释宋之围一项好处，而楚臣（子玉）却得到恢复曹、卫两项好处。不能失掉这个战机。先轸不同意，他认为楚国一句话就使曹、卫复国、宋解围，三个国家都安全，晋国如果不同意，这三国就均被灭亡，这就是晋国无礼。不如暗中答应恢复曹、卫两国，使他们叛离楚国；再用扣留楚军使者宛春的办法来激怒楚国，等打完仗再考虑曹、卫的问题。晋文公很高兴，就采纳了先轸的意见。曹、卫两国果然派人到子玉营中同楚断交。

子玉十分气怒，立即率军北上与晋军作战。文公见楚军逼近，下令退避三舍（古时一日行军 30 里为一舍）。将士们对后退很不理解，认为晋君躲避楚臣是极大的耻辱，何况楚军攻宋不下，在外转战多时，已经疲惫不振。狐偃向他们解释这样做是为了报答文公当年逃亡时楚君给予的恩惠，兑现文公当年所许的"两国若交兵，退避三舍相报"的诺言。于是晋文公、宋成公、齐国大夫国归父、崔夭、秦穆公之子小子愁率军退后 90 里，在卫国的城濮（今山东濮县南）驻扎下来。楚军随即逼了上来，在城濮附近的险要地带扎营。

晋文公既害怕别人议论自己忘恩，又担心士卒不愿尽力作战，所以在与楚交战的问题上犹豫不决。三军将领都劝他下决心打。狐偃认为，这一仗若打胜，就可以得到诸侯国的拥戴，取得霸主的地位；即便打不胜，晋国外有黄河之阻，内有太行之险，没什么可担忧的。栾枝也说，汉水北面的姬姓国都被楚国吞并，思念小恩小惠而忘记大耻大辱，于国不利，应当与楚国交战！文公这才坚定了决心。

子玉把晋军战略性的后撤误认为是害怕楚军，于是刚扎下营盘便派大夫斗勃向晋文公挑战道："请和您的部下游戏一番，您可以扶着车前横木观赏，我也陪您来开开眼界。"文公让栾枝回答说：我们国君领教命令了。楚王的恩惠不敢忘记。既然得不到谅解，那就烦请大夫告诉你们的将帅：准备好你们的战车，敬奉你们的君命，明天早晨战场上相见！

晋楚城濮大战前，晋军方面，有战车 700 乘，兵员 3.7 万，另有齐、秦、宋的支援。中军元帅是先轸，郤溱为副；上军主将是狐毛，狐偃为副；下军主将是栾枝，胥臣为副。楚军方面，子玉为中军主帅，指挥警卫王室的西广、东宫及若敖六卒，共有战车 180 乘；斗勃为右军主将，指挥陈、蔡两国的军队；子西为左军主将，指挥申、息两地的地方部队。晋军的上军对楚军的左军，下军对右军，临战，子玉夸下海口说："今天晋军必定覆没！"

战争开始，晋下军副将胥臣命令士卒把驾车的马蒙上虎皮，首先向楚右军发起攻击，陈、蔡的军队从楚本是不得已，遭到这一突然进攻，立即溃不成军，蔡国公子印也被杀死，晋上军主将狐毛另设前军两队，出击楚军的逃兵，楚军右翼被彻底打垮；晋下军主将栾枝让士卒砍伐木柴拖在车后，扬起尘土，伪装败逃，楚中军立即发起追击，左军主将斗勃求胜心切，以为晋军主力溃逃，带部率先追赶，造成楚军侧翼空虚。晋见楚中计，元帅先轸率领中军精锐拦腰截击，狐毛、狐偃反转回头杀来，前后夹击，楚国的左军也被打垮。子玉见左右两军全垮，急忙收兵，这才免于全军覆灭。

城濮之战以晋胜楚败而告结束。晋军在楚营内歇兵 3 天，班师而归，向周天子献上俘获的战车 100 辆和俘虏的步兵 1000 人。周天子设享礼款待晋文公，命令大臣尹氏、王子虎和内史叔兴父以策书命晋文公为诸侯之长，并赏赐了文公许多财物。

楚成王本不愿与晋交战，听说子玉大败而回，就派人对子玉说："你若是活着回来，有何面目见申、息两地的父老呢？"逼子玉自杀谢罪。但在打发走使者后，成王又后悔起来，忙派人收回成命，这时子玉在连谷（今河南西华县南一带）已自杀了。

城濮之战使晋国国威大振，以前与楚国结盟的国家纷纷投靠晋国。文公在践土（今河南原阳县西南）建造王宫，与诸侯会盟，占据了霸主的地位。而楚国北上的战略在这一战中受到沉重的打击，此后一段时间只好转向南方经营。

弭兵大会

公元前546年的一天，宋国西城外旌旗林立，战车壁垒，晋、楚、齐、鲁、陈、卫、邾、滕、曹、许、宋、蔡、秦等14个诸侯国代表在此举行弭兵大会并缔结盟约仪式。盟坛左侧是晋及其属国的队伍，右侧是楚及其属国的队伍。宋国左师官向戌是大会的倡导者与主持人，晋国执政的正卿、晋平公的全权代表赵武和楚国执政的令尹、楚康王的全权代表屈建两人是大会的主宰。

盟会仪式开始了，晋楚争先登坛歃血主盟。

"晋从来就是盟主，理应我们先登坛！"赵武认真地说。

"不是你自己说晋楚地位相等吗？"屈建反唇相讥："如一直晋人在先，还有什么相等可言？！况且80多年来，晋楚交替为诸侯盟主，怎么说从来是你们为盟主？"

赵武正要反驳，叔向扯了扯赵武，悄声说："诸侯归晋在德不在先。弭兵使天下大利，难道要为争先而失信于诸侯吗？况且从来就有小国主盟的，楚弱于晋，让他们去嘛。"

这样，赵武就让楚国先歃血，14国正式订立了弭兵盟约。盟约规定：与盟各国彼此不得诉诸武力，违者盟国共讨之。晋的属国鲁、卫、宋、郑等，楚的属国蔡、陈、许等须同时向晋楚两国贡献财礼，齐、秦两国是大国，不在其例，邾、滕分别是齐、宋的属国，也不在例。

弭兵大会宣告了晋楚两强平分霸权，晋楚争霸战争从此基本结束。

晋楚争霸长达80余年，被卷进的争战的国家多达数十个，大大小小战争数以百计，其中几多恩怨，为什么经一个中等国左师官的倡导竟一旦达成和议呢？大会前晋强于楚，为什么晋国不但同意平分霸权，甚至还对楚国避让三分呢？

弭兵的原因有四。其一是弭兵为当时绝大多数国家和人民的共同要求。

向戌倡导弭兵，首先征求当时实力最强的晋国的意见，赵武与诸大夫商议时，地位仅次于赵武的韩宣子说："战争，是人民的残害者，国家财政的蛀虫，小国的大灾难。虽然完全停止战争是不可能的，但也必须同意向戌的倡议，否则小国必然倒向楚国，我们将丧失霸主的地位。"韩宣子的分析可以说是入木三分，当时中小国家早已吃尽战争的苦头，出现"民死亡者，非其父兄，即其子弟，夫人愁痛，不知所庇"的状况。尤其是地处晋楚之间，被两者视为必争之地的郑国，服楚则晋讨之，服晋则楚讨之，战祸不息，有时郑君还要光着膀子、牵着羊去迎接讨伐者，屈辱至极，所以弭兵对于诸如郑国这样的中小国家，是求之不得的。

其二是晋楚两大国谁也不能臣服谁。

晋楚争霸80多年，双方交替为盟主，公元前632年城濮之战晋胜而占上风；公元前597年邲之战楚胜反占上风；公元前575年鄢陵之战晋胜又占上风，直至弭兵大会前。因此楚认为难与晋争霸；晋也认为自己"不能御楚，又不能庇郑"。既然晋、楚双方谁也不能彻底战胜对手，那么停战平分霸权是唯一理智的出路。

其三是晋楚两国为应付内乱，迫切需要一个相对缓和的外部环境。

晋国卿大夫擅权，自鄢陵之战以来内乱不已。公元前574年晋厉公重用宠臣胥童等，利用卿士栾书，族灭了威逼公室、擅杀大夫伯宗的郤氏。接着胥童又拘留了栾书与中行偃，但厉公不忍"一朝而尸三卿"。第二年栾书、中行偃杀厉公。晋悼公即位，对外虽能九合诸侯，但对内不敢讨伐杀君者，只是采取平衡政策，重用魏、范、赵、韩等卿族，以牵制横行的栾氏与中行氏。晋平公即位，先用范宣子为正卿，范宣子利用赵、韩、中行氏与栾氏的新旧矛盾，于公元前550年灭大族栾氏，但范氏与中行氏又相勾结横行于晋国。范宣子死后，晋平公在公元前548年起用赵武为正卿，以牵制范氏、中行氏。弭兵大会前晋内政如此混乱，也无心对外了。

楚国康王软弱，兄弟横行。当年楚共王立太子似儿戏，他派巴姬在宗庙里埋一玉璧，让5个子进宗庙拜祖先，康王正踏着玉璧，因此立了康王。对此，有野心有才干的公子围很不服气，发誓要夺取王位。所以屈建早就预言"楚必多乱"，为延缓内部危机的爆发，康王与屈建也急需弭兵，以与晋国平分霸主地位为满足。

其四是赵武为复兴赵氏宗族，在弭兵问题上起了重要作用。

弭兵的关键是晋楚两强，然而弭兵前的形势是晋强楚弱，因此晋国对弭兵的态度是关键，向戌首先征求晋国的意见，也正因为此。晋国正卿执政，因此赵武实是弭兵问题上举足轻重的人物。

赵武推行弭兵在晋国遭到一些人的反对，大夫祁午曾当众指责他使晋国的霸权与自己的成功毁于一旦。难道赵武真这样乐于牺牲自己、成全别人吗？不！赵武所以要弭兵，除了他看到了弭兵是大势所趋外，更主要的是他要结好诸侯，以便集中精力于内政，使几乎族灭的赵氏宗族复兴。晋平公对此就说赵武结党营私。吴国延陵季子也断言晋之政将归赵、魏、韩三家。果然，赵武、韩宣子、魏献子相继任晋国正卿。弭兵大会后不到百年，赵、魏、韩便三家分晋了。

弭兵大会标志着春秋历史进入了尾声阶段。

齐鲁长勺之战

周庄王十一年（公元前686年），齐襄公被叔伯兄弟公子无知杀死，不久，无知又被大夫雍廪杀掉。齐国无君，在国内的大夫高傒与公子小白（即后来的齐桓公）关系甚好，就派人前往莒国迎接他回国做国君。鲁国也派军队护送在鲁的公子纠回国夺位，同时派管仲率兵拦截从莒归国的公子小白。管仲在途中遇上小白一行，未及正式交战，就先向小白前胸射出一箭，小白中箭后倒在车中。管仲以为射死了小白，派人报知公子纠，公子纠得知对手已死，就慢悠悠地往齐国走。其实，管仲的箭正好射在小白腰间的带钩上，小白为麻痹对方，就顺势倒下，然后抢先回国，做了国君。等公子纠6天后到达齐都临淄时，小白已经即位。鲁国不肯罢休，就将军队驻扎在临淄以东的乾时（今山东桓台县南）。两军相战，鲁军大败，鲁庄公弃车而逃，秦子、梁子两名武士打着庄公的旗号引开齐军，成为齐军的俘虏，而鲁庄公坐轻车逃归鲁国。

齐桓公在乾时败鲁后，又派鲍叔牙带领军队逼着鲁国杀死公子纠、交出管仲和召忽。召忽自杀而死，管仲被囚入齐。鲍叔牙回到齐国，立即推荐管仲为相，主持齐国大政。

周庄王十三年（公元前684年）春，齐国又派大军进攻鲁国。鲁国积极准备迎战。这时，有个叫曹刿的人请求进见。他的同乡人相劝说，有权势的人自会谋划这件事，你又何必掺和呢？曹刿认为有权势的人见识浅陋，不能深谋远虑。于是入宫进见。他问鲁庄公凭借什么来作战，庄公回答，暖衣饱食这些用来养生的东西，不敢独自享受，一定把它给别人。曹刿认为，小恩小惠不能遍施民众，所以民众是不会跟从的。庄公说，祭祀用的牛羊玉帛不敢虚报，祝史祷告一定诚实。曹刿认为，小的信用不足以取信于神，神灵不会保佑。庄公又说，大大小小的案件，虽然不能一一明察，但必定按照实情来审判处理。曹刿说，这才是忠于职守，为民众尽力，可以凭此去战。若战，请允许我跟从您去。

齐、鲁两军在鲁国的长勺相遇交战。鲁庄公与曹刿同乘一辆兵车。庄公要击鼓进击齐军，曹刿劝阻道："还不到时候。"等齐军三通鼓罢，曹刿才让庄公击鼓反击齐军。齐军经三次冲锋已疲惫不堪，遭到鲁军的猛烈反击，马上大败而逃。庄公又要下令追击，曹刿阻拦住，他下车察看齐军逃跑时的车轨确实很乱，又登车瞭望到在逃齐军的旗帜东倒西歪，确知齐军真败，就请庄公下令发起追击，一举把齐军赶出国境。

长勺之战是我国古代以弱胜强、以少胜多的著名战例。齐国在长勺大战之后，战略重点转入征服周围的小国和整顿内政上。

葵丘之会

周惠王二十一年（公元前 656 年），齐桓公率领 8 国军队逼近楚境，在召陵与楚国结盟修好，暂时挡住了楚国北上的势头。当时，周天子欲废太子郑，改立宠妃所生的公子带为太子，为了安定王室，齐桓公于周惠王二十二年（公元前 655 年）会宋、鲁、陈、卫、郑、许、曹诸君在首止（今河南睢县东）与太子郑相盟，以定太子之位。周天子派周公宰孔召郑文公，告诉他天子打算立公子带为太子，要他约同楚国，辅佐王室。郑文公借口国内有事，逃盟而去。其余 7 国歃血为盟，约定：凡我同盟，共辅太子，佐助王室，谁违盟约，即受天罚。周惠王二十三年（公元前 654 年），齐国以郑文公逃盟为理由，率鲁、宋、陈、卫、曹等国军队讨伐郑国，楚成王出兵围许以救郑，诸侯解郑围救许，楚亦释围回军。周惠王二十五年（公元前 652 年），周天子去世，太子郑继位，是为襄王。襄王担心其弟带争位，秘不发丧而求助于齐。这一年，齐国又出兵攻打郑国。周襄王元年（公元前 651 年），齐桓公率鲁、宋、卫、许、曹的国君及陈世子与周襄王的大夫在洮地（今山东鄄城西南）会盟，以巩固襄王的王位，襄王定位而后发丧，郑文公也去乞盟。

为了巩固已取得的成果，齐桓公于周襄王元年与宋、鲁、卫、郑、许、曹等国的国君及周襄王的使者宰孔在葵丘（今河南兰考县境）相会，齐桓公把公子昭托付给宋襄公，周襄王为了感谢桓公对他的支持，让宰孔把天子祭祀祖先的祭肉赏赐给桓公。按照当时的礼制，天下祭祖的礼物只分给同姓国家，齐是姜姓，没有分享祭品的权利，周襄王赏赐桓公祭肉，是表示对桓公的特别敬重。桓公听从管仲的意见，下堂行跪拜礼，宰孔又说襄王命令加赐爵位一等，不必下拜。桓公表示谦虚，跪拜受赐。

然后，齐桓公率诸侯盟誓，盟辞初命道："诛不孝，无易树子（不能随便废立太子），无以妾为妻。"再命道："尊贤育才，以彰有德。"三命道："敬老慈幼，无忘宾、旅。"四命道："士无世官，官事无摄（公家职务不要兼摄），取士必得（贤才），无专杀大夫。"五命道："无曲防（不要堵塞河流），无遏籴（不要自己囤积粮食而禁止邻国购买），无有封而不告（不要分封而不报告盟主）。"盟辞还声称：凡是参加我同盟的国家，结盟之后要言归于好，不许再互相攻伐。盟誓完毕，周襄王的使者及诸侯相继散去。此后一段时间，齐桓公的霸业主要放在平戎攘夷之上。

秦晋韩原之战

夷吾能够归国为君，主要靠的是秦穆公的支持。夷吾在将要即位时，其姐秦穆公夫人嘱咐他照料嫡长嫂贾君，并要他把逃亡在外的公子们都接纳回国。但夷吾归国后，既不接纳各位公子，又与贾君私通。他曾答应赏赐大夫里克汾水以北土地百万亩，赏赐丕郑负蔡地方土地 70 万亩，后来也都不给；他曾许愿奉送秦穆公黄河以西、以南的 5 座城，还有黄河以北的解梁城（今山西永济市境），后来也背弃了诺言。周襄王五年（公元前 647 年），晋国发生灾荒，请求秦国卖给粮食，秦穆公不计较惠公的失信，把大批粮食运到晋都绛城（今山西翼城县东）。第二年秦国发生饥荒，晋国收成不错，秦向晋求援，晋国却一颗粮食不卖给秦国。这样便激怒了秦穆公。周襄王七年（公元前 645 年），秦国起兵伐晋。

晋惠公亲自率兵迎战，结果屡战屡败，一直退到韩地。晋惠公问大夫庆郑："敌军深入，怎么办？"庆郑回答说："实在是君王使他们深入，能够怎么样呢？"晋惠公责备他放肆无礼；又占卜兵车右卫人选，庆郑得吉卦，但惠公不用庆郑，让步扬驾战车，家仆徒为车右，并以从郑国得来的小驷马驾车。庆郑相劝，惠公根本不听。

九月，晋惠公准备迎战秦军。派韩简去侦察情况。韩简回报说，秦军少于我们，但请战人员却倍于我军。惠公问是什么原因，韩简说：君王出亡期间是依靠秦国的资助，回国为君是由于秦国的宠信，晋国发生饥荒又吃的是秦国的粮食，3 次给予我们的恩惠而无所报答。现在又要迎击秦军，我方懈怠，秦军振奋，这样，斗志相差还不止一倍！惠公认为，一个普通人尚且不能轻侮，何况是国家？便派韩简去请战道：寡人不才，能集合部下但不能让他们离散，秦军如果不回去，晋军是没有地方逃避命令的。秦派公孙枝回话，表示答应请战，韩简退下去说："我如果能被秦军囚禁就是幸运的了。"

九月十四日，秦、晋两军在韩原交战，晋惠公的小驷马陷在烂泥之中盘旋不出，惠公向庆郑呼喊相救，庆郑说："不纳忠谏，违背占卜，本来就是自找失败，现在又为什么要逃走呢？"于是就离开了。梁由靡驾驭韩简的战车，虢射作为兵车右卫，遇上了秦穆公，将要俘虏他，庆郑招呼营救惠公，因而失掉了俘获穆公的机会，而此时秦军却俘虏了晋惠公，然后班师回军。晋国的大夫们披头散发，拔了帐篷要跟随被俘的惠公西行。秦穆公派人辞谢说："诸位何必如此忧伤，寡人跟随惠公西行，怎么敢做得太过分了！"晋国的大夫三拜叩头，说："您脚踩后土，头顶皇天，皇天后土都听到了您的话，我等谨在下风处听候吩咐。"

秦穆公夫人是晋惠公的姐姐，听说秦军俘虏惠公将要到来，便领着太子罃、公子弘和女儿简璧登上高台，踩着柴草，准备自焚。她派人免冠束发，穿着丧服去迎接秦穆公，并捎话说，上天降灾，使秦、晋两国国君不以正常的礼节相见，而是兴动甲兵，如果晋国国君早上进入国都，那么婢子就晚上自焚；晚上进入，那么就翌日清晨自焚，请君王裁夺！秦穆公只好把惠公安置在国都外的灵台。

秦国的大夫请求把晋侯带进国都。穆公认为：俘获晋侯，本是带着丰厚的收获回来的，但一回来就要发生丧事，那么这种收获也就没有益处了。再说晋国大夫以忧伤感动自己，用天地约束自己，如果不考虑晋国人的哀痛，就会加重他们的怨恨；不履行自己的诺言，就是违背天地。加重怨恨，难于承当；违背上天，不会吉利。因此，打算放惠公回国。公子挚认为，不要再积聚邪恶，应当杀掉他。子桑则认为，放惠公回国而把他的太子作为人质，这样会收到好的效果，杀了惠公而不能灭亡晋国，只会增加仇恨。于是秦穆公就允许与晋国媾和。

十月，晋国的阴饴甥与秦穆公在王城（今陕西大荔县东）相会，订立盟约。秦穆公询问晋国内部是否和睦，阴饴甥巧妙地回答说：不和睦。小人以惠公被俘为耻，又哀悼他们战死的亲属，不惜征收税赋，修治兵甲以立圉为国君，并表示一定要报仇，否则宁肯因此而事奉戎狄。君子则爱护他的国君，也知道他的罪过，征收税赋、修治甲兵以听候秦国的命令，表示一定要报答秦国的恩德，至死也无二心。因此，晋国内部不和睦。秦穆公又询问晋国人对惠公的结果怎么看，阴饴甥回答说："小人忧伤，说惠公不会被释放；君子宽恕，认为他一定会回来。小人说我们损害过秦国，秦国岂能让晋君回来？君子说我们已经知罪，秦国一定会让晋君回来。惠公当初对秦有二心，就拘囚他；服了罪，就释放他，没有比这再宽厚的德行，也没有比这更威严的刑罚了。服罪的人怀念德行，有二心的人畏惧刑罚，韩原这一仗，秦国可以称霸诸侯了。"秦穆公表示，这正是他的心意。便重新安排了惠公的住处，并馈赠给他七牢的礼品。

晋惠公将归国，晋大夫蛾析对庆郑说："你还不赶紧逃走？"庆郑认为，使国君陷入败境而自己不以身死难，又使国君不能惩罚自己，这就不合人臣之道了。为人臣不尽做臣的职责，即使逃亡，又投奔哪里呢？于是留下。十一月，晋惠公回国，二十九日这天，杀庆郑然后进入国都。

这一年，晋国又发生饥荒，秦穆公又馈赠给晋国谷物，并说："我怨恨晋君而怜悯晋国的百姓。晋国还是很有希望的，我姑且树立德行，来等待晋国有才能人的出现。"从此，秦国开始在晋国黄河东部征收赋税，同时设置官员。

韩原之战，使秦国在各诸侯国中的威信更高。不久，惠公去世，在秦做人质的太子圉扔下妻子，逃回即位，是为怀公。秦穆公很生气，把曾嫁给太子圉为妻的女儿怀嬴改嫁给晋公子重耳，并护送重耳回国杀怀公，即位为文公。从此晋国展开了图霸的大业。

秦晋崤之战

周襄王二十二年（公元前630年），秦、郑结盟，杞子、逢孙、杨孙等大夫被派往郑国戍守。两年后，杞子从郑国派人向秦穆公报告说：他已经掌管了郑国都城北门的钥匙，如果秘密发兵前来，里应外合，郑国肯定会到手。秦穆公召集大臣商量出兵之事，蹇叔不赞同，认为军队劳苦跋涉去袭击远方的国家，将卒辛劳，筋疲力尽，郑国又有防备。再说千里行军，谁人不知？劳苦而无所得，将士也不会满意。秦穆公不听蹇叔的劝告，召见孟明视、西乞术、白乙丙3员大将，令其率领大军从国都东门处出发。蹇叔哭着对孟明视说，我只能看见军队开出去，却看不到他们回来了！秦穆公派人对他说：你知道什么？如果你六七十岁死了，你坟上的树现在也该有两手合抱那么粗了？蹇叔的儿子参加了出征的队伍，蹇叔哭着送他说："晋国必定在殽山（今属河南灵宝县）一带阻击秦军。殽山有两座大的山陵，南面的山陵，是夏后皋的坟墓；北面的山陵，是周文王避过风雨的地方。你们必将死于两座山陵之间，我在那里为你们收尸吧！"

秦军向东进发。周襄王二十五年（公元前627年）春天，秦军经过周王都洛邑的北门，兵车的左右卫脱去头盔，下车步行，以表示对周王的敬意，但是随即就跳上车，战车有300多辆。周共王的玄孙王孙满年纪还小，看到秦军的这种举动，认为秦国的军队轻佻而无礼，必然打败仗。

秦军到达滑国（今河南巩义西北），遇上了准备到周王都做买卖的郑国商人弦高。弦高见秦军突然而来，郑国毫无准备，急中生计，先送给他们4张熟牛皮，然后又奉送12头牛犒劳秦军，并假称受国君的委托来犒赏秦军，对秦军将帅说：敝国并不富厚，为了您的随从能够在这里生活方便，住下就提供一天的食物，离开就准备一夜的守卫。同时，派人火速向郑国报告。

郑穆公得到消息后，派人去馆舍探视杞子等人的动静，发现他们已经装束完毕，磨利兵器、喂饱战马了，于是派皇武子下逐客令。杞子逃跑到齐国，逢孙、杨孙二人逃到宋国。秦军得到报告，主将孟明视认为郑国已有准备，没有得到郑国的希望了。攻郑不能取胜，围郑又无后续，建议早日回军。因此，秦军回师，顺路灭掉滑国。

就在这时，晋文公刚刚去世，晋国大臣认为秦国此举严重威胁晋国的霸业。晋国大夫先轸认为机不可失，放走秦军要生后患，一定要阻止秦军。栾枝则认为，先君复国，靠的是秦国的支持，未报恩就攻打人家，对不起死去的先君。先轸反驳说：秦国不因我们的丧事而悲伤，反而攻打我们的同姓国，这是秦国无礼。一旦放走敌人，几辈子要受祸患，为子孙后代着想，这可以对去世的国君说！于是就发布命令，紧急动员姜戎的军队，晋襄公染黑丧服，领兵出征，梁弘驾驭车，莱驹做保镖。

同年夏四月，晋军在崤山击败秦军，俘虏了孟明视，西乞术、白乙丙，胜利而回，然后身着黑色的丧服安葬了晋文公。晋文公的夫人（秦穆公的女儿、晋襄公的母亲）文嬴请求释放秦国的3位将帅，说是他们3人挑拨晋、秦两国国君的关系，如果父王（秦穆公）得到这3人，就是吃了他们的肉也不满足，何必屈尊晋君去惩罚他们！莫如让3人归秦接受刑戮，也使父王快意。于是，晋襄公就答应了她的请求。

先轸入朝进见晋襄公，问起秦国的囚犯。襄公说："母亲代他们求情，我把他们放了。"先轸大怒，认为将士们拼力把他们从战场擒获，一个妇人说几句谎话就把他们从国都释放，毁伤自己的战果、助长敌人的气焰，亡国没几天了！说着说着对着晋君就往地下吐唾沫。晋襄公十分后悔，立即派阳处父去追赶孟明视等人，追到黄河岸边，孟明视等已经上船离岸了。阳处父解下车左的骖马，说是晋襄公要赠送他们，请他们上岸。孟明视等在船上叩头辞谢道：蒙晋君的恩惠，不用我等的血涂军鼓，使我们回归秦国接受刑戮。秦君如杀了我等，死而不朽；如托晋君的恩惠得到赦免，3年之后，必将拜谢晋君的恩赐。这实际上是说3年之后必来报仇。

秦穆公衣着素服，在郊外对着释放归国的将士号哭，说："我不听蹇叔的忠告，致使你们几位蒙遭耻辱，这是我的罪过！"继续任用孟明视等人。

崤之战以及其后的秦晋彭衙之战，使秦国向东扩张的战略连连受挫，无法东进。于是，秦穆公就把战略重点转向西，展开了称霸西戎的大业。

齐晋韩原之战

周定王十五年（公元前592年）春，晋侯派遣郤克作为使臣到齐国，召请齐侯参加在晋国断道（今山西沁县东北）举行的盟会。齐侯的母亲萧夫人听说郤克是个跛子，想看看，齐顷公设帷幕遮住，让她躲在帐幕内偷看。郤克一跛一跛登上台阶，萧夫人禁不住笑出声来。郤克非常气愤，出来发誓说，不报复这种耻辱，就不再渡过黄河。这次一同出使到齐国的鲁国使者季孙行父是秃子，卫国使者孙良夫是斜眼，曹国使者公子首是驼背，齐国为了奚落这些使臣，就让在生理上有同种缺陷的人来接待。齐顷公如此轻侮各国使臣，引起了诸国使者的强烈愤怒。郤克回到晋国，就请求晋景公允许他带兵伐齐，景公不同意；他又要求用郤氏家族的兵力去攻齐，景公也不答应。

周定王十八年（公元前 589 年）春天，齐国出兵攻打鲁国的北部边境，包围了龙邑（今山东泰安县东南）。齐顷公的宠臣庐蒲就魁在攻打城内时被俘，顷公对龙邑守将说，不要杀死他，我同你们订立盟约，军队不再进入鲁国的境内。龙邑守将不理睬，杀庐蒲就魁，并陈尸于城墙上。齐顷公很生气，亲自击鼓攻城，经过 3 天的战斗，攻克龙邑，随即向南进军，到达巢丘（今山东泰安县境）。在齐国攻打鲁国的同时，卫穆公派孙良夫、石稷、向禽将、宁相率兵攻打齐国。两军相遇，石稷打算回军，孙良夫认为率领部队作战，遇上敌军就撤回，无法向国君交代。如果了解到不能作战，当初就不应出兵。现在既然和敌军相遇，不如一战。这样，卫、齐两军在新筑展开战斗，结果卫军大败，统帅孙良夫多亏新筑的邑大夫仲叔于奚援救，才免于当俘虏。孙良夫感到丧师辱国十分惭恨，急于报仇雪恨，没回卫国就到晋国请求救兵。

这时，鲁国也派臧宣叔到晋国乞师，两人都找到晋国执政者郤克门下。郤克早想出兵攻齐，于是告知晋景公。景公见齐国接连攻打自己的盟国，再不能坐视，答应出战车 700 辆，派郤克任中军元帅。郤克说，这是城濮之战的战车数，当时有先君文公的明察和先大夫们的敏捷，所以获胜。我比起先大夫们，连他们的仆役都不配，请出 800 辆战车。景公答应了他的请求，又派士燮辅佐上军，栾书指挥下军，韩厥做司马，使臧宣叔做向导，同时让鲁大夫季文子也率领人马与晋军会合攻齐。

部队行进到卫国境内，韩厥要杀人，郤克驱车赶去，本想劝阻韩厥，但人已被杀，郤克马上让人把尸体抬到军中示众，意在分担人们对韩厥的指责。晋军在卫国的莘地（今山东莘县北）追上齐军，六月十六日，军队到达麾笄山下（今山东济南城南）。齐顷公派使者到晋军请战，说：贵军光临，敝国将以为数不多的疲惫士卒，明天早上和贵军相见。郤克回答说：晋和鲁、卫是兄弟国家，他们来告诉说，齐国不分昼夜到他们的国土上发泄气愤。晋君不忍心，派下臣们前来向贵国请求，不要和鲁、卫两国作对，并且不让我军久留在贵国境内。对于您的命令，我们是会照办的。齐顷公说：晋军的许诺，正是我们的愿望，即使不答应，也要和他们见个上下！齐国大夫高固冲入晋军中，举起石块，掷向晋军，并擒住被打者，返回自己的军营，他把战车拴在桑树根上，向齐军将士们炫耀道：想做勇士的人快来买我多余的勇气！

周定王十八年（公元前 589 年）六月十七日，两军在鞌地（今山东济南市西）摆开阵势。邴夏为齐顷公驾车，逢丑父做车右护卫；晋国解张为郤克驾车，郑丘缓作车右。临战，齐顷公轻浮地对将领们说，我先消灭了这些晋军再吃早饭！马不披甲就驰向晋军。

战争刚开始，晋军主帅郤克就被箭射伤，鲜血一直流到鞋上，仍然击鼓不止。他对驾车的解张说自己受伤了。解张说，从一开始交战，箭就射穿我的手和肘，我把箭折断继续驾车，战车的左轮都被血染红了，哪敢说受伤，您忍着点吧！车右郑丘缓也说：交战开始，有危险的路，我都下去推车，您难道了解吗？解张又激励郤克道：全军所听所看，在于我们的旗帜和鼓声，是进是退都以它为标志。这辆车只要有一人镇守，就可以成就大事，怎么能因为受伤而坏国君的大事呢？身披铠甲，手持武器，本来就是去死的，伤还没重到死亡的程度，您要尽力坚持！说着，解张把缰绳并在左手，右手操起鼓槌击鼓，帅车向前奔驰不止，晋军都紧随它冲了上去。齐军大败而逃，被晋军追赶，围着华不注山绕了3圈。

韩厥站在中间驾车追赶齐顷公。顷公的御者邴夏说，射那个驾车人，他是君子。顷公说，认为他是君子反而去射，这不合于礼义！于是，连续射死韩厥左右的两人。晋大夫綦毋张失掉自己的战车，搭乘韩厥的车。韩厥用肘推他，让他站在自己的身后，又俯身放稳车右的尸体，这时，逢丑父与齐侯在车上乘机交换了位置。危急中，齐侯所乘车的骖马被树木绊住而不能行走，逢丑父因日前小臂被蛇咬伤不能推车，所以被韩厥追及。韩厥拿着马缰走到齐侯的车前，想俘虏齐侯，逢丑父伪装齐君，指使齐侯下车去找水，齐侯乘机坐上副车逃走。韩厥向主帅献上战俘逢丑父，郤克打算杀掉他，逢丑父喊叫着说，截至现在还没有代替他的君主承受祸患的人，如今有一个在这里，还要被杀死吗？郤克认为，一个人不惜以死来使他的君主免于祸患，杀死他，不吉利，不如饶了他，以此来勉励那些事奉国君的人。于是就赦免了逢丑父。

齐顷公免于被俘，又重整旗鼓，3次冲入晋军，3次杀出重围，寻找逢丑父。然后率残部从徐关（今山东临淄县西）回到齐都。晋军尾追齐军，从丘舆（今山东益都县西南）进入齐国，攻打马陉邑。齐侯被迫向晋国求和，派大夫宾媚人奉送上灭纪国时得到的甗、玉磬和土地。晋国不接受，提出要把当年嘲笑郤克的齐侯母亲萧夫人作人质和将齐国田垄一律改为东西向作为条件，宾媚人对晋人的苛刻条件一一反驳，据理力争，最后表示，如果晋国硬是坚持这些无理要求，齐国只有请求决一死战！曹、卫两国也极力劝说，晋国方面才同意与齐国讲和。七月，晋军将帅和齐国使者宾媚人在爰娄（今山东临淄西）缔结盟约，齐国归还鲁国汶阳（今山东宁阳县北）一带的土地和侵占的卫国领土，晋国得到齐国的大量财物。

鞌之战，晋国大获全胜，齐侯几乎成为晋国的阶下囚，齐国在诸侯中的地位大为削弱，而晋国的霸主地位得到巩固和增强。

勾践灭吴

公元前 496 年，吴越两国在檇李（今浙江嘉兴西南）发生了一场大战。

吴国的军队由吴王阖闾亲自统帅，他们久经沙场，屡挫强敌，军容壮盛。相形之下，越国的军队虽也挺精神，却总不免势单力薄点。阖闾看着两军阵势，暗自得意，心想，以吴兵之强，加之越国国君刚死，勾践新立，人心未安，此战必可一鼓成功，败越在此一举。

正当他要下令进攻时，越军阵前忽然走出一排士兵，手执利刃，边走边齐声高呼道："越国不幸，得罪于吴，致使两国兵戎相见。我们愿以死向吴王谢罪！"说罢，一齐举刀自刎。一排刚倒，越军中又接连走出第二、第三排士兵，以同样的方式，齐齐呼喊自刎而死。一时之间，刀光闪处，鲜血四溅，呼声动地！

吴军虽然能征惯战，却从未见过这等残忍奇特的场面，一时都看得呆了。正在惊疑之际，冷不防越军战鼓齐擂，杀声大作，向吴军猛地掩杀过来。吴军不备，被越兵冲动阵脚，纷纷败退。慌乱中，吴王阖闾也被越国的大夫灵姑浮击伤。

阖闾兵败后，羞愤交集，很快便因伤势过重而亡。临死时，还恨恨不已地对儿子夫差说："千万别忘了向越国报仇！"

夫差即吴王位后，日夜操演兵马，筹划攻越之事。为了自勉，还命一人每日上朝和下朝时在宫门边提醒他："夫差！你忘了越国杀父之仇吗？"他随即应道："不，不敢忘！"

过了两年，越王勾践听说吴国在伍子胥等人的治理下日益强大，心下十分着急。他知道夫差早晚必兴兵来报仇，便想先发制人，不顾大夫范蠡的劝阻，率兵去攻打吴国。吴王夫差闻讯，立即出动大军迎击。夫椒（今太湖一带）一战，勾践大败，仅带着 5000 残兵退守会稽山（今浙江绍兴东南）。吴军乘胜追击，直逼会稽，将其围困起来。

这时勾践才后悔不听范蠡的话而轻动干戈，羞愧地对范蠡说："我因不听你的忠告，才落到今天的地步，现在该怎么办！"

范蠡进言道："战至如此地步，唯一的办法就是送上丰厚的礼物、谦恭的哀求，讨得吴王的哀怜和同情。若其不允，君王只好自辱其身，去做吴王的奴仆，寻求时机，以图再举。"勾践令文种以范蠡之言前往，言卑情切地向吴王请求，且答应交出越国，越王和王妃供吴王驱使。吴王见此情景，本想允诺，而在侧的伍子胥，列举史例，劝阻吴王，且说若不趁此良机灭越，后患无穷。吴王以为其言有理，拒绝文种。

　　勾践得知被夫差拒绝，万念俱灰。文种又进一策：以财色贿赂嫉贤妒能而又贪财好色的吴王宠臣伯嚭，投其所好，定能请和成功。勾践即令文种来办。文种火速带上 8 名美女、20 双白璧，入吴军军营进献给伯嚭，果然顿时生效。次日伯嚭就领着文种叩见吴王。吴王仍持前议，决心彻底灭越，以慰父王在天之灵。伯嚭摇动如簧之舌，说什么允越求和，既可得越财富增强吴国实力，又可博得仁义美名，号召诸侯，名实俱获。否则，越国余兵，困兽犹斗，吴国虽不至于失败，但消耗人力物力，并非上策；倘有疏漏，还会贻笑于诸侯。吴王夫差为之心动，转而问文种，越王是否愿入吴侍奉。文种立即叩头，答称越王甘心情愿侍奉大王。夫差便应允越国讲和投降，伍子胥予以谏阻，吴王不听。文种回报越王，勾践立即挑选珍宝，又选 330 名美女，装载上车，分送吴王和伯嚭，遂签订盟约。吴王十分满足，凯旋而归。

　　公元前 492 年，勾践怀着极其伤感和屈辱的心情，带着妻子在范蠡的陪同下入吴为奴仆。离开越都时，朝臣少不了一番劝慰，忍辱负重，以图来日东山再起。勾践心怀远图，认为暂时的坎坷，命中注定。入见吴王，跪拜俯首，感恩戴德之情，溢于言表，说得夫差也觉得于心不忍。伍子胥得知勾践入事吴宫，其意不言自明，急速进谏吴王趁机诛杀勾践，以绝后患。吴王以"诛降杀服，祸及三世"为辞，回绝了伍子胥。伯嚭在旁劝吴王勿食前言，夫差便饶恕勾践不死，在宫中为奴养马。

　　成大事者，必经磨难。勾践自辱其身，目的在于复国。因此，他与妻子、范蠡在吴宫中小心翼翼，不愠不怒。夫差派人去观察勾践的行动，只见他们穿的是破衣烂衫，吃的是粗糠野菜，勾践看马喂草，范蠡砍柴打草，勾践夫人做饭洗衣，个个安分守己，一副心甘情愿的模样。吴王得知此情，也认为他们意志消磨殆尽，再无尊严可言。从而放松了对败国之君应有的警惕。

　　不觉一晃 3 年过去了，夫差反倒觉得勾践君臣十分可怜，生出恻隐怜悯之心，加上伯嚭的讲情，打算放他们回国。伍子胥赶来劝阻说："夏桀、殷纣囚成汤、文王而不杀，留有后患，结果夏被汤灭，纣被周亡。现在大王不仅不杀勾践，反令其回国，岂不是放虎归山，将重蹈夏桀和殷纣的覆辙吗！若不早除勾践，必悔恨终生！"夫差采纳其言，将勾践夫妇及范蠡重新囚禁石室。

　　文种在越国得到伯嚭传来的信息，越王等不久将获赦免回国，接着又得知事有逆转，急忙派人携带珠宝美女贿赂伯嚭。伯嚭入见吴王，引经据典，对吴王说以仁德为重，方能成功霸业。夫差也觉得其言不无道理，答应病愈之后，再议赦还勾践之事。

　　范蠡通医，知吴王疾病将很快好转，便建议勾践前往探病，要表现出对吴王的无限忠诚和谦恭，以便博得吴王的好感和信任。次日，勾践即通过伯嚭叩见吴王，显得十分忧虑，跪拜询问病情，恰在此时，吴王要大便，勾践便请饮溲尝便，判断病情。待尝过之后，高兴地对吴王说："大王的病很快就会痊愈。"吴王为之感动，当即答应勾践搬出石室，养马驾车，待病痊愈，赦其回国。

事也凑巧，不几日，吴王的病真的好了，临朝理事。一日，大摆宴席，待勾践以宾客之礼。伍子胥见此礼遇，挥袖而去。接受越国金贿的伯嚭为防止伍子胥再生枝节，使勾践顺利回国，便趁机在吴王面前大肆攻击伍子胥。第二天，伍子胥果然面见吴王，苦言相劝，一针见血地指出："越王入臣于吴，其谋深不可测；虚府库而不露愠色，是欺瞒我王；饮溲尝便，是食王之心肝。入吴为奴，是为灭吴！若不省悟，将大祸临头！"可是，吴王不悟，斥令伍子胥住口退下。就这样，因吴王一叶障目，不纳忠言，专信谀词，才使勾践及妻子、范蠡提心吊胆地回到越国京都，勾践感慨万端，复仇之志，坚定不移。

勾践回国后，千方百计地侍奉吴王夫差，发动男女采葛，织成10万细布进献给吴王，以满足他的嗜好，讨得他的欢心和信任。吴王高兴了，返还越国的800里国土。而勾践暗暗地实施其复仇的计划，且以身作则。"日卧则攻之以蓼，足寒则渍之以水，冬常抱冰，夏还握火，愁心苦志，悬胆于户，出入尝之，不绝于口。"平日，勾践耕种，夫人织布，节衣缩食，出不敢荐，入不敢传，苦身劳心，取得百姓拥戴。同时对诸侯国的士民以礼相待。不久以后，越国人口增加，生产发展，民气日涨，实力日强。

经过7年休养生息，勾践自以为国家已强，上下听命，便想出兵攻吴。一个叫逢同的大夫劝道："国家刚刚医治了战争创伤，力量还不够，如轻举妄动，必然引起吴国的警觉，反而不利。不如暂且忍耐，与齐、楚、晋等与吴国有矛盾的大国搞好关系，等待时机。"勾践想起上次失败的惨痛教训，便冷静下来。

不久，吴王夫差自恃兵强马壮，要去攻打齐国。伍子胥劝道："我听说勾践卧薪尝胆，与百姓同苦乐，把国家治理得日渐兴盛，看样子一定是想报吴国的仇。此人不除，后患无穷，愿大王先去灭了越国。"

夫差不听，仍然出兵攻齐。结果得胜归来，臣下都向他道贺，唯独伍子胥不以为然，说："这并不值得庆贺，打败齐国，不过是得小利而招大怨。不灭越国，那才是心腹之患。"夫差正在兴头上，哪里听得进这话，反认为伍子胥仗着是先朝老臣，有功于国，处处和他为难，心下十分恼怒，渐渐地与伍子胥矛盾越来越大。

当吴国伐齐凯旋的消息传到越国，文种向勾践进谋说："古人云高飞之鸟死于美食，深渊之鱼死于芳饵。大王若想伐吴复仇，仍要投其所好，参其所愿。"勾践精神为之一振，请文种详细说来。文种侃侃而谈，提出九术之策：尊天地事鬼神以求其祸；重财帛以遗其君，多货贿以喜其臣；贵籴粟麦以虚其国，利所欲以疲其民；遗美女以惑其心而乱其谋；遗之巧工良材，使其起宫室以尽其财；遗之谀臣，使之易伐；强其谏臣，使之自杀；君王国富而修利器；利甲兵以承其弊。文种最后说："大王用此九术，破吴灭敌，报怨复仇，易如反掌。"勾践连连点头称妙，认真研究九术且逐步付诸实施。

说来也巧，吴王正在修建姑苏台，勾践立即命令搜集巧匠良材，送给吴王。吴王看到勾践送来的又长又大的木料，喜出望外，便根据良材的尺寸，重新设计宫殿规模，增派百姓服役，费时8年才完工，因而浪费了人力、物力、财力，可谓劳民伤财。

接着又令文种和范蠡挑选越国最漂亮的女子西施和郑旦，送给吴王，投其淫而好色之癖。吴王见西施美如天仙，能歌善舞，多才多艺，顿时入迷。又为其建馆娃宫，铜构玉栏，珠玉装饰，富丽无比。馆娃宫外，又有鸭城、鸡城、鹅城、酒城之筑，耗资不计其数。此后，遂与西施在宫中淫乐，将朝政交给伯嚭。伍子胥多次劝谏，均遭斥责。

吴王西施挥金如土，致使百姓疲惫，国力日衰，勾践趁机派文种请籴吴国，伍子胥知文种用心，谏阻吴王说："虎狼不得委以食，蝮蛇不可恣其意。"伯嚭却以德、义反驳伍子胥。吴王夫差正以勾践臣服得意，批准借给越国粟麦万石。次年，越国将粟麦蒸煮后还给吴国，夫差见颗粒硕大饱满，十分高兴，不仅由此认为勾践讲信用，还要臣下将归还的粟麦留作来年的种子。结果，种子入土，没有发芽出苗，一年耕耘，颗粒无收，百姓饥困。夫差不知危难，仍骄横无羁，依恃勇武，准备兴兵伐齐，伍子胥再谏，惹恼吴王，令其往齐劝降。伍子胥知吴亡只在时日，便与儿子一起赴齐，托友人照顾，然后返回吴国。伯嚭趁机进谗言，把伍子胥赴齐托子之事大肆渲染一通，吴王听信不疑，令伍子胥自杀。伍子胥含泪从命，临死前对家人说："我死后，请把我的眼睛剜下来挂在东门城墙上，我要看看越国灭吴的大军。"吴王夫差得知此言，怒不可遏，即令侍卫用马革将伍子胥尸首包裹，抛入江中，净净良臣，了却一生，吴王再也听不到逆耳忠言。伯嚭遂晋升为相国，朝政更加腐败。

公元前482年，勾践从西施传来的情报得知，吴王率精兵强将往黄池会诸侯，谋取盟主。只留太子及老将弱兵在国内把守。于是，勾践派兵遣将，讨伐吴国，吴军大败。吴王得知，惊得哑口无言，面如土色。赶紧与诸侯签订盟约，急忙赶回。见兵疲民困，只好向越国求和。勾践审时度势，慨然应允。由于吴王不从这一事件中吸取教训，在内仍重用伯嚭，宠爱西施，诛杀太子；在外又与齐、晋、楚以武力相对峙，兵力日渐消损。4年之后，勾践再次派兵攻打吴国，笠泽一战，吴军大败而逃，夫差奔至阳山，越军四面围困，伯嚭已经投降。夫差不得已，只好再次向勾践求和。范蠡与文种对勾践说："大王卧薪尝胆，奋发图强，熬了22年，今日定要除掉夫差，以避后患！"勾践还记会稽之败时夫差不杀的恩德，派人告知夫差，给他甬东之地、300仆役，以终其养。夫差羞愧难言，自杀而死。

数年后，勾践消灭了吴国，杀死伯嚭、扶同；范蠡多谋远虑，携西施远走高飞。只有文种，不听范蠡规劝，以为有功，终被勾践赐死。

地处东南的小小越国，经过勾践"卧薪尝胆"，苦心经营几十年，终于强大起来，成了横行江淮一带的霸主。

战国时期的变法运动

经过春秋时期的连年兼并，到战国时期，100多个诸侯国只剩下20多个，而其中又以齐、楚、燕、韩、赵、魏、秦7国最为强大。它们为了能够在兼并战争中占有有利地位；同时由于封建领主经济向地主经济的转化，上层建筑也势必调整，因而各国都在国内展开了以政治改革为主的变法运动，以达到富国强兵的目的。

这些变法运动，著名的有魏国的李悝变法、楚国的吴起变法，秦国的商鞅变法、赵国赵武灵王的"军事改国"、韩国的申不害改革、齐国的威王和邹忌的改革、燕国的乐毅改革，其中最有影响的是秦国的商鞅变法。

秦在战国初年，社会经济也在发生剧烈的变化。公元前408年"初租禾"，即从力役地租转化为实物地租；公元前378年"初行为市"，表明商业交换也正在活跃起来。秦的这种发展，比起关东各国仍要落后一步，主要原因是封建领主势力十分强大。秦孝公时，秦国是"君臣废法而服私，是以国乱、兵弱而主卑"，受到楚、魏两国的侵迫。秦在外交上地位颇低，不能参与中原各国之盟会，各国都以"夷狄遇之"。

公元前361年，秦献公的儿子秦孝公即位，他是一个很有作为的国君，为改变"诸侯卑秦"的落后局面，使秦国富强起来，决心下令求贤变法。商鞅（公元前390年—前338年）应召自魏入秦。他是卫国的贵族后裔，姓公孙，叫卫鞅或公孙鞅，入秦后，因变法有功封于商，号商君，史称商鞅。他好刑名之学，是当时著名的法家代表人物之一。商鞅在秦孝公三年（公元前359年）和秦孝公十二年（公元前350年），先后两次变法，主要内容如下：

第一，废井田，开阡陌。废除奴隶社会的土地国有制，承认土地私有制和允许土地买卖，土地税由国家统一征收。从此，地主占有土地，剥削农民，得到了封建法律的保障。与此同时，也使相当多的奴隶制下的国有土地转变为封建国家所有，促使了封建土地所有制的进一步发展。

第二，废除世卿世禄制，建立军功爵制。规定宗室贵戚中凡是没有立军功的人，不得列入宗室的属籍。又根据军功大小制定了尊卑爵秩的等级，秦国的爵位为 20 级。规定"能得甲首一者，赏爵一级，益田一顷，益宅九亩"，军功越大，授爵位越高，赐田宅也越多。大夫以上是高爵，每一级还赐给一个"庶子"，平时每月要为地主提供无偿劳役 6 天，忙时不计。军功爵的建立，打击了旧贵族，形成了封建等级制，培植了一批新的军功地主。

第三，重农抑商，奖励耕织。规定"僇力本业、耕织致粟帛多者，复其身；事末利而怠而贫者，举以为收孥"。又规定"民有二男以上不分异者，倍其赋"，以促进封建小农经济的发展。

第四，推广县制和什伍连坐。秦孝公以前秦国已设立县，商鞅普遍推广县制，把秦国划分为 31 个县（一作 41 县），每县设县令和县丞，县令是全县最高地方长官，掌管一县的政务，县丞是他的助手。他们均由国君任免，必须对国君负责。这与奴隶社会世卿世禄制不同，是封建社会的行政机构。同时又将全国人民都编入户籍，规定 5 家为一伍，10 家为一什，互相连坐告奸。告奸者，与斩敌同赏；不告发者腰斩；藏匿"奸人"的以降敌论处，什伍同罪，这就是什伍连坐法。这些措施都加强了中央集权，巩固了地主阶级专政。

第五，统一度量衡。制造统一的标准量衡器，发至全国各地，标准尺约合今 0.23 公尺，标准升约合今 0.2 公斤。

第六，"明法令"。商鞅制定了秦国法律，申明"刑无等级"，并公布于众。

第七，迁都咸阳，以适应向东发展的需要。

此外，还严禁私家请托和私通外国，焚烧诗书，禁止游说，禁止私斗，以及改革戎狄旧俗，禁止父子兄弟同室居住等。

商鞅变法

春秋战国之际，秦国与中原各国一样，内部产生了一些新的封建因素，不过，秦国的旧势力很强大，贵族侵凌公室，干涉君位，使秦国政权分散，国势日衰。中原各国都看不起秦国，魏国任用吴起为将，曾一举连拔秦国 5 城，夺去了秦国河西的大片土地。周定王十八年（公元前 384 年），秦献公即位，力图改变秦国内忧外患的局面，于是采取了迁都、清理户籍、整顿卒伍、废除人殉和开辟市场交易等项措施，使秦国的国势有所好转。

周显王八年（公元前 361 年），秦孝公即位，下决心改革图强，恢复春秋时代秦穆公的霸业。他采取的一项重要措施，就是广泛地招揽人才，下令求贤。于是，原为卫国贵族子弟的卫鞅，便从魏国来到秦国。

卫鞅入秦，住在孝公的亲信景监家里，并通过他先后 3 次与秦孝公相见。头两次，卫鞅游说孝公学尧舜禹汤的仁义，行帝王之道。秦孝公听不进去，直打瞌睡，还生气地对景监说，你的客人简直太迂腐了，我怎么能用他呢？

卫鞅请求第三次见孝公，以富国图霸之术说孝公，孝公听得津津有味，一连和卫鞅谈了好几天，并决定重用卫鞅，变法图强。

但是变法并不是一件简单的事，从一开始就遭到保守势力的坚决反对。甘龙认为：圣贤之人不用改变民众的习俗来推行教化，明智的人不改变原来的制度来治理国家，依据原有的制度来治理国家，官吏民众都熟悉，不会引起混乱，如果不按老规矩办事，随意变动旧法，天下的人就要议论。杜挚也反对变法，认为：没有百倍的好处，不必改变旧有的法制；没有 10 倍的功效，就不必更换原有的规矩。遵守古法不会错，按照传统规矩办事不会差。卫鞅针锋相对，批驳道：三代礼不同而各成王业，五霸法不同也都各成霸业；贤明的人根据形势变更礼俗，不贤之人只能按照旧的规矩行事；恪守老一套的人，不配与他们商讨大事。再说，前代的政教各有不同，该效法哪一代？过去的帝王并不是走同一条路，该仿效哪个帝王？成汤与周武王，他们并没遵循古代的制度，也兴旺发达起来；夏桀和殷纣王，也没有改变旧的制度，却照样灭亡了。卫鞅的观点得到了秦孝公的赞同，使孝公坚定了变法的决心。于是，他任用卫鞅为左庶长，掌握军政大权，开始进行一系列的重大改革。

卫鞅变法分为两次。第一次是在周显王十三年（公元前 356 年）施行的。主要内容是：编定户籍，实行"连坐"法。全国按照 5 家为"伍"、10 家为"什"编定户籍，互相监督。一家犯法，别家若不告发，则 10 家连坐，处以腰斩；告发的人赐爵一级，藏匿坏人者，按投敌者论处。旅店不能收留没有官府凭证的人住宿，否则店主连坐。废除世卿世禄制，实行军功爵。国君亲属没有军功的不能列入宗室的属籍，按照军功大小分为 20 级，然后按等级不同确定爵位、田宅，奴婢以及车骑、衣服等等的占有，不许僭越；有功就显贵，无功虽有爵也不能尊贵。奖励军功，禁止私斗。规定凡为国家立有军功的，按功劳大小授予爵位和田宅；在战争中杀敌 1 人，赐爵一级或授予 50 石俸禄的官；杀敌军官 1 人，赏爵一级，田 1 顷，宅地 9 亩。私斗按情节轻重，受不同的刑罚。奖励耕织：凡努力从事农业生产，使粮食和布帛超过一般产量的，免除本人的劳役和赋税；凡不安心务农而弃农从事工商业或游手好闲而贫穷的，全家罚做官奴。同时招徕韩、赵、魏无地的农民到秦垦荒，为他们提供方便。鼓励个体小农经济。新法规定：凡是一家有两个以上的成年男子就必须分家，各立户头，否则要加倍交纳赋税。

为了表示推行新法的决心，他还采取立木赏金的办法取信于民。新法公布之后，很多人议论纷纷，旧贵族极为不满，而太子则明知故犯。卫鞅认为：推行新法之所以困难，主要原因在于那些自恃势力位高、以为别人不敢动的大贵族不遵守。于是，卫鞅决定依法处理太子。由于太子是国君的继承人，不能施刑，因而"刑其傅公子虔，黥其师公孙贾"。这样一来，就没有谁再敢不遵守新法了。

新法推行 10 年，成效显著。人民丰衣足食，"勇于公战，怯于私斗"，出现了"道不拾遗，山无盗贼"的大治局面。于是秦孝公提拔卫鞅为"大良造"，总揽军政大权。周显王十九年（公元前 350 年），秦迁都咸阳，卫鞅推行第二次变法。主要内容为：推行县制。全国统一规划，合并乡村城镇为县，设立 31 县，县设令、丞，由国君直接任免。废井田，开阡陌。把从前施行的"井田制"那种纵横疆界消除掉，鼓励开辟荒地，承认土地私有，允许买卖土地，按照土地多寡征收赋税。统一度量衡，即"平斗桶、权衡、丈尺"，方便交换与税收。焚诗书，禁游说。制定秦律。

新法的推行使秦国从一个贫穷落后的国家一跃而为战国七雄中最为强盛的国家。秦孝公因卫鞅功著于秦，封给他商地 15 邑，号为商君，所以后人称之为商鞅。但是，商鞅变法遭到旧贵族的疯狂反对。周显王三十一年（公元前 338 年），支持变法的秦孝公死后，旧贵族乘机报复，诬告他谋反。商鞅外逃，途中被抓，旧贵族对他施以车裂的极刑。

商鞅虽然被杀，但他推行的新法并没有全部废止。新法的推行为秦国能够最后消灭六国，统一整个中国，打下了良好的基础。商鞅变法的历史作用是巨大的，从此法家思想在秦国成为占统治地位的思想。当然，法家的严刑峻法以及"焚诗书，禁游说"的高压政策，也在中国历史上留下了深远的影响。

战国七雄

齐

西周、春秋时姜姓诸侯国，战国时为田（陈）氏所取代，为七雄之一。

姜齐是周初重臣太公吕望（亦称师尚父）之后所立。吕望为周文王所举用，并从武王伐商，有功。周公平定三临之叛，伐灭商奄、蒲姑（今山东博兴东南），吕望被封于营丘（今山东淄博东北），占有蒲姑旧地，齐立国始于此。

齐的疆域最初在今山东偏北。齐桓公称霸后，领土有所扩大，北至黄可与燕接界；西至济水与卫接界；南至泰山与鲁接界；东至今山东寿光一带，与杞、莱接界。齐灵公灭莱后，领土更扩大到今山东半岛。

西周后期，周夷王听纪侯之谮烹齐哀公，立其弟静为胡公，胡公曾迁都蒲姑。哀公弟山率营丘人杀胡公自立，为献公，献公又将都城迁回营丘，称为临淄。从此，齐的国都一直在临淄。

春秋早期，齐与主要竞争对手鲁国之间经常发生战争。公元前 689 年，齐襄公纪国，扫除东面障碍。公元前 686 年，公孙无知杀襄公自立，公子纠奔鲁，公子小白奔莒。次年，无知被杀。鲁伐齐，欲纳公子纠，而齐高氏、国氏已召小白先入，击败鲁师，立为齐桓公。桓公在位期间，任用管仲为辅佐，实行一系列改革，齐国日益强大。公元前684年，齐灭掉西面小国谭，向鲁推进。公元前681年，又与宋、陈、蔡、邾会于北杏，南下灭掉逼近鲁的小国遂，迫使鲁与齐言和，盟于柯。次年，齐假王命合陈、曹伐宋，迫使宋国屈服，并与宋、卫、郑会于鄄，又次年，齐与宋、陈、卫、郑复会于鄄，开始称霸诸侯。

春秋中期，齐桓公以"尊王攘夷"为号召，联合中原诸夏，讨伐戎、狄、徐、楚，安定周室。公元前664年，齐北伐山戎，救燕；又逐狄，存邢救卫；公元前656年，齐合诸侯之师侵蔡伐楚，与楚盟于召陵。此后，齐多次大会诸侯。公元前651年，齐会鲁、宋、卫、郑、许、曹于葵丘，周天子赐齐侯胙，齐霸业达到顶峰。公元前643年，齐桓公卒，齐从此失去霸主地位，但仍想和晋抗衡。公元前589年，齐、晋大战于鞌（今山东济南西北），齐师大败。到灵公、景公时，虽无法胜晋，却依然是仅次于晋的中原强国。

春秋晚期，齐国公室衰落，卿大夫相互兼并。公元前548年，崔杼杀齐庄公，立景公，与庆封共同执政。公元前546年，庆封灭崔氏之族，崔杼自杀。庆封专齐政。次年，庆舍与栾、高（齐惠公之后）、陈（田）、鲍四族攻庆封，庆封奔吴。齐景公时，陈桓子施惠于民，民归陈氏，陈氏因而强大。公元前532年，陈桓子联合鲍氏攻栾氏、高氏（齐惠公之后），栾施、高彊奔鲁。公元前489年，景公卒，国氏、高氏（齐文公之后）立晏孺子，次年，陈僖子联合鲍氏攻国氏、高氏，国夏、高张奔鲁，遂杀晏孺子，立公子阳生为齐悼公。悼公在位4年，被杀，齐人立悼公子壬为简公，阚止为政。公元前481年，陈成子杀阚止，追执简公子舒州，杀简公，立简公子敬为平公，专齐政。

公元前386年，陈成子玄孙太公和被立为诸侯，迁齐康公于海上。公元前379年，康公卒，姜齐绝祀。

田齐是妫姓国家，出于陈厉公之子陈完。陈与田古音相近，故古书往往作田。公元前672年，陈完入齐，事齐桓公。陈完传五世至陈桓子，陈氏开始强大。以后陈氏逐渐兼并齐国的栾、高（齐惠公之后）和国、高（齐文公之后）以及鲍、阚等族，专齐政。田齐的国都仍在临淄，疆域亦袭姜齐之旧。

田齐立国时，已经进入战国中期。太公和是第一代齐侯。太公和之孙桓公午在国都临淄的稷下置学官，"设大夫之号"，招聚天下贤士。到威王、宣王时，稷下人才济济，成为东方学术文化的中心。齐威王任用邹忌为相，改革政治，齐国遂强大。公元前353年，齐大败魏军于桂陵。公元前341年，齐又大败魏军于马陵。公元前334年，齐威王与魏惠王"会徐州相王"，正式称王。威王晚年，邹忌与将军田忌争政。公元前322年，田忌攻临淄，求邹忌，不胜，逃亡楚国。齐宣王时燕国发生"子之之乱"。公元前314年，在孟轲的劝说下，宣王命匡章率"五都之兵""北地之众"伐燕，5旬克之，一度占领燕国。

战国晚期，齐仍保持着强盛的地位。公元前 301 年，齐联合韩、魏攻楚，大败楚军于垂沙。公元前 298—前 296 年，齐联合韩、魏连年攻秦，入函谷关，迫秦求和。公元前 288 年，齐、秦并称东、西帝，旋皆放弃帝号。次年，苏秦、李兑合赵、齐、楚、魏、韩攻秦，置于成皋。又次年，齐灭宋。公元前 284 年，燕以乐毅为上将军，合燕、秦、韩、赵、魏攻齐，攻入临淄，连下 70 余城。齐城不下者只有莒和即墨。齐湣王逃入莒，被淖齿杀死。王孙贾与莒人杀淖齿，立湣王子法章为齐襄王，距守。燕引兵东围即墨，即墨大夫战死，城中推举田单为将。双方相持达 5 年。公元前 279 年，田单组织反攻，用"火牛阵"大败燕军，收复失地。齐虽复国，但元气大伤，无力再与秦抗衡。公元前 221 年，秦灭韩、魏、楚、燕、赵后，使将军王贲从燕地南攻占齐国，俘虏齐王建，齐国灭亡。

楚

先秦芈姓（芈本作嬭）诸侯国，战国七雄之一。亦称荆。芈姓是所谓"祝融八姓"之一，始祖为季连。季连的后世子孙鬻熊为周文王师。古书记载，鬻熊以下楚君皆以熊为氏，但据出土战国晚期的楚国铜器铭文记载，楚君名号皆以酓为氏。鬻熊曾孙熊绎僻处荆山（今湖北南漳、保康一带），跋涉山林，以事周成王，被封以子男之田，居丹阳（今湖北秭归），从此立为国家。

楚的疆域最初主要在今湖北西部山区和江汉平原一带，后逐渐向西溯江而上扩展到今四川东端，向北溯汉水而上扩展到今河南西南的南阳盆地和丹江流域，向南扩展到今湖南北部的洞庭湖平原，向东沿淮水和江水扩展到今河南东南、安徽北部、江西北部和山东南部、江苏、浙江一带。

西周时期，楚对西周保持相对独立，往往叛服无定。周昭王曾两次率师伐楚。一次在昭王十六年，周师有较多俘获；一次在十九年，周师还济汉水，全军覆没，昭王本人也死在汉水中。这是西周历史上的著名事件。夷王时，王室衰微，熊绎的后代熊渠乘机出兵攻打庸和扬粤（即扬越），至于鄂，分其土，封长子毋康为句亶王，中子挚红为鄂王，少子执疵为越章王。厉王时，熊渠畏周伐楚，去其王号。周宣王时，楚一度内乱。熊严有子 4 人，长子熊霜先立。熊霜卒，三弟争立：仲雪死，叔堪亡濮，而少弟季徇立，是为熊徇。熊徇之孙熊仪为若敖（楚君无谥称敖，冠以葬地名），其庶支称为若敖氏，是后来楚国的显族。

春秋早期，若敖之孙熊眴（蚡冒）开启濮地。熊眴卒，其弟之子熊通杀其子代立，迁都郢（今湖北江陵纪南城）。公元前 740 年，熊通自立为王，是为楚武王。武王多次进攻汉以东的强国随（在今湖北随州）。文王时，楚更为强大，凌江汉间小国，并北上伐灭申（在今河南南阳）、息（在今河南息县）、邓（在今湖北襄樊）等国。

春秋中期，楚成王屡次北上伐郑，引起北方各国的联合干预。公元前656年，齐桓公合诸侯之师伐楚，与楚盟于召陵（今河南郾城东）。齐桓公卒，宋襄公乘机图霸。公元前638年，楚败宋于泓（今河南柘城一带）。宋襄公伤股，病创而死，楚势益张。公元前632年，晋文公败楚于城濮（山东鄄城西南），楚北上之势暂时受挫。但楚先后灭亡了弦（今河南息县）、黄（今河南潢川）等小国以及楚的同姓国夔（今湖北秭归）。穆王时，楚又先后灭亡江（今河南息县）、六（今安徽六安）两国。庄王时，楚的势力达到顶峰。公元前606年，楚伐陆浑戎，观兵周郊，问鼎大小。公元前597年，楚大败晋师于邲（今河南郑州西北）。公元前594上，楚围宋5月。楚又先后灭亡庸（今湖北竹山）、舒蓼（今安徽舒城）、萧（今江苏徐州）等小国，终于称霸诸侯。共王时，楚的势力有所衰落，公元前575年，晋败楚于鄢陵（今河南鄢陵西北）。次年，楚灭舒庸（今安徽舒城）。

春秋晚期，楚长期内乱。共王有子5人，子康王先立。康王卒，子郏敖立。康王弟子围、子比、子郏、弃疾争位。子围杀郏敖先立，是为灵王。灵王先后灭亡赖（今湖北随州东北）、陈、蔡。公元前529年，弃疾、子比、子郏乘灵王外出，攻入郢都，杀灵王太子禄，立子比为王，子郏为令尹，弃疾为司马。灵王饿死申亥家。后弃疾又杀子比、子郏而自立，为平王。平王暴虐，夺太子建妇，杀伍奢及伍奢子伍尚。伍奢子伍子胥出奔吴。楚昭王时，伍子胥劝说吴王阖闾伐楚。

公元前506年，吴败楚于柏举（今湖北麻城），五战及郢，攻入楚都。昭王逃入随，使申包胥请救于秦。次年，秦、楚败吴于稷（今河南桐柏），吴引兵去。昭王灭唐（今湖北随州），还归郢，迁都鄀（今湖北宜城东南）。昭王复国后，又灭顿（今河南商水）、胡（今安徽阜阳）等小国。昭王卒，子惠王立。公元前481年，平王太子建之子胜，为白公，袭杀令尹子西和司马子期于朝，劫惠王。叶公子高出兵，平定白公之乱，再度灭陈。

战国早期，楚惠王再度灭蔡，占领淮水流域；公元前431年，简王北上灭莒（在今山东莒县）。简王卒，声王立，立仅6年，"盗"杀声王。声王子悼王晚年任用吴起变法，南收扬越，占领洞庭、苍梧，楚复强大。

战国中期，楚威王败越，占领吴故地，越从此破散。楚怀王时，楚与齐纵亲。公元前318年，魏、赵、韩、燕、楚等国合纵攻秦，以楚怀王为纵长，不胜而归。秦使张仪入楚，离间齐、楚，许予商（今陕西商县）、于（今河南西峡一带）之地600里，已而背约不予，楚因伐秦。公元前312年，秦败楚于丹阳（今河南西峡一带），取楚汉中。楚反攻，秦又败于蓝田（今陕西蓝田）。楚服秦，但仍与齐、韩合纵。公元前306年，楚灭越（其后裔退居闽越），设郡江东。

战国晚期，楚背齐合秦。公元前301年，齐联合韩、魏攻楚，大败楚于垂沙。次年，秦亦攻楚，取襄城。又次年，楚怀王入秦被执，3年后死于秦，楚从此一蹶不振。顷襄王时，秦继续攻楚。公元前278年，秦将白起破楚拔郢，楚迁都于陈（今河南淮阳）。顷襄王卒，考烈王立，以黄歇（封为春申君）为相。公元前257年，黄歇与魏信陵君救赵败秦。次年，楚灭鲁。公元前253年，楚迁都巨阳（今安徽太和东南）。公元前241年，楚迁都寿春（亦称郢，今安徽寿县西南）。考烈王卒，李园杀黄歇，立幽王。幽王卒，同母弟犹代立为哀王。哀王立仅两月余，为庶兄负刍之徒袭杀，负刍立为王。公元前223年，秦将王翦、蒙武破楚，虏王负刍，楚国灭亡。

燕

先秦姬姓诸侯国。战国七雄之一。燕本作匽，又称北燕，以区别于姞姓的南燕（今河南延津东北）。周公东征后，周太保召公奭被封于燕，他自己留辅王室，而令其子就封，成为第一代燕侯。

西周、春秋时期，燕的疆域主要包括今北京地区和辽宁西部的大凌河流域，都城在蓟（今北京）。其周围分布着许多戎、狄和涉貊部族，仅东南与齐邻接，同中原各国来往较少，国力一直不强。

关于西周时期的燕国，史书记载很少，只知当时共有11代燕侯，第一至第八代名号不详，最后三代为惠侯、釐侯和顷侯。

春秋时期的燕国，史书记载也较少，《春秋》经传和《国语》都很少提及。《世本》《竹书纪年》和《史记·燕世家》记录了这一时期的燕世系，但彼此龃龉不合。春秋早期，承西周晚期夷狄交侵的局面。燕国常常受到北方山戎的侵扰。据《世本》记载，燕桓侯曾一度把都城南迁到临易（今河北容城）。公元前664年，山戎侵燕，齐桓公出兵相救，恢复了燕的疆界及其与中原周王室的联系，阻止了山戎南下。此后（或更早），燕的都城又北迁到蓟。

战国时期，燕在各大国中实力最弱，但在当时的列国兼并战争中也起过重要作用。燕与齐、赵、中山相邻，4国经常发生冲突，到战国中晚期，争战愈演愈烈。公元前323年，燕易王称王。易王卒，子燕王哙即位，其相国子之深受重用。公元前316年，燕王哙把王位禅让给子之，又收回秩禄300石以上官吏的官玺，让子之重新任命，并由他决断国事，实行政治改革。公元前314年，子之行新政三年，将军市被与太子平聚众作乱，围攻子之。子之反攻，杀死市被与太子平。双方激战数月，死伤甚众。在孟轲的劝说下，齐宣王出兵伐燕，50日将燕攻下。燕王哙死难，子之出亡，被齐擒获而醢其身。中山也乘机攻占燕的大片土地。各国见齐国无意退兵，打算吞并燕国，遂谋伐齐救燕。公元前312年，秦、魏、韩出兵救燕，败齐于濮水之上。次年，赵武灵王召燕公子职于韩，派兵护送其回燕继位，为燕昭王。昭王即位于燕破之后，立志报仇雪耻，卑身厚币招聚天下贤士，得乐毅等人，励精图治，燕从此强大。这一时期，燕国设有两个都城，上都为蓟，下都为武阳（今河北易县东南），但也有一说认为汉良乡县为燕的中都。燕将秦开破东胡后，将领土扩大到辽东，设上谷、渔阳、右北平、辽西、辽东5郡，有今滹沱河以北的河北北部及辽宁之大部。公元前284年，燕以乐毅为上将军，联合秦、楚、赵、魏、韩5国伐齐，攻入齐都临淄，连下70余城，齐城不下者只有莒和即墨。齐湣王逃入莒，被齐相淖齿杀死。齐人立湣王子法章为齐襄王。燕引兵东围即墨，即墨大夫战死，城中推举田单为将。双方相持长达5年。公元前279年，燕昭王死，惠王即位，惠王猜忌乐毅，改用骑劫为将。田单进行反攻，收复丧失的70余城，燕从此国势不振。到燕王喜时，又屡败于赵。公元前251年，燕派栗腹、庆秦攻赵，为赵将廉颇所败。公元前243年，赵派李牧攻取燕的武遂、方城。次年，燕派剧辛攻赵，又为赵将庞煖所败。公元前236年，庞煖攻取燕的狸、阳城。秦乘燕、赵之间发生大规模战争，也不断攻取三晋之地。公元前228年，秦破赵，虏赵王迁，兵临易水，直接威胁到燕国。次年，燕太子丹派荆轲入秦刺杀秦王，没有成功。秦派王翦、辛胜击溃燕、代联军于易水以西。又次年，王翦拔取燕都蓟，燕王喜迁都辽东。公元前222年，秦将王贲攻取辽东，俘虏燕王喜，燕国灭亡。

韩

战国七雄之一。姬姓，出于晋公族。祖先韩武子名万，为晋曲沃桓叔之子，封于韩原（今陕西韩城东北，一说在今晋南），因以韩为氏。公元前588年，晋作六军，武子玄孙献子（名厥）列为晋卿。公元前458年，韩宣子与智氏和赵、魏共灭范氏和中行氏，而尽分其土地。公元前453年，韩康子与赵襄子、魏桓子又共灭智氏，三分晋国。公元前403年，韩景侯与赵烈侯、魏文侯被周天子正式册命为诸侯。

韩的疆域最初在今山西东南部，后逐渐扩大到今河南中部。春秋晚期，韩宣子徙居州（今河南温县东北），韩贞子又徙居平阳（今山西临汾西南）。当时韩的疆域大体在今山西临汾地区及其以东的沁河流域和沁河下游的河南温县一带。战国早、中期，韩武子徙居宜阳（今河南宜阳西）。韩景侯时又迁都阳翟（今河南禹县）。公元前375年，韩哀侯灭郑，将国都迁到郑（今河南新郑），重心遂移到今河南新郑一带和洛阳周围地区。

韩所处地理位置正当所谓"四战之地"的中原地区，东有魏，南有楚，西有秦，北有赵，因受各大国威胁，势力一直未能发展起来。公元前355年，韩昭侯任用申不害为相，实行政治改革，一时"国内以治，诸侯不来侵伐"。但申不害死后，韩仍不能摆脱困境，来自秦的威胁尤为严重。公元前335—前301年，秦曾多次败韩，先后攻取韩的宜阳、鄢、石章、武遂、穰等地。公元前 296 年，齐、韩、魏联军攻入秦函谷关，秦归还韩河外及武遂。公元前 293 年，秦大败韩、魏联军于伊阙，后又攻取韩的宛、邓，韩不得不献上武遂之地方 200 里。自公元前 286—前 263 年，秦又大败韩，并连续攻取韩的少曲、高平、陉城、南阳。公元前 262 年，又取韩的野王，切断上党通往韩都新郑的道路，韩上党郡守以郡降赵。次年，秦攻取韩的缑氏、纶。数年后，攻取阳城、负黍。公元前 249 年，秦灭东周，又取得韩的成皋、荥阳，后全部占领上党郡，并攻取韩的 13 城。公元前 233 年，韩派韩非入秦，劝秦存韩伐赵，但不久韩非被迫自杀。公元前 230 年，秦派内史腾攻韩，房韩王安，以韩地设颍川郡。韩国遂亡。

赵

战国七雄之一。嬴姓，与秦同出于蜚廉之后。祖先造父，为周穆王御，有功，封于赵城（今山西洪洞北），因以赵为氏。赵氏的后代赵夙事晋献公，献公封赵夙于耿（今山西河津南）。赵夙子赵衰（赵成子）事晋文公，徙居原（今河南济源西北）。赵衰的后代赵盾（赵宣子）、赵朔（赵庄子）、赵武（赵文子）、赵鞅（赵简子）皆为晋卿。公元前 453 年，赵襄子与韩康子、魏桓子三分晋国。公元前 403 年，赵烈侯与魏文侯、韩景侯被周天子正式册命为诸侯。赵的疆域最初主要在今山西中部。赵简子居晋阳（今山西太原西南），公元前 475 年，赵襄子灭代，将领土扩大到今山西东北部及河北蔚县一带。公元前 425 年，赵献子即位，徙居中牟（今河南鹤壁西）。公元前 386 年，赵敬侯迁都邯郸（今河北邯郸）。其活动中心逐渐移到今河北东南和河南北部。

战国初期，赵经常与韩、魏联合进攻别国，并向北方各少数民族地区（林胡、楼烦、代、中山等）扩展。它首先灭代，后又助魏进攻中山，取得过一些胜利。战国中期，赵与齐、魏争夺卫，连年大战。赵求救于楚，转败为胜。此后不久，被魏灭亡的中山复国。赵又与中山战于房子、中人。公元前 354 年，魏围赵都邯郸。次年，齐救赵，败魏于桂陵。公元前 333 年，赵为御北敌修筑长城。其间，中山强大起来，一度围攻赵的鄗地，对赵形成严重威胁。公元前 325 年，赵武灵王即位，他发奋图强，重新开启"胡、翟之乡"。公元前 307 年，赵武灵王与老臣肥义不顾天下之议，实行军事改革，教民"胡服骑射"，图灭中山和北略胡地。是年，赵攻中山到房子，次年，到宁葭，攻略胡地到榆中。又次年，攻取中山的丹丘、华阳等 7 邑，中山献邑求和。公元前 300—前 296 年，赵连续进攻中山，中山灭亡。

公元前 299 年，赵武灵王立太子何为王，是为惠文王，令其守国，而自号主父，率军西北攻略胡地。公元前 295 年，公子章与田不礼乘赵主父、惠文王出游沙丘之机发动叛乱。公子成、李兑起 4 邑兵平定叛乱，公子章逃入主父所住沙丘宫。公子成、李兑围沙丘宫，主父饿死。赵惠文王时，赵国实力比较强大。公元前287年，苏秦、李兑合赵、齐、楚、魏、韩5国攻秦，罢于成皋，秦归还部分赵、魏失地求和。其后，赵还不断进攻齐、魏，取得过一些土地。公元前273年，秦大败赵、魏于华阳，史载斩首15万。公元前269年，赵大败秦于阏与。公元前260年，秦、赵激战于长平，秦军大破赵军，史载坑降卒40余万，进围赵都邯郸。公元前257年，魏信陵君、楚春申君救赵败秦，解除邯郸之围。公元前251年，燕派栗腹、卿秦攻赵，为赵将廉颇、乐乘所败。公元前241年，赵庞煖率赵、楚、魏、燕、韩5国兵攻秦，至蕞。公元前236年，赵攻燕，秦乘机攻取赵的阏与、撩阳、邺、安阳等城，后又大举攻赵，遭到顽强抵抗。赵虽两次打败秦军，但兵力耗损殆尽。公元前228年，秦将王翦、辛胜破赵，虏赵王迁。赵公子嘉出奔代，自立为代王。公元前222年，秦将王贲攻取代，虏代王嘉，赵国灭亡。

魏

战国七雄之一。公元前445年，魏文侯任用李悝实行变法，较早地实行了社会改革，使魏国成为最先强盛的国家。公元前354年，魏惠王派大将庞涓率兵进攻赵国。魏军横冲直闯，如入无人之境，很快逼近赵都邯郸。在这形势危急的情况下，赵成侯忙派使者前往齐国求救。齐威王派田忌为主将，孙膑为军帅，出兵救赵。孙膑说：要想解开纷乱的丝线，不能用手强拉硬扯；要劝解两个打架的人，不能直接参加进去打。派兵解围，应出其不意，攻其不备，采取避实击虚的策略，造成敌人的后顾之忧。田忌接受孙膑的意见，领兵杀向魏国都城大梁。庞涓听说大梁吃紧，领兵回救，星夜赶路。孙膑、田忌将齐军埋伏在桂陵（今山东菏泽东北），静等魏军前来决战。魏军长途行军，疲于奔命，人困马乏。双方一经交战，魏军全线崩溃，齐军获得全胜。这就是以"围魏救赵"的战法著名于世的"桂陵之战"。

事隔不久，魏国联合韩国打败齐国，挽回了败局。魏国在中原又成为第一强国。公元前342年，魏国进攻韩国。韩国向齐国求救。齐国仍派田忌、孙膑率军解救韩国。孙膑采取退兵减灶、诱敌深入的战术。齐军佯败后退，第一天留下了10万人做饭的锅灶，第二天减少到5万人的锅灶，第三天减少到3万人的锅灶。庞涓以为齐军逃亡严重，穷追不舍。这时，孙膑在马陵设下埋伏，等庞涓带兵追到马陵，孙膑一声令下，齐军金鼓齐鸣，万箭齐发，大败魏军，庞涓自杀，魏太子申被俘。这就是著名的"马陵之战"。此后，魏惠王和齐威王会盟徐州，双方妥协，均分东方的霸权地位。

后来，魏国逐渐衰弱，齐国和秦国成为东西对峙的两个霸主，进入了齐、秦争强时期。

秦

先秦嬴姓诸侯国，战国七雄之一。秦是古代嬴姓部族中的一支，奉祀少皞。嬴姓祖先大费，传为女脩吞玄鸟卵而生，佐禹治水。商代末年，嬴姓中有叫中潏的一支住在西戎之地，其子蜚廉、孙恶来均事商王纣。西周中期，中潏的后代大骆居西犬丘（今甘肃天水西南、礼县东北），生子成与非子。成为嫡子，继承大骆，住在西犬丘。非子为周孝王养马有功，被孝王封于"汧渭之会"（汧、渭二水交会处）的秦（一说在今甘肃清水一带，一说在今陕西宝鸡市境内），从此非子这一支遂以秦为氏。周厉王时，西戎攻灭西犬丘的大骆之族。周宣王即位，以非子曾孙秦仲为大夫，伐戎不胜，死于戎。秦仲于秦庄公始破西戎，收复西犬丘而居之。庄公子襄公护送周平王东迁有功，被平王封为诸侯，秦立国始于此。当时秦的国都在西犬丘，襄公为第一代国君，立国后追称庄公为公。

秦的疆域最初主要在今甘肃东南和陕西西部的渭水流域，后逐渐并灭今陕、甘境内的西戎各部，沿渭水东进，逾黄河和崤函之塞，进攻三晋；逾今陕西商洛地区进攻楚；逾今陕西汉中地区，进入巴蜀，并从巴蜀进攻楚。

春秋早期，周人退出今陕西境内后，秦致力于东略伐戎，收复周故地。公元前762年，秦文公收复"汧渭之会"，又迁都于秦。公元前753年，秦"初有史记事"。公元前750年，秦文公扩地至岐（今陕西扶风、岐山一带），收周余民。公元前677年，秦德公迁都雍（今陕西凤翔东南）。

春秋中期，秦继续向东扩展。秦穆公利用晋国发生的"骊姬之乱"，曾夺取晋的河西之地。但晋文公即位，晋逐渐恢复强大。公元前627年，晋于崤大败秦军，遏制了秦东进的势头。秦遂用由余之谋伐戎，"益国十二，开地千里"，称霸西戎。穆公之后，秦、晋长期争夺河西之地，秦胜少败多，逐渐处于劣势。秦哀公时，晋公室衰落而六卿强大，两国之间的争夺暂时有所缓和。

战国早期，秦长期处于内乱之中，无暇外顾，魏乘机夺取秦的河西之地，迫使秦退守洛水以西。在这种情况下，秦国内矛盾有所缓和，并进行了一系列改革。公元前409年，秦简公"令吏初带剑"。次年，"初租禾"。

战国中期，秦献公迁都栎阳（今陕西临潼北渭水北岸）。公元前384年，献公下令"止从死"。公元前378年，秦"初行为市"。公元前375年，秦"为户籍相伍"。公元前364年，秦大败魏军于石门。秦孝公即位，下令求贤，商鞅自魏入秦。公元前356年，孝公任用商鞅变法，实行什伍连坐之法和民户分立制度，制定按军功大小给予爵位等级的20等爵制，奖励耕织，生产多的可免徭役。秦变得更为强大，连续击败魏，并于公元前350年迁都咸阳（今陕西咸阳东北），并小邑为31县（一说40县），又"为田开阡陌"。公元前348年，"初为赋"。公元前338年，孝公卒，惠文君即位，车裂商鞅。但秦的变法并未废止，国力不断增强。公元前 324 年，惠文君称王改元。在此前后击破东方六国的连横进攻，灭巴、蜀，疆域迅速扩展。

战国晚期，秦更进一步向东扩展，不断取地于韩、魏和楚。公元前 288 年，齐、秦并称东、西帝，旋皆放弃帝号。次年，苏秦、李兑合赵、齐、楚、魏、韩 5 国攻秦，罢于成皋，秦归还部分赵、魏失地求和，东进企图暂时受挫。但其后六国之间矛盾迭起，齐、燕皆一蹶不振。秦乘机继续向东扩展，于公元前 260 年在长平大败强敌赵。公元前 256 年，灭西周。公元前 249 年，灭东周。公元前 247 年，魏信陵君合 5 国兵攻秦，败秦于河外。公元前 241 年，赵庞煖率赵、楚、魏、燕、韩 5 国兵攻秦，但并未扭转秦国强盛、六国衰落的大势。公元前 230 年，秦灭韩。公元前 228 年，秦破赵，俘虏赵王迁，赵公子嘉奔代，自立为代王。公元前 226 年，秦破燕拔蓟，燕王喜迁都辽东。公元前 225 年，秦灭魏。公元前 223 年，秦灭楚。公元前 222 年，秦灭燕、代。公元前 221 年，秦灭齐。列国均被兼并，于是秦王政称始皇帝。

桂陵之战

韩、赵、魏三家分晋，标志着历史上新的一页又打开了。魏、韩、赵、齐、秦、楚、燕 7 个大国占据了历史舞台的中心位置，上演了一幕幕纵横捭阖、干戈不休、争雄兼并、你死我活的精彩话剧。人们根据这一时代特色，将这一历史阶段命名为"战国"，是名副其实的。

在战国七雄之中，最先崛起的是地处天下之中的魏国。周定王二十四年（公元前 445 年）魏文侯即位，任用李悝、吴起、西门豹、段干木等贤能之士，进行各方面的改革。在政治上，基本废除了世袭的禄位制度，推行因功授禄的政策，建立起比较清明、健全的官僚体制。在经济上，改变不适应生产力发展的井田旧制，"尽地力之教"，抽"什一之税"，创制"平籴法"，兴修水利，鼓励开荒，促进了社会秩序的稳定和农业生产的发展。在军事上，加强军队建设，推行"武卒"选拔制度，重视军事训练，提高部队的战斗力。通过这些改革，魏国一跃而成为战国初期最为强盛的国家。魏惠王继位以后，继承文侯、武侯的霸业，继续积极向外扩张，更使魏国君临天下，不可一世。

但是魏国本身也存在着先天性的不足。它地处中原腹心，被称为"天下之胸腹"，四周大国环列，西有秦，东临齐，北接赵，南邻楚，是典型的"四战之地"，很容易陷入多面作战的不利境地，战略地理环境较为恶劣。可是魏国几代统治者对这一点缺乏清醒的认识，反而采取了战略上"四面出击"的错误方针，这不但分散了力量，消耗了实力，而且也容易四面树敌，陷于被动。所以在魏国最为兴盛的同时，也埋下了其日后衰落的根子。

魏国的勃兴和称霸，直接威胁和损害了楚、齐、秦等国的利益，引起这些国家的普遍恐惧和忌恨，其中尤以齐、魏之间的矛盾最为尖锐。

齐国自西周以来一直是东方地区的大国。公元前356年齐威王即位后，使贤任能，改革吏治，强化中央集权，进行国防建设，国势日渐壮大。面临魏国向东扩张的严重威胁，它就积极利用韩、赵诸国和魏国之间的矛盾冲突，趁魏国深深地陷入数面受敌的内线作战之际，展开了对魏的激烈斗争。

战争是政治的继续，齐、魏间的矛盾冲突在当时只能通过战争的手段来加以解决。就在这样的背景下，公元前353年爆发了桂陵之战。

当时赵成侯为了摆脱魏国霸权的控制，进而达到兼并土地、扩张势力的目的，于公元前356年在平陆（今山东汶上）和齐威王、宋桓侯相会结好，同时又和燕文公在阿（今河北境内）相会。赵国的举动引起魏惠王的极大不满。适逢公元前354年，赵国向依附于魏国的卫国动武，迫使卫国屈服称臣。于是魏国便借口保护卫国，出兵攻赵，包围了其国都邯郸。赵与齐有同盟关系，这时见局势危急，遂于公元前353年遣使向齐国求援。

齐威王闻赵国告急，就召集文武大臣进行商议。相国邹忌反对出兵救赵。齐将段干朋则认为不救赵既会使齐国失去在赵国的信用，又会给齐国争雄造成困难，因而主张救赵。但他同时又指出，从战略全局来考虑，如果立即出兵前往邯郸，赵国既不会遭到损失，魏军也不会消耗实力，对于齐国长远的战略利益来说是弊大于利。因此他主张实施使魏与赵相互削弱，而后"承魏之弊"的战略方针。具体地说，是先派少量兵力南攻襄陵，以牵制和疲惫魏国。待魏军攻破邯郸，魏、赵双方均师劳兵疲之际，再予以正面的攻击。段干朋这一谋略显然有一石三鸟的用意。第一，南攻襄陵，牵制魏军，使其陷于两面作战的窘境。第二，向赵表示信守盟约、提供援助的姿态，帮助赵国坚定其抗击魏国的决心。第三，让魏、赵继续互相攻伐，最后导致赵国遭受重创、魏国实力削弱的结果，从而为齐国战胜魏国和日后控制赵国创造有利的条件。

段干朋的计谋，完全符合齐国统治者的根本利益，因此被齐威王欣然采纳。他决定以部分军队联合宋、卫南攻襄陵，主力暂时按兵不动，静观事态的发展，准备伺机出动，以求一举成功。

当时魏国的扩张，也引起楚国的敌视。因此，楚宣王便乘魏国出兵攻赵、后方空虚之际，派遣将军景舍率领部队向魏国南部的睢、涉地区进攻。而西边的秦国也不甘寂寞，发兵先后攻打魏国的少梁、安邑等要地。这样，魏国实际上已处于四面作战的困难境地。幸亏它实力相当雄厚，主将庞涓又决心破赵，不为其他战场的局势所动摇，因而一直勉励维持着邯郸方面的主攻局面。

魏国以主力攻赵，两军相持近一年。当邯郸形势危在旦夕、赵、魏两国均已非常疲惫之时，齐威王认为出兵与魏军决战的时机业已成熟，于是就任命田忌为主将，孙膑为军师，统率齐军主力救援赵国。

田忌打算直奔邯郸，同魏军主力交锋，以解救赵国。孙膑不赞成这种硬碰硬的战法，提出了"批亢捣虚""疾走大梁"的正确建议。他说：要解开乱成一团的丝线，不能用手硬拉硬扯；要排解别人的聚殴，自己不能直接参加进去打。派兵解围的道理也是一样，不能以硬碰硬，而应该采取"批亢捣虚"的办法，就是撇开强点，攻击弱点，避实击虚，冲其要害，使敌人感到形势不利，出现后顾之忧，自然也就解围了。孙膑进一步分析说：现在魏、赵相攻多时，魏军的精锐部队全在赵国，留在自己国内的是一些老弱之卒。根据这一情况，他建议田忌迅速向魏国的都城大梁（今河南开封）进军，切断魏国的交通要道，攻击它防备空虚的地方。他认为一旦这么做，魏军必然被迫回师自救，齐军可以一举而解赵国之围，同时又能使魏军疲惫于路，便于最终战胜它。

田忌虚心采纳了孙膑这一作战建议，统率齐军主力迅速向大梁方向挺进。大梁是魏国的政治、经济、文化中心，此时处于危急之中，魏军不得不以少数兵力控制历尽艰辛刚刚攻克的邯郸，而由庞涓率主力急忙回救大梁。这时候，齐军已把桂陵（今山东菏泽东北一带）作为预定的作战区域，迎击魏军于归途之中。魏军由于长期攻赵，兵力消耗很大，加上长途跋涉急行军，士卒疲惫不堪，面对占有先机之利、休整良好、士气旺盛的齐军的截击，顿时陷入了被动挨打的困境，终于遭受到一次沉重的失败。它所攻占的邯郸等地，至此也就得而复失了。

战国前中期，魏国的实力要胜过齐国，其军队也比齐军精锐善战，所以荀子曾说"齐之技击不可以遇魏氏之武卒"，然而齐军终于在桂陵之战中重创了魏军。其主要原因，就是齐国战略方针的正确和孙膑作战指挥艺术的高明。在战略上，齐国适宜地表示了救赵的意向，从而使赵国坚定了抵抗魏军的决心，拖住了魏军；及时对次要的襄陵方向实施佯攻，使魏军陷入多线作战的被动处境；正确把握住魏、赵双方精疲力竭的有利时机，果断出击。在作战指导方面，孙膑能够正确分析敌我情势，选择适宜的作战方向，进攻敌人既是要害又呈空虚的国都大梁，迫使魏军回师援救，然后以逸待劳，乘敌之隙打了一个漂亮的阻击战，一举而克，自始至终都牢牢掌握着主动权。另外，主将田忌虚怀若谷，从善如流，也为孙膑实施高明的作战指导，夺取胜利提供了必要的前提。至于魏军的失败，也在于战略上未能掌握诸侯列国的动向，长期屯兵坚城之下，造成将士疲敝，后方空虚，加上作战指导上的消极被动，让对手牵着自己的鼻子走，最终遭到惨败的命运。

马陵之战

争雄的战国时代，虽说是齐、楚、燕、赵、韩、魏、秦七雄并立，可是具有左右全局的力量，先后起而争雄的主要是魏、齐、秦3国。其中，最先变法的是魏国，首先强大起来的也是魏国。

魏自公元前5世纪中叶开始，在100年左右的时间里逐渐强大，称雄中原。它曾西却强秦，兼并了黄河以西的大片土地，使秦东进屡屡受挫；东攻齐国夺城掠野，使其不敢西顾；北与赵国开衅，一举陷落赵都邯郸（今河北邯郸市西南）；南败楚国，夺得了黄河以南的大片土地。当其时，小国朝魏的伞盖沿途相望，大国听命，"令行于天下"。

魏侯莹凭借国势强大，建造了高大华美的王宫，穿上了朱红色的王服，坐着君王才坐的车子，打着七星的旗子，摆出了俨然天子的场面，自称魏王，即魏惠王（公元前400—前319年）。魏都大梁（今河南开封市西北），故又称梁惠王。

正当魏惠王在得意地称孤道寡的时候，邻近国家因其强大而不安起来，相与谋划弱魏的策略。

魏称王两年后，齐、魏争雄的一场大战发生了。公元前341年，魏攻韩。第二年，韩求救于齐，齐派田忌为将，孙膑为军师，出兵往救。魏王也派出太子申和大将庞涓，率10万大军迎战。孙膑深知魏兵强悍而又轻敌，于是就因势利导，佯作退兵，诱其深入。齐退兵第一天扎营时，造了10万个锅灶，第二天减少到5万个，第三天又减少到3万个。庞涓每追一天就察看齐军的锅灶。追了3天，以为齐兵已逃亡过半，大为高兴，于是丢下步兵辎重，只带轻锐兼程追赶。孙膑计算魏军行程，夜晚当到马陵（今河北大名东南）。马陵路陕，两旁多阻隘，齐军就夹道伏兵。并剥下一块大树皮，在树上写道："庞涓死于此树下。"又命令射手们但见树下火举，就万箭齐发。庞涓果然夜晚赶到那棵树下，举火观看，未及读完，箭如雨下。魏军大乱，自相践踏。庞涓自知大势已去，就自杀了。太子申也做了俘虏。

马陵之战的运筹者孙膑是战国时著名的兵家，曾著兵书留传于世。可是，自汉以后失传了1000多年。直到1972年才在山东省银雀山发现，现已整理成书印行，名《孙膑兵法》。它同孙膑的先人春秋时兵法家孙武所著的《孙子兵法》，都是中国古兵书的精华。

马陵之战造成了齐国与魏国在东方的均势。从此，齐势渐起，魏势转衰了。

合纵与连横

战国中期的秦国，自秦孝公任用商鞅实行变法以后，国力迅速强大起来。而山东诸侯国中，魏国的力量这时已经衰落，最东端的齐国力量和秦国相当。由于领土的互相接壤，各大国之间的冲突更加剧烈。秦、齐两个大国彼此展开争取盟国、孤立敌国的斗争。而赵、魏、韩等国国内，由此分成联秦抗齐和联齐抗秦两大派，从而展开了合纵连横活动。

所谓合纵连横，从地域上说，原是以韩、赵、魏为主，北连燕，南连楚为纵；东连齐或西连秦，东西相连为横。从策略上讲，合纵是"合众弱以攻一强"，是阻止强国进行兼并的策略；连横是"事一强以攻众弱"，是强国迫使弱国帮助它进行兼并的策略。起初，合纵既可以对秦，也可以对齐，连横既可以连秦，也可以连齐。直到秦赵长平之战后，才凝固成合纵是六国合力抵抗强秦，连横是六国分别投降秦国之意。适应这种需要，当时产生了一些在诸侯国之间四处活动，凭借三寸不烂之舌打动诸侯王，或取合纵，或采连横，而自己借机谋取高官厚禄的人。后来把这些人称之为"纵横家"。其中最有名的是苏秦和张仪。

苏秦是东周洛阳（今河南洛阳）人，习纵横游说之术于齐鬼谷先生。出游数年，无所遇，大困而归。苏秦之兄弟嫂妹妻妾都在背后耻笑他不事产业、不力工商，弃本务而事口舌。苏秦听说后，既自感惭愧，又感悲伤，乃杜门不出，寻书遍读。一年后，觉得自己可以说当世之君，便出而求说周显王。周显王不信其言。苏秦又西至秦国，欲说秦惠王。恰巧秦国刚杀了商鞅，嫉辩士，不用苏秦之言。苏秦被迫又北至燕国，一年多后，才见到燕文公。苏秦对燕文公说："燕国之所以不被诸侯国侵扰，是因为赵国在燕国之南而为之障蔽。而且，秦若攻燕，需战于千里之外；赵若攻燕，只需战于百里之内。不忧百里之患而重千里之外，燕国没有比这更错误的政策了。愿大王与赵国纵亲，天下为一，则燕国必无后患。"燕文公从其计，资给苏秦车马，让他到赵国去。苏秦到了赵国，对赵肃侯说："当今之世，山东诸侯国没有比赵国更强大的。秦国之所嫉恨的，亦莫如赵国。然而秦国之所以不敢举兵伐赵，是害怕韩、魏攻其后背。秦国若进攻韩、魏，二国无名山大川之险可守，必然地尽而后止。韩、魏不能抵挡，必然入臣于秦。秦国无魏之忧，便必然加兵于赵国。臣研究了天下的地图，诸侯国之地5倍于秦，诸侯之兵卒10倍于秦。六国为一，并力而西向攻秦，则必然击败秦国。搞连横的人，都想割诸侯之地给秦国，秦国成功，则其身荣华富贵，自己的国家被秦国进攻却从不放在心上。所以他们日夜以秦国的威权来恐吓诸侯，以求割地。愿大王认真考虑这一点！为大王计，莫如图结韩、魏、齐、楚、燕、赵为纵亲以抗秦国，合天下之将相会于洹水（流经今河南安阳境）之上，定下盟约，相互救援，则秦兵必不敢出函谷关（今河南灵宝北）以为害山东。"赵肃侯大悦，隆重招待苏秦，让他纵约诸侯。

苏秦到韩国，劝韩宣惠王说："韩国之地方圆900余里，带甲战士数十万，天下之利剑、强弓、劲弩皆从韩出。以韩国士兵之勇，被坚甲，带利剑，以一当百，不足与言。大王如果臣事秦国，秦国必求韩之宜阳（今河南宜阳西）、成皋（今河南荥阳西北）。今天给了它，明年又来要求割地，与之则无地可给，不与则必受后患。大王之地有限而秦国之求无已，只能市怨结祸，不战而地已削减了，俗话说：'宁为鸡口，无为牛后'。以大王之贤，挟强韩之兵，而有牛后之名，臣窃为大王感到羞耻。"韩王听从了苏秦的话。

苏秦到魏国劝魏王说："大王之地方圆千里，地方虽不大，却人口稠密，繁荣富庶。大王之国不下于楚国。大王之士兵，武士20万、苍头20万、奋击20万、厮徒10万、战车600乘、骑兵5000人，却听从群臣之说，而想臣事于秦。所以，赵王让臣来效愚计，奉明约，只要听大王您一句话就行。"魏王也听从了苏秦之言。

苏秦又到齐国劝齐王说："齐国四塞之国，方圆2000多里，带甲数十万，粮食堆积如山。军队之精锐，进如锋矢，战如雷霆，解散如风雨。都城临淄有7万户，每户3个男子，不用到远县发兵，即可得到21万士兵。临淄又十分富实，居民无不斗鸡、走狗、六博、阗鞠。临淄的大街上，车毂相击，人肩相摩，连衽可成帷幕，挥汗如同下雨。韩、魏所以畏惧秦国，是因为与秦国接壤。两军交战，不出10天，胜败就决定了。韩、魏即使能战胜秦国，军队也要损失一半，而无余力守卫四境；如果不能战胜，随之而来的便是国家的危亡。故韩、魏宁愿向秦国称臣而不轻易和秦国作战。秦若攻齐则不然，必须经韩、魏之地，过亢父（今山东金乡东北）之险，车不得方轨，骑不得并列，百人守险，千人不敢过。秦虽想深入，却要担心韩、魏从背后袭击。所以，只能虚张声势而不敢进。所以，秦国不能为害齐国是明显的。而群臣却劝您西向事秦，这是错误的。今天臣事秦国之名而有强国之实，愿大王少留意计之！"齐王也答应了。

苏秦向南到楚国，劝楚威王说："楚国是天下之强国，地方6000余里，带甲百万，战车千辆，骑兵万匹，粮食可以支持10年，这是称霸天下的资本。秦国之所担忧的莫如楚国，楚强则秦弱，楚弱则秦强，其势不两立。所以，为大王计，莫如合纵以孤立秦国。臣请令山东之诸侯承大王之明诏；委社稷，奉宗庙，练士厉兵，唯大王所用而已。所以，合纵则诸侯割地以事楚；连横则楚国割地以事秦。这两者相去甚远，大王您站在哪一边呢？"楚王也答应了。

于是，苏秦成为合纵的纵约长，同时当山东6国的相国，身佩6国相印。

苏秦完成任务，回赵国报告之时，跟在后面的车骑辎重排成长队，俨如王者出游一般。这一年是周显王三十六年（公元前333年）。

苏秦之后的著名纵横家是张仪。

张仪是魏国人，曾和苏秦一起师事鬼谷先生。当苏秦在山东六国搞合纵的时候，张仪西入秦国，取得了秦王的信任。周慎靓王五年（公元前316年），张仪成为秦国的相国。

当时，山东诸侯的合纵活动仍在进行。特别是齐、楚两个大国结为联盟，对秦国非常不利。所以，张仪首先把力量放在了破坏齐、楚联盟上。他取得了成功，并使楚国蒙受了巨大损失。周赧王四年（公元前311年），秦惠王使人告诉楚怀王，请以武关以外的秦地换楚国的黔中地（今湖南西部）。楚怀王正恨上了张仪的当，说："不愿换地，愿得张仪而献黔中地给秦。"张仪听说后，请求前往楚国。秦惠王说："楚王必杀你而后甘心，你为何要去呢？"张仪说："秦强楚弱，有大王在，谅楚国也不敢杀我。而且，我和楚王之嬖臣靳尚关系很好，靳尚深得楚王宠姬郑袖信任。郑袖之言，楚王无不听从。"张仪遂前往楚国。楚怀王将他抓起来，准备杀他。靳尚对郑袖说："秦王十分喜爱张仪，准备以上庸六县和美女来赎回他。"郑袖怕秦女夺其宠爱，便在楚怀王面前日夜哭泣。昏庸的楚怀王便释放了张仪，并隆重地对待他。

张仪乘机劝楚怀王说："搞合纵无异于驱群羊而攻猛虎，明摆着不行。大王若不臣事秦国，秦国胁迫韩、魏攻楚，楚国就危险了。秦之西有巴、蜀（今四川），打造船只，积聚粮食，顺江而下，一日夜行500里，不出10天便可达扞关（今湖北宜昌西）。扞关动则扞关以东之楚地尽皆城守，黔中和巫郡（今湖北西南部）便不再为楚国所有。秦军出武关，则楚国北部就完了。秦军攻楚，3个月内即可定胜负，而楚待诸侯之救兵要在半年以上。待弱国之救而忘强秦之祸，我为大王感到担忧。大王诚能听我之言，我可使秦、楚长为兄弟之国，不相攻伐。"楚怀王答应了。

张仪随后到韩国，劝韩王说："韩国地势险恶，山居野处，粮食不过支持两年，士卒不过20万。秦国披甲百万。山东诸国以兵攻秦，秦兵应战，左手提人头，右手挈俘虏，如虎入羊群。用孟贲、乌获那样的勇士之军以攻弱国，就像在鸟卵之上垂千钧之重，必然没有好结果。大王不臣事秦国，秦军据宜阳，塞成皋，大王之国便被切为两段。鸿台之宫殿，桑林之花，必非大王所有。为大王计，莫如事秦以攻楚，将祸害转到楚国而讨秦国的欢心，没有比这更好的计算了。"韩王听从了。

张仪归报，秦以6邑封之，号武信君。张仪又向东到齐国劝齐王说："搞合纵的人劝说大王，必定说：'齐国西散三晋，地广民众，兵强士勇，就是有100个秦国，也无可奈何。'大王只知道好听而不算计一下是否真实。如今秦、楚两国嫁女娶妇，为兄弟之国，韩国献宜阳，魏国献河外（指黄河以西原属魏国的上郡地区），赵王入朝秦国，割地以事秦。大王若不事秦，秦驱韩、魏以攻齐国南部，派赵军进攻临淄。那时虽想臣事秦国，已经晚了。"齐王答应了。

张仪到赵国劝赵王说："今秦与楚为兄弟之国，韩、魏称东藩之臣，齐献鱼盐之地，这是断了赵国之右臂。秦派三将军：一军塞午道（在齐之西）；一军军成皋，率韩、魏之军以攻赵之西境；一军军渑池（今河南渑池），约四国为一以攻赵国，赵国就危险了。为大王计，莫如与秦王当面相约，常为兄弟之国。"赵王答应了。

张仪又北到燕国，劝燕王说："现在赵王已入朝秦国。王若不事秦，秦军下云中，过九原，又率赵军攻燕，则易水和长城非大王所有。如今齐、赵和秦国相比，如郡县一般。若王能事秦，则长无齐、赵之患。"燕王许之。

张仪回秦国报告，未到咸阳，而秦惠王死，秦武王立。秦武王为太子时就讨厌张仪。诸侯听说此事后，都背叛连横，重新合纵。但张仪凭着自己的能言善辩，又取得了秦武王的信任。后来，张仪又当了魏国的相国。

苏秦和张仪皆以纵横之术游说诸侯而致富贵，引得天下之士竞相仿效。当时有名的纵横家，还有魏国人公孙衍。此外如苏秦的弟弟苏代、周最、楼缓等也都十分有名。而纵横游说之士，遍于天下，不可胜计。

赵武灵王胡服骑射

周威烈王二十三年（公元前403年），韩、魏、赵三家分晋，建立起3个封建诸侯国家。当时赵国的疆界东与中山和齐相接，东北与东胡部落和燕相邻，北与林胡、楼烦两部落相交，西南与魏、韩、卫相邻。赵武灵王为赵国第六代国君，是一个有作为的社会改革家和军事家。在他为君期间（公元前325—公元前299年），正处于剧烈的兼并战争时期。

赵国的北部多是胡人部落，这些游牧民族虽然没有与赵国发生大的战争，但小的掠夺冲突是常有的。胡人身穿短衣、长裤，往来迅速，弯弓射箭自如，上下马方便，而赵人穿的衣服，袖长腰肥，领宽摆大，加上烦琐的结扎、笨重的盔甲，行动十分不便。这种情况，同样存在于当时各诸侯国的军队中，且军队的组成又是以长袍大褂的带甲兵士和兵车为主，很少骑兵。赵武灵王有感于此，就准备采用胡人的服装，让军队学习骑马射箭，以利于作战。

周赧王八年（公元前307年），赵武灵王召见群臣，商议教百姓胡服骑射一事，许多大臣想不通，认为改变衣着习惯，牵涉到自古以来中原的礼教习俗，不能轻易改变。大臣肥义支持赵武灵王的主张，认为办任何一件事，顾虑太多就不能成功，若要学习胡服骑射，就不必顾忌旧习惯势力的议论，而且自古以来，风俗习惯不是不能改变的，舜、禹就曾向苗、倮等部落学习和改变过习俗，赵武灵王听了肥义的话，坚定了决心，带头穿胡服。

实行胡服首先遭到以王叔公子成为首的一些人的极力反对，赵武灵王亲自到公子成家说服，整整一天的辩论终于使公子成接受了自己的主张，并表示也愿意带头胡服。但王族公子赵文、赵造、赵俊和大臣周造等人仍然坚决反对这项改革，指责赵武灵王变更古法，是一大罪过。赵武灵王又与他们展开了一场论辩，用大量的事实说明穿胡服的益处，赵文等人理屈词穷，只好同意穿胡服。这项改革推行到全国，很快得到百姓的拥护。公族赵燕迟迟不改胡服，赵王便准备对他处以极刑以示天下，赵燕吓得连连称罪，立即改穿胡服。

胡服改革成功后，赵武灵王立即组建骑兵，学习骑马射箭，并很快使骑兵成为赵军的主力。从胡服骑射的第二年（周赧王九年，公元前306年）起，赵国军队的战斗力得到很大的增强。凭借着骑兵主力，赵国攻取到榆中（今内蒙古鄂尔多斯）的胡地，"辟地千里"；周赧王十年（公元前305年），赵武灵王率军大举进攻原来经常侵扰赵国的中山国，攻取丹丘、华阳、邸、鄗、石邑、封龙、东垣等地，迫使中山国献4邑求和；周赧王十五年（公元前300年），又攻中山，扩地北至燕、代，西至云中（今内蒙古托克托东北）、九原（今内蒙古包头市西）。到周赧王十六年（公元前299年）赵武灵王让位给儿子赵惠文王时，赵国已是"七雄"中的强国之一了。

赵武灵王胡服骑射极大地增强了军队的战斗力，使得赵国一跃而为实力雄厚的强国。同时，从胡人那里学习来的这种短衣长裤服装形式，以后就成为汉民族服装形式的一部分，极大地便利了人们的生活与劳动，两千多年一直沿用了下来。

长平之战

《孟子·离娄》描绘战国时期的战争场景是："争地以战，杀人盈野；争城以战，杀人盈城。"纵观烽火连天、刀光剑影的270余年战国历史，可知孟老夫子的这一番话并没虚饰夸张的成分。当然，就战争规模之庞大，杀伤程度之惨烈而言，在当时的众多战争中，没有比秦、赵长平之战更为惊心动魄的了。

长平之战发生在公元前260年，是秦、赵之间的一次战略决战。在战争中，秦军贯彻正确的战略指导，采用灵活多变的战术，一举歼灭赵军45万人，开创了我国历史上时间最早、规模最大的包围歼灭战先例。

秦国自孝公任用商鞅实行变法以来，制定了正确兼并战略：奖励耕战，富国强兵，国势如日中天；连横破纵，远交近攻，外交连连得手；旌旗麾指，铁骑驰骋，军事捷报频传。百余年间，蚕食缓进，重创急攻，破三晋、败强楚、弱东齐，构成了对山东六国的战略进攻态势。在秦国的咄咄兵锋跟前，韩、魏屈意奉承；南面楚国自顾不暇；东面齐国力有不逮；北面燕国无足轻重。只有赵国，自公元前302年赵武灵王推行"胡服骑射"军事改革以来，国力较雄厚，军队较强大，对外战争胜多负少，而且拥有廉颇、赵奢、李牧等一批能征惯战的将领，还可以同强秦进行一番周旋。

形势非常清楚，秦国要完成兼并六国、统一天下的殊世伟业，一定得拔去赵国这颗钉子；自然，赵国也不是温顺的羔羊，岂肯任他人宰割？双方之间不是你死，便是我活，一场战略决战势所难免。

秦昭王根据丞相范雎"远交近攻"的战略构想，从周赧王四十七年（公元前268年）起，先后出兵攻占了魏国的怀（今河南武陟西）、邢丘（今河南温县附近），迫使魏国亲附于己，接着又大举攻韩，先后攻取了陉（今河南济源西北）、高平（今河南济源西南）、少曲（今河南济源西）等重要战略据点。并于公元前261年攻克野王（今河南沁阳），将狭长的韩国拦腰截为两段。消息传来，韩国朝廷上下一片惊恐，急忙派遣使者入秦，以献上党郡（今山西长治一带）为屈辱条件，向秦国求和。

然而，韩国的上党太守冯亭却不愿献地入秦，他将朝廷的指令放置在一边，做出了献上党之地给赵国的抉择。他的用意当然很清楚：转移秦国的锋芒，促成赵、韩携手，共同抵御秦国，挽救被灭亡的命运。

赵王目光短浅，见天上掉下馅饼，欣喜若狂，在不计后果的情况下，将上党郡并入自己的版图。赵国的这一举动，无异于虎口夺食，秦国方面岂肯善罢甘休，秦、赵之间的矛盾因此而全面激化了。范雎于是建议秦昭王乘机出兵攻赵。昭王便于周赧王五十四年（公元前261年）命令秦军一部进攻韩国缑氏（今河南偃师西南），直趋荥阳，威慑韩国，使其不敢增援赵国；同时命令左庶长王龁率领雄师扑向赵国，攻打上党。上党赵军力不能支，退守长平（今山西高平西北）。

赵王闻报秦军长驱东进，急出一身冷汗，得地的喜悦早就去了一大半，只好兴师应战，委派宿将廉颇率赵军主力开往长平，企图以武力重新夺回上党。廉颇抵达长平前线后，即向秦军发起攻击。遗憾的是，秦强赵弱，赵国数战不利，白白地损失了一些人马。廉颇不愧为一名明智的将帅，见进攻遭受挫折，便及时调整战术，转取守势，依托有利地形，筑垒固守，以逸待劳，疲惫秦军，静候其变。廉颇的这一招颇为奏效，秦军的速决势头被抑制住了，两军在长平一带相持不决。

但是秦国的战争指导者毕竟老谋深算，棋高一着，他们运用谋略来打开缺口，使局势朝着有利于自己的方向发展，为尔后的战略进攻创造条件。一方面他们借赵国使者郑朱到秦国议和的机会，故意大鱼大肉地殷勤款待郑朱，向各国制造秦、赵关系和解的假象，使赵国在外交上和列强"合纵"抗秦的机会失之交臂，陷于被动和孤立。另一方面，又采用离间计，派人携带财宝前赴邯郸，收买赵王左右见利忘义的权臣，让其四处散布流言蜚语，挑拨离间赵王与廉颇的关系，说什么廉颇不足畏惧，他固守防御，乃是出于要投降秦军的目的，秦军最害怕的是让马服君赵奢的儿子赵括为将。终于借赵王之手，将廉颇从赵军主帅的位置上拉了下来，并使赵王不顾贤臣蔺相如和赵括母亲的反对谏阻，任命赵括为赵军主帅。

赵括是一个缺乏实战经验、只会"纸上谈兵"的庸人。他走马上任后，一反廉颇所为，更换将佐，改变军中制度，搞得赵军上下离心离德，斗志消沉。他还改变了廉颇制定的行之有效的战略防御方针，积极筹划战略进攻，企图一举而胜，夺回上党。

秦国在搞乱赵国的同时，也适时调整了自己的军事部署：立即增加军队，起用骁勇善战的武安君白起为上将军，替代王龁统率秦军。为了避免此事引起赵军的注意，秦王下令军中严守这一机密："有敢泄武安君为将者，斩。"白起，他是战国时期最杰出的军事将领，智勇双全，久经沙场，曾经大战伊阙，阵斩韩、魏联军24万，杀得两国肝胆俱裂；南破楚国，攻入鄢、郢，焚毁夷陵，打得楚人丧魂落魄。只会背吟几句兵书的赵括哪里是他的对手。

白起到任后，针对赵括没有实战经验，求胜心切，鲁莽轻敌等弱点，采取了诱敌入伏、分割包围而予以聚歼的正确作战方针，对兵力作了周密细致的部署，造成了"以石击卵"的强大态势。

白起的具体作战部署是：以原先的第一线部队为诱敌之兵，等待赵军出击后，即向预设的主阵地长壁方向撤退，诱敌深入；其次，巧妙利用长壁构筑袋形阵地，以主力守卫营垒，抵挡阻遏赵军的攻势，并组织一支轻装精锐的突击部队，待赵军被围之后，主动出击，以消耗赵军的有生力量；其三，动用奇兵25000人埋伏在两边侧翼，待赵军出击后，及时穿插到赵军的后方，切断赵军的退路，协同主阵地长壁上的秦军主力，完成对出击赵军的包围；其四，派出一支骑兵部队，牵制和监视赵军营垒中的留守部队。

战局的发展果然按着白起所预定的方向进行。周赧王五十五年（公元前260年）八月，对秦军战略动态茫然无知的赵括统率赵军主力，向秦军发起了大规模的出击。两军交锋没有几个回合，秦军的诱敌部队就佯败后撤。愚妄鲁莽的赵括不问虚实，以为秦军不堪一击，立即率军追击。但当赵军进抵秦军的预设阵地——长壁时，却遭到了秦军主力的坚决阻击，攻势顿时受挫，被阻于坚壁之下。赵括见情势不妙，急忙想退兵，可惜为时已晚，预先埋伏在两翼的秦25000奇兵迅速出击，及时穿插到赵军进攻部队的侧后，抢占了西壁垒（今山西高平北的韩王山高地），截断了出击赵军与其大营之间的联系，构成了对出击赵军的重重包围。另外的秦军5000精骑也迅猛地插到了赵军的营垒之间，牵制、监视留守营垒的那小部分赵军，并切断赵军的后勤运输线。与此同时，白起又下令突击部队不断出击被围困的赵军主力。赵军左冲右突，都无法逾越秦军铜墙铁壁一般的阵地，情况日益危急，不得不就地构筑营垒，转攻为守，等待救援。

秦昭王在都城咸阳听到赵军被围、就歼在即的消息，便亲赴河内（今河南沁阳及其附近地区），将当地15岁以上的男子全部编组成军，及时增援长平战场。这支部队开进到长平以北的今丹朱岭及其以东一带高地，进一步断绝了赵国的援军和后勤补给，从而确保了白起得以彻底地歼灭被围的赵军。

到了九月，赵军断粮已长达46天，内部互相残杀以食，军心动摇，士气涣散，死亡的阴影笼罩着整个部队，局势万分危急。赵括困兽犹斗，负隅顽抗，组织了4支突围部队轮番冲击秦军阵地，希望能杀开一条血路，逃脱性命，但是都无功而返，徒然增大伤亡而已。绝望之中，赵括孤注一掷，亲率赵军精锐强行突围，结果败得更惨，连他本人也丧身在秦军如蝗般的箭镞之下。赵军失去主将，斗志全无，彻底放弃了抵抗，40余万饥疲之师全部向秦军卸甲投降。白起杀心大起，只放过其中年幼的240人的性命，将赵军降卒残忍坑杀。秦军终于取得了空前激烈残酷的长平之战的彻底胜利。

长平之战秦胜赵败的结局并非偶然。除了总体力量上秦对赵占有相对的优势外，双方战略上的得失和具体作战艺术运用上的高低也是其中的重要因素。秦军之所以一举全歼赵军，在于：第一是分化瓦解了关东六国的战略同盟；第二是巧妙使用离间计，诱使赵王犯下临阵易将、起用庸人的严重错误；第三是择人得当，起用深富韬略、骁勇善战的白起为主将；第四是白起善察战机，用兵如神，诱敌出击，然后用出奇制胜的战法分割包围赵军，痛加聚歼；第五是在战斗的关键时刻，秦国上下一体动员，及时增援，协调配合，断敌之援，为白起实施正确的作战指导提供了必要的保证。

赵军惨败的主要原因，一是不顾敌强我弱的态势，贸然开战，一味追求进攻。二是临阵易将，让毫无实战经验的赵括替代执行正确防御战略的廉颇统帅赵军，中了秦人的离间之计。三是在外交上不善于利用各国仇视秦国的心理，积极争取同盟国，引为己助。四是赵括不知"奇正"变化、灵活用兵的要旨，既无正确的作战方针，又不知敌之虚实，更未能随机制宜摆脱困境，始终处于被动之中。五是具体作战中，屡铸大错。决战刚刚开始，就贸然出击，致使被围。被围之后，又只知道消极强行突围，未能进行内外配合，打通粮道。终于导致全军覆没的悲惨下场。

在长平之战中，秦军前后共歼灭赵军约45万人左右，从根本上削弱了当时关东六国中最为强劲的对手赵国；同时，也给其他关东诸侯国以极大的震慑。从此以后，除了极个别的情况（如邯郸之战）外，关东六国再也不能对秦国进行像模像样的抵抗，秦国兼并六国、混同天下的道路基本上畅通无阻了。

信陵君窃符救赵

信陵君是魏昭王的少子，当时在位的魏安釐王的异母弟。为人仁而下士，士无论贤与不肖皆谦恭而以礼交之，并不因自己贵为王侯而骄士。所以，当时之士人不远千里争往归附于信陵君，信陵君有食客 3000。因为信陵君贤面而多客，诸侯有 10 余年不敢加兵于魏。信陵君之礼贤下士，可以他与侯赢的交往为典型。

当时，魏国有个隐士叫侯赢，年已 70，家境贫寒。在魏都大梁的夷门当监者（看门人）。信陵君闻其贤，前去请见侯赢，想赠给侯赢一些财物。侯赢却不肯接受。信陵君乃置酒大会宾客。等宾客坐定后，信陵君亲自坐车去迎侯赢赴宴。侯赢也不客气，摄敝衣冠而直上公子之车，想以此观察信陵君是否是真心。信陵君仍是非常谦恭，侯赢又对信陵君说："臣有客在市屠中，请您枉车骑过之。"信陵君让车子赶到大梁的市场上，侯赢下车，去见其客朱亥，故意在那儿说了半天话，并暗中观察信陵君，信陵君脸色愈和，毫无怒意。当时，魏国将相宗室，宾客满堂，都在等待信陵君回去举杯开饮。市场上的人都围观信陵君为侯赢赶车。信陵君之从骑皆窃骂侯赢。侯赢见信陵君颜色始终不变，乃谢客就车。回到家中，信陵君引侯赢坐上座，并引见侯赢给众宾客，宾客都大吃一惊。酒酣，信陵君起而为侯赢上寿，侯赢："今日侯赢之为公子亦足矣。侯赢不过为夷门之抱关者，而公子亲枉车骑，自迎赢于众人广坐之中。赢欲成公子之名，故让公子车骑久立于市中，过客以观公子，公子愈恭。市人皆以赢为小人，而以公子为长者能下士也。"于是，侯赢遂成为信陵君之上客。侯赢又向信陵君推荐了朱亥。信陵君当时并未想到，这二人以后对他的事业起了巨大作用。

周赧王五十五年（公元前 260 年），秦国和赵国在长平（今山西高平北）发生大战。赵军统帅赵括只会纸上谈兵，率领赵军轻易出击，被秦军切断后路，断粮 46 日。主力 40 万人全部被秦军歼灭。第二年（公元前 259 年），秦国复派王陵为将，率秦军主力从上党地区（今山西东南部长治地区）突破井陉关，进围赵国都城邯郸。赵国精锐尽失，不得不困守孤城。秦军日夜急攻，意在灭赵，形势十分危急。赵王之弟、赵相平原君在率军力战的同时，派使者四处求救。因为平原君的妻子是信陵君的姐姐，当此危急之时，平原君发使至魏，请信陵君让魏王发兵救赵。

魏安釐王接到求救书之后，便命晋鄙率10万魏军救赵。秦昭王听说后，便派使者到魏国去威胁魏王说："吾攻赵旦暮且下，而诸侯谁敢救之，拔赵之后，必先移兵击之。"魏安釐王怕秦军来攻，便命人让晋鄙停止前进，驻扎在邺（今河北临漳西南），筑垒固守。名为救赵，实持两端。平原君苦等救兵不至，使者冠盖相属于魏国，移书责让信陵君。信陵君几次向魏王请求，并让宾客辩士万般劝说，魏安釐王畏秦，终不听从。信陵君自度达不到目的，又不愿自己独生而令赵国灭亡，便召集宾客，约车百余辆，准备往赴秦军，与赵国共亡。行过夷门，见了侯嬴，将自己的想法告诉了侯嬴，并与侯嬴诀别。侯嬴对信陵君说："公子喜士，名闻天下，今有难，无端而欲赴秦军，譬若以肉投饿虎，何功之有？嬴闻晋鄙之军的兵符常在王君的卧室之内，而如姬最得王君宠幸，经常出入于王君卧室，有机会得到这兵符。嬴闻公子曾为如姬报仇，如姬愿为公子去死，只是没有机会罢了。公子诚一开口请如姬，如姬必定答应，窃得虎符而夺晋鄙之军。北救赵而西却秦，有何不可！"信陵君从其计，往请如姬，如姬果然将兵符盗出给了信陵君。

得到兵符后，信陵君准备出发。侯嬴对他说："将在外，君命有所不受，以便国家。公子去合了兵符，而晋鄙不愿交出兵权，事情必定难办。臣客屠者朱亥可与您一起去。朱亥是一个力士。晋鄙听命自然好；如不听命，便可让朱亥击杀他。臣本应跟您前去，只是老了，走不动了。请数公子行日，以至公子至晋鄙军之日，北向自刭，以送公子。"信陵君便出发了。

信陵君到达邺之后，矫魏王之命，要晋鄙交出兵权。晋鄙合过兵符之后，又起了疑心，不想交权。朱亥用40斤重的铁锥锥杀了晋鄙，信陵君便统帅了晋鄙所率的魏军。信陵君下令军中："父子俱在军中者父归；兄弟俱在军中者兄归，独子无兄弟者归养双亲。"最后得选兵8万人，进兵向秦军攻击。因魏军人人皆抱必死之心，故一个冲锋，便逼得秦军向后撤退。这时，赵平原君散掉家财，得敢死之士3000人为先，冲击秦军，秦军抵敌不住，后退30里。信陵君率领的魏军和楚国的救兵正好赶到，内外夹击秦军。秦军大败，向西撤退。秦军后部郑安平所率的25000人被切断归路，向赵军投降。邯郸之围遂解，赵国也转危为安。

信陵君之救赵，是战国时期的"士"阶层活跃于社会政治舞台的一个典型。所谓"得士者昌，失士者亡"。

六国合纵对秦战争

六国合纵对秦战争，主要的有5次：

第一次合纵战争为楚、燕、韩、赵、魏五国合纵攻秦。发生于周慎靓王三年（公元前 318 年），即楚怀王十一年、魏襄王元年、赵武灵王八年、韩宣惠王十五年、燕王哙三年、秦惠文王七年。合纵军很快被秦军击败。

第二次合纵战争为齐、韩、魏合纵攻秦、赵、宋。发生于周赧王十七年（公元前 298 年），即齐湣王三年、韩襄王十四年、魏襄王二十一年、赵惠文王元年、秦昭王九年。三国合纵军经 3 年苦战至公元前 296 年，战胜秦军。

第三次合纵战争为燕、齐、魏、韩、赵合纵攻秦。发生于周赧王二十七年（公元前 288 年），即燕昭王二十四年、齐湣王十三年、魏昭王八年、韩釐王八年、赵惠文王十一年、秦昭王十九年。最后于公元前 287 年以秦退还所占魏、赵的土地而罢兵。

第四次合纵战争为赵、楚、韩、燕、魏合纵伐秦。发生于秦庄襄王三年（公元前 247 年），即赵孝成王十九年、楚考烈王十六年、韩桓惠王二十六年、燕王喜八年、魏安釐王三十年。秦军初期被五国联军战败，退守函谷关后，双方休战。

第五次合纵战争为赵、燕、楚、韩、魏合纵攻秦。发生于秦王政六年（公元前 241 年），即赵悼襄王四年、燕王喜十四年、楚考烈王二十二年、韩桓惠王三十二年、魏景湣王二年。五国联军攻至今临潼东北，各自收兵。

赵魏燕韩楚五国联合攻秦

秦相张仪来魏，向惠王提出秦、韩与魏联合伐齐的建议，被惠王接受，起用张仪为相。张仪当上魏相后，就积极实现他的"欲令魏先事秦而诸侯效之"的所谓"连横"策略，压迫东方各国。在这种形势下，齐、楚、燕、韩、赵 5 国又联合支持主持"合纵"策略的公孙衍。魏惠王为了巩固与 5 国的政治关系，改任公孙衍为相国，把张仪赶回秦国。公孙衍这位素见重于六国的新相国，展开"合纵"策略，联合各国，组织了第一次"五国伐秦之战"。实际参加作战的有燕、韩、赵、魏 4 国军队，公举楚怀王为联合军的"纵约长"，于周慎靓王三年，声势浩大的 4 国联军，排除秦军的抵抗，打到秦东方战略要隘函谷关。但由于秦军的奋力抵抗，联军最终被秦军击败。4 国联军的进攻，虽然没有达到战略目的，但对秦震动极大，纵、横双方的斗争，更加激烈化。

齐魏韩三国联合攻秦

继 5 国联合攻秦之后，六国间虽也知道应以对秦作战为主，但在此期间，由于秦国极力破坏六国的合纵，挑动各国之间互相攻伐，以削弱六国的实力，所以各国之间也发生过一些战争。周赧王十四年（公元前 301 年），韩、魏受秦军事压力，向东方大国齐靠拢。齐相孟尝君田文，加紧对韩、魏的联合工作，终于促成齐、魏、韩 3 国合兵对楚进攻。齐将匡章、魏将公孙喜、韩将暴鸢统率的联合军，进攻楚的方城，经过 6 个月交战，击破楚军于小泚水上的垂沙，宛叶以北地区被韩、魏所占有。齐、韩、魏联合作战的胜利，不仅使楚军屈服，秦也惶恐不安。秦为了拆散这 3 国的合纵联盟，提出由秦王之弟泾阳君至齐为质，与齐修好。到秦王政十八年，即魏景湣王十四年、韩王安十年、楚幽王九年、赵王迁七年（公元前 229 年），秦又邀请孟尝君田文入秦，担任秦相。表面上对齐友好，实际是把田文控制于咸阳，以破坏他的"合纵"战略。这一行动立即引起赵国的严重不安，秦，齐两大国联合的战略形势，使赵陷于两面受敌的危险，于是赵国发动政治攻势，策动秦贵族樗里疾借口田文"外借秦权，阴为齐谋"，促使秦免去孟尝君的相位，改任楼缓为相。

周赧王十七年，齐、韩、魏三国联合对秦进攻。战争开始后，赵、宋两国并未真正协助秦国作战，而是利用大国间的矛盾冲突，乘三国与秦作战之机，兼并邻近其他小国，以扩充自己的领土。三国进攻秦国的战争，连续 3 年之久，最后攻进函谷关，迫使秦国承认战败，退还侵占魏的河外、封陵和韩的河外、武隧等地区，缔结了和约，停止了战争。

楚燕韩赵魏五国联合攻秦

秦为了拆散六国"合纵"战略，解除关东压力，继续推行"连横"。丞相魏冉实施"联齐"政策，积极拉拢东方大国齐国，以便秦、齐联合，对付敢于反抗的楚、燕、韩、赵、魏。周赧王二十七年（公元前 288 年）十月，秦王称西帝，统治西方；遥尊齐王称东帝，统治东方。又订立"约伐赵"盟约，议定了共同行动与出兵日期，中原各国面临受到夹击的危险局面。周赧王二十七年（公元前 288 年），魏昭王通过奉阳君李兑的策划，与赵惠王相会，商量如何联合对秦。但最终由于各国意见未能统一，攻秦计划不了了之。

秦王政六年（公元前 441 年），赵将庞煖组成第五次联军，推举楚王为联军统帅"纵约长"，由楚相春申君黄歇代行纵约长指挥权。庞煖向黄歇和其他国的将领说明过去关东诸侯对秦作战，主要战略是攻取函谷关，以为只要攻克此关，就能顺利地向秦国腹地推进，但终因关隘险要攻而不克，多次受挫，遭到失败—这次应经蒲关渡河直冲渭南。于是五国军队声势汹涌地经河东由蒲关渡河，伸进关中腹地，排除秦军抵抗，进抵距咸阳不远的蕞城。企图攻克蕞城，长驱直入，进攻咸阳。但由于蕞城秦兵顽强坚守，屹立不动，联军久攻不克，出现胶着状态。联军攻城不克，只得停止西进，这给了秦军调动、整顿的时间，重整阵容。后来联军改变战略，攻进关中，打了秦军一个措手不及，首都咸阳形势紧张，国相吕不韦，亲自担任统帅，指挥秦军，进驻灞桥，迎击关东五国军队。汇集于灞桥附近的秦军兵力有王翦、李信、桓齮军等约 10 多万人。

秦军认为，"以五国精锐，攻一城而不克，其无能可知""晋习秦战，楚兵久未经过战争"，进而决定"集中兵力攻楚，击破楚军，其他各国军队会闻风崩溃"。于是除留下部分军队与赵、魏保持对峙状态外，于五军中各抽出精兵 1 万，进攻楚军，并规定夜间开始行动。由于李信军的一个军官，运粮误期，受到斥责，暗地叛逃到楚军，把秦军作战计划完全泄露给楚军。而黄歇这位庸愚无能的联合军统帅，闻讯后竟惊慌失措，没有通知友军，只率楚军仓促撤退，离开战场，返回楚国。当秦军按预定计划，对楚军实施大规模夜袭，进入楚军兵营时，才发现楚营无人，扑了个空。王翦当即回军转攻联合军队的主力赵军。王翦、蒙骜、李信等率领将士猛攻赵营。赵军统帅庞煖遭秦军突然猛袭，一方面严令所属不得妄动，沉着应战，一方面自己亲临营门镇静指挥。双方展开激战，秦军攻势虽猛，赵兵岿然不动，两军激战到天明，韩、魏、燕军闻赵军被攻，前来救援，秦军才停止攻击，收兵回营。秦、赵两军经过这次激战，王翦等将领，称赞赵军战斗力强，并赞扬赵将庞煖遇到夜袭，临危不惊，从容镇静。在秦军收兵后，赵、韩、魏、燕军将领了解到楚军放弃友军，不战而走的原因，深感痛惜。并一致认为这次"合纵"对秦作战，已失去取胜的希望，于是各自收兵回国。庞煖既不满楚军的不战而走，又痛恨齐国的拒不参加联合行动，于返国途中，联合燕军，东攻齐属饶安，攻克了饶安城，以示泄愤。自此第五次联合对秦进攻后，六国再没有组成过"合纵"阵线。形势的发展对秦极为有利，为秦将六国各个击破创造了条件。

春秋战国时期社会经济的变化

东周初年和春秋战国时期，生产力有了显著变化，生产关系也发生了变革，这是奴隶社会向封建社会过渡的时期。

铁器的使用和推广，是东周初年和春秋战国时期社会生产力新发展的标志。铁的发现和开始使用是在商代。西周晚期，铁已成为常见的东西。春秋战国时期，人们找矿、采矿的知识已较丰富。有记载说，山上发现赭色，下面有铁。还说，出铁的山有 3609 个。在今山东省临淄县的当时冶铁遗址，方圆达 10 多万平方米。在今湖北省大冶市铜绿山的当时采矿遗址，有井巷支架，相当完整，还有运输、通风、排水等设施。采了的矿石在矿井下经初选后，用辘轳逐级提升至地面。

春秋时的冶铁技术已有所发展。冶铁炉装着鼓风的"橐"。"橐"是一种皮囊，一面有一个陶质把手，一面有管子接通冶铁炉。鼓动把手，皮囊里的空气就通过管子送进冶铁炉。这样，就加强了炭火的燃烧，提高了炉的温度。

春秋晚期，吴国的剑匠干将能够炼铁铸成利剑。晋国铸了一个铁鼎，鼎上铸着刑书的条文。铸鼎的铁是作为军赋向民间征收的。这说明在冶铁技术经过相当时期发展以后，铁器在晋国民间的使用已比较普遍了。

战国时期的铁兵器，有甲、杖、剑、锥、戟、刀、匕首等。今河北省易县燕下都遗址出土的钢剑、钢戟，经检验，是用块炼经渗碳后锻打而成，有的还在高温下淬火，硬度很高。另外，当时已发现磁石吸铁及其指南北的性能，并有用磁石制作的指向器具——"司南"。

铁制的农具，在春秋中期，齐国已在使用。战国时期，常用的铁制农具有犁、钁、锄、铲、镰等。常用的铁制手工业工具有斧、削、锯、锥、凿、锤等。妇女用的铁制工具有针、刀、锥等。燕国已用铁范大量铸造农业、手工业工具和车具。

铁制农具的应用，使在农业上比较广泛地使用牲畜成为必要。春秋时期用牛耕田，已经是人们习见的事。战国时期还有用马耕的。铁耕和牛耕，是深耕细作的有利条件，对发展农业生产力起重要的作用。

春秋战国时期，跟发展农业生产力有密切关系的，还有水利工程的兴修。吴王夫差为了北上争霸，于公元前486年掘邗沟，自今江苏省江都市至今江苏省淮安县，沟通了江淮。后又续掘深沟，北连沂水，西接济水，贯通了淮河和黄河。这是一个很大的水利工程，但主要的是用于水运。战国时期，魏国西门豹引漳河水灌溉邺（今河北省临漳县）田，使大片盐碱地变成良田，显示了水利工程对农业生产的重要作用。秦国李冰在今四川灌县修建了都江堰，把岷江分成内外两支，消除了水患，便利了航运，并灌溉田地，使成都平原成为沃野。秦又用韩国水工郑国修渠沟通泾水和北洛水，长300多里，引含有大量淤泥的水灌溉田地，把渠道两岸4万多顷卤地变成良田，使关中成为沃野。战国时期又使用桔槔灌田，利用杠杆原理，把低处的水比较省力地提到高处。

战国时期的农民已能识别土壤、改造土壤。他们把土壤分为9种，挑选适合的农作物种植。他们懂得较广泛地使用肥料。除粪肥外，还用草木灰或沤制绿肥。他们知道用动物骨头、麻子煮汁拌种，称为"粪种"。在种植及管理上，他们讲究不疏、不密、行正、通风、选苗、培根、除草及扑灭蝗、螟等害虫。当时已有"农家之学"。现存的《吕氏春秋》等书都有专讲农业的篇章。

煮盐业、漆器工艺和青铜制造业，在战国时期都有发展。齐、燕的海盐，魏国安邑一带的池盐和巴蜀地区的井盐都很有名。漆器工艺在战国中期以后，广泛地应用于乐器、武器、棺椁，以至于日常生活用具。青铜铸造业出现了镂刻、金银错、镶嵌、鎏金等新技术。

东周初年和春秋战国时期农业上社会生产力的提高，逐渐改变了生产力的性质。除了生产工具的变化外，原来在农业中集体劳动的奴隶逐渐为个体农民所代替，原来在村社中劳动的农民也逐渐为个体农民所代替。作为劳动力的个体农民的特点有两个。第一，是劳动者依附于土地。这既不同于奴隶跟土地间的关系，也不同于村社农民跟土地的关系。第二，是以耕织结合的一夫一妻的个体家庭作为一个生产单位，通常被称作"户"。这种特点，更加强了农民对土地的依附关系。

社会生产力的变革，必然会引起生产关系的变革。这种新的生产力，已不是奴隶制生产关系所能适合的生产力，而是封建制生产关系才能适合的生产力。这种生产力的体现者必须是有一定的人身自由和占有私有经济的人，而不是"会说话的工具"。因而，在这种新生产力出现的同时，必然伴随着新的生产关系的出现，并对旧的生产关系起破坏作用。当剥削者以个体农民作为主要剥削对象的时候，他已不能像对奴隶那样去占有生产者，而只能不完全占有生产者。在这种条件下，他已经转化为地主了。个体农民和地主间对抗的出现，就是封建制生产关系的出现。

在春秋中期以后，特别在战国时期，有些王侯由奴隶主转化为地主。大量的地主是因军功而得到土地，成为地主的。个体农民中，也有可能分化出一些地主。在土地可以买卖的地方，商人也可以成为地主。

封建的土地所有制，是地主土地所有制。地主之间有不同的政治身份或社会身份。这反映在土地所有权上，也就有不同的等级。自从春秋战国时期出现封建所有制以后，可以说这种所有制一直是等级所有制。

商鞅变法，鼓励成年男子们分家，优待粟帛生产得多的人家，编制民户，压制商业，都是推动男耕女织的个体家庭的发展，要把劳动力紧紧地束缚在土地上。商鞅变法，设立 20 级军功爵，依军功大小给以不同的爵位和田宅，并贬抑没有军功的宗室贵戚，都是要以行政的力量促进奴隶主阶级和地主阶级间差别的消失，并促进新的生产力和封建等级土地所有制的发展。

春秋战国时期的工商业，在社会经济中不像农业那样占有支配地位。记载中所见的当时工商业者，大都是活动能力相当的大人物。春秋时期有两件关于商人的故事。公元前 627 年，郑国商人弦高，到周去做生意，路遇偷袭郑的秦军。他用 4 张熟皮子和 12 条牛，假托君命，犒劳秦军。秦人认为偷袭的消息已经泄漏了，便把军队撤回。公元前 597 年，晋、楚间的邲之战，晋国大夫荀䓨被楚俘虏。郑国的商人打算把他藏在货车里，运出楚境。但这个计划还没有实行，楚国就把他释放了。这两个故事，都是郑国商人的故事。他们不像普通的商人，恐怕都是有政治身份的。孔子的弟子子贡，很能做生意，但他不是商人。他的商业活动，往往是跟他的政治活动相联系的。战国晚期的吕不韦，是一个善于经营的大商人，也是一个政治投机家。他曾策划、资助在赵国做人质的秦公子异人回国做了王，就是庄襄王，吕不韦因此做了秦国的丞相。

战国时期的商品，是以农副产品为主，如粮食和丝、麻、帛、葛，还有土特产和统治阶级享用的奢侈品。魏国的大商人白圭，是以囤积居奇致富的人。年成好的时候，他买进谷物，卖出丝、漆；而荒年就卖出粮食，买进帛、絮。冶铁、煮盐，是当时很能赚钱的行业。赵的郭纵和卓氏，齐的程郑，梁的孔氏，曹的邴氏，都以冶铁致富。鲁的猗顿和齐的刁间以煮盐或兼营渔盐而发了财。这几个大商人都进行商品生产，并在生产过程中使用了奴隶。奴隶制在盐铁生产中，在后来还继续存在着一个相当长的时期。

百家争鸣

春秋战国的社会动荡、政治分裂为中国最早的知识阶层——士的兴起创造了条件。士人从贵族跌落为庶民，反而得到了思想意识自由发展的广大空间，他们以办"私学"的形式纷纷创立学派，促进了中国学术文化的大发展。

在西周宗法分封制中，士是最下层贵族。士隶属于上一级贵族，行为不自由；经济上可以不劳而"食田"；文化上"士竞于教"，享有受教育的权利，他们身通"六艺"，怀有文韬武略。春秋以前的士"大抵皆有职之人"，既有武士，又有文士。

春秋时期，社会动荡、变革，作为政治结构的宗法制逐渐瓦解，首当其冲的贵族成员显然是处于贵族最底层的"士"，而其中社会地位最为动摇的又是文士。因为当时社会政治动荡的一个主要表现是所谓"礼崩乐坏"。"礼崩乐坏"的直接受害者则必然是那些蚁附于礼乐制度的文士。他们当中的许多成员在这次历史大动荡中跌入庶民的世界，在失去封土、爵位、职官的窘况下，他们虽不如平民胼手胝足可维持生计，但是可以把出卖智力作为新的谋生手段。于是，这些原本在宫廷中专掌典册、身通六艺之士纷然出走，流落民间；他们所掌握的文化也被传播、普及，把原来集中于周王室和宋、鲁的文化逐渐扩散。在他们的教育之中，庶民中又产生出新一代文士，与他们一同构成了一个新的士阶层，他们即中国最早的知识阶层。

西周时代，文化教育为贵族所垄断。无论中央国学还是地方乡学，均由官府开设，而且学校就设在官府中，教育的特点也是"政教合一"，因而叫做"学在官府"，亦称"官学"。

春秋时代，官学瓦解，文士从士贵族中分离而游散于民间。官学的衰落，学术文化的下移，使民间逐渐兴起私人教育，出现"私学"。孔子办私学，在他的学生面前既不是贵族，也不是教官，确是真正意义上的教师了。春秋战国时期在私学中，著名的教师几乎都是思想家，他们不拘泥于传统，根据自己的学识、意愿自由安排教育的内容、方式，自由发表对各种自然和社会现象的不同观点，从而形成了儒、墨、道、法、阴阳、名、纵横、杂家各种学派。各学派为了探索客观世界的奥妙，相互竞争，自由论战，以空前的规模和速度，把人们的认识推向新的高度，终于迎来了春秋战国诸子百家争鸣的局面。

春秋战国时期，官学的没落和私学的兴起推动了"诸子蜂起""百家争鸣"的思想大解放。所谓诸子百家之中，最重要的学派有道家、儒家、墨家、法家、阴阳家、名家和杂家。他们掀起了中国历史上空前绝后的广泛思潮。

春秋时期由于社会经济的发展和科学水平的提高，以及奴隶制的没落、封建制的兴起，引起了社会思想的激烈变化。因而在这一时期，产生了不同的哲学思想和不同的社会理论。并且出现了朴素唯物主义与唯心主义的冲突论争。这时期有代表性的人物包括老子、孔子、孙子等，他们著书立说，为后代留下了宝贵的精神财富。

老子及其思想

老子姓李，名耳，又称老聃。春秋末期楚国人。他曾做过周朝的史官，晚年回楚隐居。老子著有《老子》一书，亦称《道德经》，全书分为上下两篇，共5000言，系统阐述了老子的哲学观点和政治思想。

老子的哲学思想的核心是"道"。《道德经》一开篇就说："道可道，非常道"，所以后人把老子尊为道家的创始人。老子所说的道，与现在所说的客观规律有其相似之处。老子认为自然界有一个"道"，这个"道"先于物质世界而存在，"独立而不改，周行而不殆"，是天地万物的本源，道的特征是"惟恍惟惚，玄之又玄"，因为他不知道怎样给其命名，所以称之为"道"。老子的哲学是客观唯心主义的，他认为世界不是统一于物质，而是统一于他所说的类似于"绝对精神"的道。

老子的哲学思想中还包含有朴素的辩证法思想。他指出各种事物都有对立面，如祸与福、刚与柔、强与弱、多与少、上与下、先与后、美与丑、难与易、进与退、兴与废、阴与阳、曲与全、有与无等等，而且矛盾着的两个对立面，互相依存，相反相成，"有无相生，难易相成，长短相形，高下相倾，声音相和、前后相随"，都是对立的统一。老子还看到对立面是可以互相转化的，"祸兮，福之所依，福兮，祸之所伏""弱之胜强，柔之胜刚""物壮则老""正复为奇，善复为妖""反者道之动"等等。老子正确地认识到了矛盾对立的事物向相反的方向转化这一规律，这样的认识有一定的合理性。但是，在事物如何向其对立面转化这一点上，老子却忽视了事物向其对立面转化的必要条件，所以，老子有些时候甚至把辩证法运用到了荒谬的程度。

老子的政治思想的核心是"无为"。他认为社会上产生"有争""有欲"

等，都是统治者有为造成的，所以，只要"无为""好静"，一切顺其自然，不干涉人民的生活，社会自然安静，人民生活自然会好。为达到无为而治，老子主张"常使人无知无欲"。他说："古之善为道者，非以明民，将以愚之。民之难治以其智多。故以智治国，国之贼，不以智治国，国之福"，要"绝圣弃智，民利百倍，绝仁弃义，民复孝慈，绝巧弃利，盗贼无有"。老子"无为而治"的理想社会是"小国寡民"。这个社会"使民有什百之器而不用，使民重死而不远徙。虽有舟舆无所乘之，虽有甲兵，无所阵之。使人复结绳而用之。甘其食，美其服，安其居，乐其俗，邻国相望，鸡犬之声相闻，民至老死，不相往来。"由此可见，老子的政治思想是保守和倒退的，是奴隶主贵族没落情绪的反映。

孔子及其思想

孔子（公元前551—前479年）名丘，字仲尼，鲁国陬邑（今山东曲阜）人。他是中国古代的伟大思想家、教育家和儒家学派的创始人。

孔子的先祖是宋国贵族，因避乱迁居鲁国，其父叔梁纥做过鲁国陬邑大夫。孔子幼年丧父，家道中落，为谋生而学会了许多技艺，所以他自称："吾少也贱，故多能鄙事""吾不试，故艺"。"及长，尝为委吏"和"司职史"，后升为"司空"，50多岁时，当了3个月的鲁国"司寇"，掌管司法。去职后，周游列国，向各国国君宣传自己的政治主张，但未能实现自己的愿望。晚年又回到鲁国，从事教育和讲学。孔子主张"述而不作"。他的言论，由其弟子整理成《论语》一书，共20篇，是研究孔子思想的主要依据。

孔子生活的春秋后期，正是社会大变革时期。他对"礼崩乐坏"的局面十分不满，认为是"天下无道"，便提出了恢复"礼治"的政治主张，所谓"礼"，就是周礼，即是西周奴隶制的礼乐制度。为实现礼治，孔子要求人们"克己复礼"，做到"非礼勿听，非礼勿视，非礼勿言，非礼勿动"。他认为"礼治"必须从"正名"开始，"正名"就是要严格遵守周礼规定的"君君、臣臣、父父、子子"的等级秩序，决不允许任何人有犯上作乱的行为。

孔子又认为实现"礼治"必须提倡"仁"，而"仁"的内容很广泛。孔子强调的是内心修养的功夫，是一种道德标准，用它来调整人与人之间的关系。这种标准和"礼"是一致的，所以说，"克己复礼为仁"。这样就把"礼"和"仁"结合起来了。"仁"和"礼"是孔子思想体系的核心。"正名"以"复礼""克己复礼为仁"是孔子的基本政治主张，由此可见，孔子的政治态度是保守的。孔子的仁，还有另一方面的内容，就是"爱人""己所不欲，勿施于人"。孔子要人们互爱互助，不要彼此损害。为此，他反对残酷的人殉制度，反对苛政，主张举贤才，行德政。这是孔子政治思想中的进步因素，是应当肯定的。

在天道观方面，孔子是信神和畏天命的，表明他未能摆脱西周以来天命鬼神的影响。另一方面，他对天命鬼神又持怀疑态度。他是"敬鬼神而远之"，并认为"未能事人，焉能事鬼"。把探讨和解决社会问题放在优先地位，树立起儒家重视人事的一贯传统。

孔子在历史上第一个打破了学在官府的局面，创立私学，招收学生，以六科教之。办学中，孔子提出了"有教无类"的原则。据说他先后共有学生3000名，来自社会各个阶层，其中著名的有72人，像我们所熟知的颜回、仲由、曾参、冉有、端木赐、子贡等都很有才干。孔子在长期的教育实践中，积累了丰富的教育经验。要求学生"博学于文""博学而笃志"，将学与志相统一。在教育方法上，他"因材施教""诲人不倦""循循然善诱人"，并重视启发学生学习的自觉性、主动性，强调"知之者不如好之者，好之者不如乐之者"。学习上提倡实事求是的态度，"知之为知之，不知为不知""毋意、毋必、毋固、毋我"。又强调复习的重要性，"学而时习之""温故而知新"。还要求学生把学习和思考结合起来，"学而不思则罔，思而不学则殆""三人同行，必有我师焉，择其善者而从之，其不善者而改之"，"不愤不启，不悱不发，举一隅，不以三隅反，则不复也"。孔子的这些教育经验在今天仍然有借鉴作用。他本着"有教无类"的精神，使得许多出身并非高贵的人也可获得文化知识。战国时期学术文化和教育的发达，孔子起到了开风气之先的作用。

孔子又是一位整理古籍的专家。他编订了《诗》《书》《礼》《易》《乐》《春秋》6种文献典籍，后被儒家奉为经典，称为"六经"。这些经典不仅是儒家的经典，也是指导后来中国封建时代政治生活和精神生活的经典。这些经典有的是孔子编订的，有的则是后人编订和补充的。《易》又称《周易》，后世称《易经》，是一部古代占卜用书，具有朴素唯物论和辩证法思想，孔子晚年喜欢读《易》，对《易》有钻研和解释，并用于教授门人。《诗》又称《诗经》，据说原有3000多篇，经孔子删削，后剩305篇。《书》后称《尚书》《书经》，是一部古代历史文献汇编，上起《尧典》，下迄《秦誓》，共29篇，有很高的史料价值。《礼》是指周代宗法、政治典章制度及有关的各种仪式，流传下来的有《周礼》《仪礼》《礼记》。《乐》已失传。《春秋》是孔子编订的我国最早的一部编年史，《春秋》原是鲁史的名称，春秋纪事"上至隐公，下讫哀公十四年，十二公。据鲁，亲周，故殷，远之三代，约其文辞而指博"，全书仅18000字。孔子作《春秋》的目的，是要实现大一统和正名分。书中"为尊者讳""为贤者讳"，如晋文公召见周襄王，写成"天王狩于河阳"等；还反对和抨击僭越、擅权、犯上作乱，并使这些"乱臣贼子惧"。因此，孟子说："世道衰微，邪说暴行有作，臣弑其君者有之，子弑其父者有之，孔子惧，作《春秋》"。由此可见，孔子作《春秋》是与其"复礼"的政治主张相一致的。后人解释《春秋》的书有《左传》《公羊传》《谷梁传》，合称"三传"，其中由左丘明所著的《左传》最为知名，流传也最广。孔子整理古籍对古代文化的保存和发展，起了积极作用。

孔子还创立了中国历史上第一个大学派——儒家学派。所谓儒，就是以教育和相礼为业的。孔子就是从事儒职业的，但他提出了以礼和仁为思想核心的理论，政治上主张恢复礼制等，这样使儒发展成为理论学派。孔子死后，儒家学派进一步发展，形成了许多派别，据韩非在《显学》中说："自孔子之死也，有子张儒，有子思之儒，有颜氏之儒，有孟氏之儒，有漆雕氏之儒，有仲良之儒，有孙氏之儒，有乐正氏之儒。"但各派都宗师孔子，崇尚礼义，以六艺为法。儒家学说对中国后世思想文化、政治、教育等方面，都产生了巨大的影响。

孙子及《孙子兵法》

除孔子与老子外，孙子及其所著的《孙子兵法》也对后世产生了广泛而深远的影响。孙子是齐国人，生卒年月已不可考，大致与孔子相同。

《孙子兵法》共13篇，6000余字。是春秋以前战争历史的高度概括，总结了战争进程中的一般规律，提出了诸多战略与战术原则，并指出了决定战争的各种因素。孙子和《孙子兵法》对历代兵家产生了巨大的影响，被尊为"兵圣""兵学宝典"，它不仅在中国军事史上占有极其重要的地位，在世界军事史上也享有极高的声誉。

《孙子兵法》论述了战争的普遍规律，具有朴素的辩证法思想。《孙子兵法》分析军事形势常常从彼、己两方面着手，尤其注意总结双方对立关系，如治与乱、勇与怯、强与弱、众与寡、生与死等，而且认为双方形势会发生变化，"投之亡地然后存，陷之死地然后生""乱生于治，怯生于勇，弱生于强，治乱数也，勇怯势也，强弱形也"等。《孙子兵法》是中国古代人民智慧的结晶，它将永远闪耀着睿智的光辉。

墨子和墨家思想

墨家的创始人是墨子。墨子名翟，战国初期鲁国人。墨家是一个学派，又是一个有严密纪律的团体，其首领是墨子，墨子死后则称"钜子"。墨者多半来自社会下层，不仅学文，而且习武，生活俭朴，崇尚吃苦耐劳。《墨子》一书，是墨子的弟子或再传弟子记述墨子的言行集录。

面对当时的社会实际，墨家提出了尚贤、尚同、节用、节葬、非乐、非命、天志、明鬼、兼爱、非攻10种主张。尚贤是要求做到"官无常贵，民无终贱"，就是说出身低贱的人只要有才能，封建君主也应擢用他们，以此来反对贵族的世官制。墨家又提倡节用来反对当时君主和贵族的奢侈无度，以"去无用之费"。又提出非乐、节葬来反对贵族久丧厚葬和对钟鼓之乐的沉溺。墨家竭力宣扬天下"兼相爱则治，交相恶则乱"。阶级社会中不可能不分阶级而兼相爱，这只是一种空想。从兼爱的观点出发，墨家提出非攻以反对当时以强欺弱的残酷战争。

墨家尊天事鬼，相信天有意志，能降祸福于人，认为君主如违背兼爱、非攻或节用、尚贤，就将受到天和鬼神的谴罚，反之，则能受到福佑。墨家想假借迷信作为实现他们政治理想的一种工具，但实际上，天和鬼神对封建主起不到约束的作用，反而为他们提供了欺骗人民的工具。墨家思想代表了小生产者的愿望，既有反对贵族特权的进步思想，又有阶级调和的幻想和对天与鬼的迷信。其改造社会的方案暴露了小生产者在政治上的软弱无力。墨家思想在当时影响很大，与儒学并称"显学"。

庄子和道家思想

战国时期道家学派的代表人物是庄子。庄子名周，宋国人，大约生于公元前369—前286年之间，出身于没落贵族，曾做过"漆园吏"，生活困苦，有时以打草鞋为业。他消极避世，隐居从事著述，著有《庄子》一书，共33篇。后人把老子和庄子合称"老庄"。

庄子认为"道"先于客观事物而存在，是一种超感觉的精神性的东西，是产生世界万物的本源。又认为人通过修养可得"道"，得了"道"，就进入"真人境地"，可以解脱人生的苦恼、烦闷、无聊，以至生死。显然，这是一种主观唯心主义。

把世间事物都看作是相对的，这是庄子哲学的一个特点。他说："天下莫大于秋毫之末，而太山为小；莫寿于殇子，而彭祖为夭。"庄子从不同的角度、标准去衡量事物，那么有时就可以把大小、寿夭颠倒过来。他又说儒墨两家各以对方所是为非，所非为是，最后争辩不出一个结果。在庄子看来，认识事物的客观是非标准是没有的，他在认识论上必然走向相对主义。

相对主义也被运用到人生和处世上。庄子要求人们对于诸如寿夭、生死、祸福等现象不必计较。根据相对主义，人们判断社会政治的是非善恶的标准是没有的。庄子认为讨论尧和桀的是非是没有意义的。所以庄子对待生活的态度是，"依乎天理，因其固然"，要"安时而处顺""知其不可奈何而安之若命，德之至也"。斗争是无必要的，一切都顺从命运、安于现状就可以了。这充分反映了没落阶级的悲观失望的精神状态。但庄子却极端反对富贵利禄，痛恨"窃钩者诛，窃国者为诸侯"的不公平现象。由于老庄思想适应了一部分失意人士的心境，因而对后世也产生了很大的影响。

孟子、荀子和儒家思想

儒学是战国时期的显学。孟子和荀子是战国时期儒家的代表人物。孟子主性善之说，认为人的本性是善的，而仁、义、礼、智这四知品质是先天固有的。他要求人们通过存心养性，使这些品质扩而大之，以达到改造客观世界的目的。孟子这种唯心主义理论对后来儒家思想的发展有很大的影响。

在性善论的基础上，孟子又导引出关于仁政的学说。仁政的具体内容包括：一是恢复井田，二是"省刑罚，薄赋敛"，三是行"王道"，即行先王以德行仁的治国方略，反对霸道。

与此相应，孟子提出"民为贵，社稷次之，君为轻"的重民思想。他认为统治者得天下，是"得其民，得其心"，而不是靠武力得天下。

孟子是地主阶级的思想家，他的思想体系是唯心主义的，但是其中有些思想和主张在限制统治阶级过分剥削和压迫人民方面也起过一些作用。有些言论如"富贵不能淫，贫贱不能移，威武不能屈"，也是应当肯定和发扬的。

孟子继承和发挥了孔子的学说，对后世影响很大，孟子被尊为"亚圣"，儒家学说则称为"孔孟之道"。

荀子名况，字卿，战国末赵国人。他的学识异常渊博。他批判各家，又吸取各家之长。他曾在齐的稷下讲过学，并取得稷下首领的地位。荀子是战国末期儒家中最有影响的人物。

道家的自然观被荀子所接受。他把天看作是自然界，"天能生物，不能辨物"，断言天是没有意志的。天有变化和运动的规律，但和人间的治乱并无关系，他说："天行有常，不为尧存，不为桀亡。"至于生产上的歉收和社会上出现动乱，主要是"楛耕伤稼"和封建君主"政险失民"所造成的。道家虽承认天具有物质属性，但觉得人在自然面前是无能为力的。荀子则比道家前进了一大步，他认为人定胜天，提出了"制天命而用之"的著名论点。是古代唯物论中宝贵的思想财富。

荀子主张"礼治"，这是其政治思想的核心，但他的礼治，同孔孟所讲的礼有很大的不同。他主张"礼法兼用"，既隆礼又重法。在"礼"与"法"的关系上，认为礼是用来维护"贵贱有等，长幼有序，贫富轻重，皆有称者"的封建等级制度的，而法是为封建等级制度提供合法的法律依据。"礼"是根本原则，法是具体措施。两者不是对立的，而是相辅相成的。同时，他要求统治者"爱民"，主张"节用以礼，裕民以政"，又进一步论述君主和人民关系为"君者舟也，庶人者水也。水则载舟，水则覆舟"。

荀子提出"法后王"，即注重现实的进步的历史观。在学习上提倡"锲而不舍，金石可镂"的精神，并认为后来者可以居上，"青，取之于蓝，而青（胜）于蓝"，相信一代更比一代强。

韩非和法家思想

战国时各地主阶级先后夺取了政权，建立了封建统治，需要与之相适应的统治理论，法家思想应运而生。法家思想主要特征是以法治国，一切断于法，执法上主张赏罚严明，提倡耕战，强化君主专制，主张中央集权等。战国时期法家人物较多，前期法家主要代表是李悝、吴起、商鞅、申不害等人，后期法家的主要代表是韩非、李斯。他们都是荀子的学生。韩非是先秦法家学说的集大成者，著有《韩非子》一书。

韩非把人类历史看作是发展变化的。他说从上古的有巢氏、燧人氏到夏禹，人的物质生活逐步有所改善。如果有人在夏禹时再去钻木取火，构木为巢，那就势必被鲧、禹所讥笑。同样道理，今天若有人还想颂扬尧、舜、汤、武，那也必定被今天的君主耻笑。所以他认为应该根据今天的实际来制定政策，即所谓"论世之事，因为之备"。他说："上古竞于道德""当今争于气力"，因此仁义只适用于古代，而当今就必须依靠法治和暴力。

韩非主张"法治"，首先是加强中央集权，而实行君主专制则是加强中央集权的要害。为此，他认为君主必须掌握"法""术""势"这三种"帝王工具"。所谓"法"是指君主制定的成文法令；"术"是君主控制臣下的权术，"术者藏之胸中，以偶众端，而潜御群臣者也"；"势"是指君主的至高无上的权力。这三者是不可分离的，有"法"无"术"，会削弱君主的权力；有"术"无"法"，则不能稳定君主的权，但"法"和"术"都必须以"势"为前提，而三者又都是"以法为本的"。所以他认为法律要向全国公布，臣民必须严格遵守，并强调用严刑峻法来镇压人民的反抗，巩固封建统治。

韩非的中央集权君主专制的政治思想，为秦始皇统一中国，建立专制主义中央集权的封建国家奠定了理论基础。

其他学派

名家是研究名实问题的学派。名实问题，就是概念与事物的关系问题。春秋战国是社会制度发生重大变革的时期，新旧事物交替，出现了名实不符的情况。名家提出要根据新的"实"来慎重地重新定名，这实际上反映了新兴地主阶级肯定社会变革的要求。其主要代表人物有惠施和公孙龙。

惠施又称惠子，战国中期宋人。他主张合同异，认为事物存在着对立的两极，如今和昔、大和小、生和死等，它们都有共同之处，又各自有其特性，即所谓"万物毕同毕异"。这个观点包含有辩证的因素。但他依据同异的相对性，又得出了万物完全相同（毕同）的结论。这又陷入了相对主义的错误。

公孙龙，赵国人，其著作有《公孙龙子》，他写的《白马论》提出了"白马非马"的命题，"马者所以命形也，白者所以命色也，故曰白马非马"。其中包括的一般与个别、共性与个性的辩证法因素。但他只看到个别与一般的差别，并将这种差异绝对化，从而得出"白马非马"的错误结论，陷入了诡辩论。

战国末以齐国人邹衍为代表的阴阳五行学派对后世思想的影响也不可忽视。邹衍把具有朴素唯物思想的阴阳说与五行说结合起来，把阴阳消长与五行相胜配合，提出五德始终说，认为土、木、金、火、水五行就是五德，历史上每个朝代代表一德，按五行相胜次序互相更替，周而复始。而主宰历史循环的则是人格神天。这一循环论的唯心主义历史观为后来两汉谶纬神学的发展提供了一个思想基础。

兵家是专门研究军事学说的派别，主要代表人物是孙膑，另外还有吴起、司马穰苴、魏无忌等。孙膑是战国中期齐国人、孙武的后代。齐威王时任军师，著有《孙膑兵法》，后世失传。1972年在山东临沂银雀山汉墓中发现了此书。已整理出版的《孙膑兵法》，共30篇，11000多字。孙膑主张用战争手段解决统一问题。他强调进攻战略，但又注重战术的灵活，并主张在运动中消灭敌人等。《孙膑兵法》是一部杰出的古代兵书。

农家，创始者是许行，他主张人人劳动，自食其力，国君也要"与民并耕而食"，反对不劳而获。这是朴素的农民思想的反映。

战国末年，随着社会经济的发展和统一局面的来临，又出现了杂家。秦相吕不韦在秦王政八年令门人辑成《吕氏春秋》一书，公布于众。这部书力图综合先秦诸子，被称为杂家，对各家兼收并蓄，主要是对儒家、道家采取尽量吸收的态度。这部书有重要的政治意义和文化价值，对后世的影响不容忽视。

古代东方第一战略家孙武

孙武字长卿，他的祖先本是陈国的公族，姓妫。后迁居齐国，改姓田。齐景公时（公元前547年—前490年在位），他祖父田书因功封于乐安（今山东惠民），赐姓孙氏，父亲孙冯亦位居齐卿。孙武年轻时，很想有一番作为，但看到齐国统治集团内部矛盾十分激烈，执政的贵族间不断互相倾轧残杀，颇为失望，遂离开齐国，来到南方新兴的吴国。

孙武到吴国后，居于都城姑苏（今苏州）附近的乡间，潜心研究军事，写作兵法，并结识了楚人伍子胥，两人经常在一起切磋学问，讨论天下强弱大势和吴国政治动向。不久，吴王阖庐当国，任命伍子胥为吴国行人（掌管朝觐聘问之官），参与计议军国大事。伍子胥深知孙武的军事才能，竭力向吴王推荐他。吴王开始不以为然，后来读了孙武写的13篇兵法，不觉大为叹赏，很想起用他为将军，但又担心孙武从未打过仗，会不会是个纸上谈兵的角色，便决定先试他一试。

一天，吴王把孙武召来，对他说："先生的兵法果然十分高明，但不知实用起来如何，能否小规模演试一下，让寡人开开眼界？"孙武答道："当然可以。"吴王见他如此自信，有心要难他一难，便问道："妇女也可以操演吗？"孙武知道吴王的用意，稍稍迟疑一下，说道："可以。不过，用兵是严肃之事，来不得半点游嬉，请大王放手让臣操演，万勿中途干涉，方有成效。"吴王点头同意。

就这样，孙武以练女兵开始了他的军事实践。他把吴王从宫中挑选来的180名宫女分为2队，指定吴王最宠爱的两位美姬为领操队长。然后向她们耐心讲解操练要领。他问道："你们都知道自己的前心、左右手和背后吗？"众宫女七嘴八舌地答道："知道。"孙武点点头，又大声说："操演时，一切行动以鼓声为号，向前，即视前心；向左，视左手；向右，视右手；向后，则视后背。懂了吗？""懂了。"宫女们依然边说边嘻嘻地笑着。

布置已毕，孙武命军吏扛来执法的大斧，竖在练兵场的一侧，并指着大斧反复申明军法。接着，下令操练开始。

一阵"咚咚"的鼓声响起，命令"士卒"向右前进。但宫女们闻鼓，谁也没有按号令行动，反觉得十分好玩，纷纷掩口而笑。孙武见了，先严肃地自我检讨说："军士不熟号令，是为将的规定不明之故，过失在我。"又把操练要领和军令军法细细交代了一遍，同时特别关照两位队长要带头听令，领好队伍。然后，亲自击鼓，令"士卒"向左前进。谁知宫女们这回笑得更乐了，一个个前俯后仰，你推我拥，挤做一团，弄得队伍大乱。孙武见状大怒，厉声说道："操演要领和军令我已再三讲明，你们却明知故犯，这就不能怪军法无情了。"说罢，喝令军吏将两个队长推出斩首。

坐在高台上观操的吴王，本想看点笑话，见孙式竟认起真来，知道事情严重了，急忙派人对孙式说："寡人已知将军能用兵了。但少了这两个美人侍候，寡人寝食不安，请将军宽恕她们。"孙武说："臣既已受命为将，将在军，君命有所不受。治军之道，在信赏明罚，不然，则何以练成劲卒？"坚持把两个违令的美姬杀了。并另外指定两个队长，下令继续操演。

众宫女见了这种场面，莫不悚然，哪里还敢有半点怠慢，个个屏息静气，全神贯注，随着鼓声前后左右，旋转跪起，操练起来，不一会儿，便练得步法渐熟，动作整齐。

于是孙武派人报告吴王说："女兵已训练就绪，请大王前来检阅。"吴王正为两个宠姬被杀而心痛，气恼之下，便说："寡人不愿去看，让孙武先回家休息罢。"孙武听后，叹道："看来吴王喜欢的只是兵法上的词句，而不想去真正实行。"伍子胥知道此事后，急忙劝吴王消除杀姬之怨。以大局为重。过了好几天，吴王才稍稍回心，正式拜孙武为将军，负责训练吴军。

在孙武的主持下，吴军经过几年训练，日益强盛。公元前512年，吴王派孙武、伍子胥率兵讨伐庇护吴国叛臣的徐和钟吾国。钟吾国小民贫，很快被吴军击灭。吴军乘胜移兵攻徐。徐国君臣一面死命守城，一面火速向楚国求援。孙武见一时难以取胜，怕旷日持久，楚军来援，于己不利，便提议堵截山水，灌淹徐国。结果楚国救兵未到，徐国已被攻破。

吴王见吴军初战告捷，十分得意，便想乘势伐楚。孙武分析了敌我形势，认为不妥，劝阻说："我军已连灭二国，人马疲惫，军资消耗，如立即与楚军开战，必然不利，不如暂且收兵，养精蓄锐，再图进取。"吴王点头称是，遂下令班师。

吴军回国后，为了削弱劲敌楚国，一面采用伍子胥提出的"疲楚误楚"法，不断分兵轮流骚扰楚境，使楚军疲于奔命；一面加紧争取盟友，孤立楚国。经过五六年的时间，终于使楚国劳师丧财，附庸离心，渐渐陷入被动的局面。

吴王见伐楚时机已成熟，便拜孙武为将军，伍子胥、伯嚭为副将，倾全国兵力，并联合唐、蔡等国，大举出兵攻楚。

吴军在孙武的指挥下，北上溯淮而西，行至维汭，忽舍舟登陆，昼夜兼程，直扑楚国东北境。楚国得到吴军来犯，急忙派令尹子常率领20万人马，星夜赶赴汉水南岸立营相拒。孙武见楚军大规模出动，便下令吴军在豫章地区安营扎寨，休整待命。他已通过伍子胥等人了解到楚国政出多门，行事无定见，决定以静制动，相机行事。

楚将子常原来以为吴军千里远袭，军资接济困难，必求速战。如今见吴军忽然按兵不动，反倒困惑起来，不知对方葫芦里卖什么药。正在狐疑之际，手下的左司马戌进来献计说："兵法云：千里馈粮，士有饥色。吴军远征，利在速战。今孙武按兵不动，正犯兵家大忌。将军可在此与吴军相持，待某分兵绕出敌后，断其粮道，然后与将军夹击吴军，如此必获全胜。"子常听后，连称好计。左司马戌当即领兵而去。

左司马戌走后，手下的武城大夫黑和部将史皇也来见子常，都主张乘楚军兵多势众，速战速决。甚至对子常说，如拖延不决，使左司马戌此去独得头功，恐怕于他的威望有损。子常听后，不觉心动，便不顾与左司马戌的前约，下令强渡汉水，在大小别山一带连营数十里，摆开了与吴军决战的架势。

孙武正在静观形势，见楚军行动露出破绽，心中大喜，立即乘其立足未稳，发起攻击，与楚军大战3次。吴军因深入敌境，处境险恶，无不欲死里求生，个个奋勇冲杀，终于击败楚军。

楚军退到柏举（今湖北麻城以东），重新集结兵力，欲与吴军决战。但经不起吴军先锋夫概 5000 劲卒的冲击，便阵势大乱，连连败退。楚军主将子常弃军而逃，部将史皇死于乱军之中。吴军乘胜追击，在清发水（今湖北安陆西之涢水）、雍澨（今湖北京山县西南）等地又连败楚军，赶来救援的左司马戌也因兵败自杀。至此，楚军全线崩溃。孙武抓住战机，迅速抢渡汉水，直捣郢都（楚国都城，在今湖北江陵北），楚昭王带着一些大臣慌慌张张地逃了出去。

在这场战争中，孙武指挥数万吴兵，以少击众，大破楚军 20 万，五战克郢，表现了高超的军事指挥艺术。经此一战，吴国声威大震，楚国受到了立国以来最大的打击。

孙武不仅用兵如神，还写下了中国第一部军事理论著作《孙子兵法》，对后世军事学的发展产生了巨大而深远的影响。

《孙子兵法》的问世，是世界军事史上具有划时代意义的大事，它比色诺芬（公元前 403—前 355 年左右）的号称古希腊第一部军事理论专著《长征记》，以及古罗马弗龙廷（约公元 35—103 年）的《谋略例说》、韦格蒂乌斯（4 世纪末）的《军事简述》，不仅成书早，学术性强，而且有其独特的思想体系，因而在国际上也享有盛誉。7 世纪时，《孙子兵法》便传到日本。18 世纪以后，又被译为法、英、德、俄等多种文字，受到各国军事理论家的高度赞扬，他们公认"孙子是古代第一个形成战略思想的伟大人物"。

秦　朝

（公元前 221 至公元前 206 年）

秦灭六国

秦始皇，名嬴政。其父子楚为秦国太子安国君之子，早年被作为人质送入赵国。逃回秦国后不久即登上王位，是为秦庄襄王。在位仅3年，公元前247年，子楚死，13岁的嬴政继位。当时秦国大权操纵在丞相吕不韦手中，吕不韦是当时颇有政治才能的人物，他利用秦国的传统优势，积极推进蚕食六国的统一活动，对秦国的发展曾做出贡献。但吕不韦与太后及宦官嫪毐等相勾结，专权用事，引起秦王政的不满。

公元前238年，秦王政以22岁亲政。随即诛杀嫪毐，幽囚太后，次年罢免相国吕不韦，令其迁居蜀郡，吕不韦畏罪自杀。从此秦王独揽全国大权。他重用尉缭和李斯，任用王翦、王贲父子和蒙武、蒙恬父子为将，重新部署了对付六国的战略和策略，开始了消灭六国的统一战争。

公元前230年，秦派内使腾率兵攻韩，俘韩王安，韩亡。

公元前229年，秦派王翦领兵攻赵，第二年，攻入邯郸，俘虏了赵王迁。赵公子嘉率其宗族数百人逃到代郡，自立为代王。公元前222年，秦将王贲俘代王，赵亡。

公元前227年，燕太子丹为挽救燕国灭亡，派荆轲刺杀秦王，未遂，荆轲被处死。秦王政立即派王翦领兵攻燕。第二年，秦军攻下燕都蓟（今北京大兴区西南）。燕王喜逃到辽东（今辽宁辽阳市西北）。公元前222年，秦将王贲攻占辽东，俘燕王喜，燕亡。

公元前225年，秦将王贲攻魏，魏王假投降，魏亡。

公元前224年，秦王政派王翦率军60万大举伐楚，翌年大败楚军，杀楚将项燕，俘楚王负刍。楚亡。

公元前221年，秦派王贲攻齐，俘齐王建，齐亡。至此，秦终于完成了全国的统一，建立起中国历史上第一个统一的封建专制主义的中央集权制国家。

唐代伟大诗人李白《古风之三》诗中有言："秦王扫六合，虎视何雄哉！挥剑决浮云，诸侯尽西来。明断自天启，大略驾群才。收兵铸金人，函谷正东开。铭功会稽岭，骋望琅邪台。"这里所讴歌的，就是战国末年秦国运用战争这一暴力手段，完成兼并六国、实现统一大业的重大历史事件。

且说天下大势，合久必分，分久必合。西周的统一，由骊山峰烟而告终结，历史进入了春秋、战国的大分裂、大动荡阶段；经过数百年的冲突整合，到战国末年又呈现重新走向统一的趋势。当然这种统一，较之于殷商、西周的统一，自有质的不同、质的飞跃，这其实正是历史运动否定之否定过程的客观体现。秦国统治者顺应这一历史潮流，果断坚决地发动了兼并六国之战，从公元前 230 年到公元前 221 年，仅仅用了 10 年的时间，就相继灭掉了北方的燕、赵，中原的韩、魏，东方的齐和南方的楚 6 个诸侯大国，结束了春秋以来长达 500 余年的诸侯割据纷争的战乱局面，建立了中国历史上第一个中央专制集权的统一国家，实现了伟大的历史性进步。

战国七雄并峙局面的形成，既是春秋以来争霸兼并战争的结果，又是统一天下的前奏。早在战国前中期，孟子就明确预言：天下"定于一"。为增强国力，统一全国，七雄相继展开了富国强兵的变法活动。其中魏国任用李悝变法，楚国起用吴起变法，赵国有赵武灵王推行"胡服骑射"的军事改革，另外，齐、韩、燕诸国也有规模不同、收效不一的变法改革。但最有成效的则要数秦国的商鞅变法。

公元前 359 年，秦孝公任用商鞅实行变法改革，国力逐步强盛。从秦孝公到秦王嬴政的 100 余年时间中，秦国的发展日新月异，令人瞩目。在军事制度方面，它实行按郡县征兵，完善军队组织，"尚首功"，重训练，严军纪，大大提高了军队的战斗力，士卒勇猛，车骑雄壮，远非其他六国可比，故荀子说："齐之技击不可以遇魏氏之武卒，魏氏之武卒不可以遇秦之锐士"（《荀子·议兵》篇）。在军事战略上，它改变了劳师远征而收利甚微的做法，采取范雎远交近攻的策略，逐渐蚕食并巩固其占领地区，实行有效控制，相继吞并巴蜀，灭掉西周、东周，攻占韩国的黄河以东和以南地区，设置太原、上党、三川 3 郡，其领土包括今陕西大部、山西中南部、河南西部、湖北西部、湖南西北部以及四川东北部的广大地区。史书记载秦国"西有巴蜀、汉中之利，北有胡貉、代马之用，南有巫山、黔中之限，东有崤函之固"，在战略地理上处于"进可以攻，退可以守"的有利形势。"战国千乘，骑万匹，奋击百万"，军事综合实力远胜于关东六国。这种优越的战略形势为秦统一六国奠定了坚实的基础。

与此同时，关东六国统治集团内部相互倾轧，尔虞我诈，争权夺利，政局动荡不宁。各国之间长期战争，实力消耗，弄得几败俱伤，国势衰微。六国统治者鼠目寸光，昧于形势，面对强秦的威胁，虽然屡次合纵抗秦，但是各怀私利，只想别国为自己火中取栗，在秦国连横策略下先后瓦解而失败，无法形成稳固统一的抗秦力量，给秦国各个击破提供了可乘之机。当时的有识之士已经看出秦灭六国的必然趋势，如子顺就曾经这么说：当今崤山以东的六国衰弱不振，韩、赵、魏三国向秦割地求安，二周已被秦所灭亡，燕、齐、楚等大国也纷纷向秦国屈服，照此发展下去，不出 20 年，天下必然属于秦一国独有。

公元前 238 年，秦王政铲除了丞相吕不韦和长信侯嫪毐的势力，开始亲政，独揽大权。他"奋六世之余烈，振长策于宇内"，在李斯、尉缭等人的辅佐下，周密制定了统一六国的战略策略。这一战略的中心内容有两项，一是采纳尉缭破六国合纵之策："毋爱财物，赂其豪臣，以乱其谋"，从内部分化瓦解敌国。使秦国"灭诸侯，成帝业，为天下一统"。二是按照远交近攻的基本原则，确定先弱后强、先近后远的具体军事行动步骤，先攻韩、赵，做到笼络燕、齐，稳住楚、魏，消灭韩、赵，然后各个击破，循序渐进，统一天下。在这一战略方针指导下，一场伟大的统一战争全面展开了。

公元前 236 年，秦国趁赵攻燕、国内空虚之际，分兵两路大举攻赵，揭开了统一战争的序幕。经过连年进攻，秦国极大地削弱了赵国的实力，但一时还不能将其灭亡，于是就转攻六国中最弱的韩国，公元前 231 年，攻克韩国的南阳。第二年，秦内史腾统兵攻陷韩都阳翟（今河南禹州市），生擒韩王安，在韩地设置颍川郡，灭亡了韩国。

公元前 229 年，秦军将进攻矛头指向赵国，大将王翦统兵由上党（今山西长治）出井陉（今河北井陉），端和出河内，对赵都邯郸实施夹攻。赵国派名将李牧迎战，双方互有胜负，陷于战略相持，时达一年之久。秦国及时行施反间计，借赵王之手除掉劲敌李牧。赵军遭此变故，士气严重受挫，丧失了战斗力。公元前 228 年，王翦向赵国发动总攻击，很快攻占了邯郸，俘虏了赵王迁。赵残部逃窜代地，赵国灭亡。

秦在攻赵的同时，兵临燕境。燕国无力抵抗，太子丹负隅顽抗，企图以刺杀秦王的办法来逃脱灭亡的命运。公元前 227 年，太子丹派荆轲以进献燕国督亢地图为名，"图穷匕首见"，行刺秦王政，结果功亏一篑，遭到失败。秦王政以此为借口，派王翦在灭赵后统兵攻打燕国。秦军进展顺利，在易水（今河北易县境内）大破燕军主力。第二年初冬，秦军攻陷燕都蓟城（今北京市），燕王喜率残部逃窜到辽东（今辽宁辽阳一带），苟延残喘，燕国名存实亡。

秦国灭掉赵、韩，重创燕国以后，已经控制了黄河南北的大部分地区。黄河中下游只剩下一个魏国，在那里苦苦支撑，勉力维持，可是它国势衰微，加上孤立无援，灭亡指日可待。公元前 225 年，秦国抽出一部分兵力，派遣将军王贲从关中出发，东进攻魏，很快就包围了魏都大梁（今河南开封）。大梁城坚，强攻不克，秦军便引黄河、鸿沟之水灌淹大梁城。三月，大梁城垣被水冲坏，秦军乘势发起攻击，占领大梁，魏王假束手就擒，魏国也步了韩、赵等国的后尘。

攻灭楚国是秦统一六国之战中较为艰巨的一役。早在秦军攻取燕都时，秦国就把进攻的目标转向了楚国。为此，公元前 226 年秦王政曾召集一次军事会议，向诸将询问攻楚需要动用多少兵力。宿将王翦认为楚国地广兵强，必须有 60 万军队伐楚才可达到目的。而年轻气盛的勇将李信则表示，只要用 20 万兵力就能够攻下楚国。秦王政认为王翦老朽怯战，没有采纳王翦的意见，派遣李信和蒙恬率军 20 万，乘楚国发生内讧之机，于公元前 225 年分两路大举进攻楚国。楚国闻报秦师骤至，派大将项燕率军进行抵抗。秦军开始进军顺利，分别在平舆（今河南平舆北）和寝（今安徽临泉）等地击败楚军。接着两支秦军向西推进，在城父（今河南襄城西）会合。项燕率军反击，尾随秦军，追击3天3夜，大败李信军，攻破秦军两个壁垒，杀死7个都尉，李信仓皇逃回秦国。第二年，秦王政起用告老还乡的老将王翦，答允其需动用60万人伐楚的条件，"空国中之甲士"，由王翦率领再次攻楚。楚国闻讯，又派项燕统兵抵御，双方在陈（今河南淮阳）相遇。王翦采取养精蓄锐，以逸待劳的作战方针，"坚壁不与战"，按兵不动。楚军屡次挑战，秦军都不予理睬，不作交锋。项燕无奈，只得率师向东转移。王翦乘楚军师老兵疲、向后撤退之机，挥师追击，杀死楚军统帅项燕，并乘胜攻占楚国的众多城邑。公元前223年，秦国又命王翦、蒙武率军继续进击楚军余部，攻占楚都郢城（今湖北江陵），俘虏楚王负刍，在楚地改设郢郡，灭亡了楚国。

秦军灭楚之后，只剩下东方的齐国和燕、赵残余势力有待扫荡。公元前222年，秦又派将军王贲率军进攻辽东燕国残部，很快歼灭了辽东燕军，俘虏了燕王喜；秦军回师途中又在代北（今山西代县）击败赵国余部，生擒代王嘉，代亡。至此，赵、燕的残余势力被完全消灭。

这时候，齐国面临着彻底覆灭的命运，统治集团内部乱成一团，民心涣散，兵无斗志。当时虽有人提出与其坐以待毙，不如主动出击秦军的方案，但已纯属是纸上谈兵，空中楼阁，根本无济于事。齐王建在秦军旦夕将至的情况下，慌忙在西线集结军队，企图进行最后的抵抗。公元前221年，秦军避开西线齐军主力，把主攻方向选择在齐国防御薄弱的北面，从燕经南部进军，兵锋直插齐都临淄（今山东淄博市）。秦国又允许给以封地，引诱齐王建。在秦国的军事压力和政治利诱之下，齐王建完全丧失抵抗意志，不战而降，关东六国中的最后一个堡垒——齐国也终于被秦国的铁骑踏平了。

秦获得统一六国之战的胜利，是由于其战略指导正确，作战指挥高明。秦王政在位时期，群雄兼并战争业已进入最后的阶段，秦国具有得天独厚的优势，国富民众，兵强马壮，有足够的人力物力确保统一战争的顺利进行，在战略上处于最有利的进攻态势，所以能够势如破竹，摧枯拉朽，相继灭亡六国。在战争指导上，秦国执行了由近及远、先弱后强、各个击破的正确方针，首先灭掉相毗邻的弱国韩、赵，然后趁热打铁，中央突破，攻燕灭魏，占领整个中原腹心地区；最后再接再厉，消灭两翼的强敌齐、楚。这一战争指导的运用是符合实际情况的，也是卓有成效的。在具体的战役指挥中，秦军同样高明正确，如在灭韩、赵的战争中，善于根据具体情况，做到机动灵活，赵有机可乘则先攻赵，韩呈败象则坚决灭韩。又如在灭楚之战中，能够虚心吸取首战失利的教训，及时调整作战部署，集中优势兵力对敌，不同楚军正面硬拼，而乘其反击失利后撤之际，发起追击，予以聚歼。再如在攻齐之役中，避实就虚，出奇制胜，政治诱降与军事攻击双管齐下，一举而定。所有这一切，都是值得后人借鉴的优秀军事指挥艺术瑰宝。

秦灭六国，统一天下，在战争的废墟上建立起了中国历史上第一个统一的封建大帝国——秦王朝，这标志着一个历史新纪元的开端，也意味着波澜壮阔、震撼人心的先秦战争的终结。

统一之战

秦统一六国主要的战争有：并韩灭赵战争。灭赵之战始于秦始皇十一年，赵悼襄王九年（公元前236年），大战3次。共历9年。至秦始皇十九年，赵代王嘉六年（公元前228年），秦灭亡赵。灭韩战争发生于秦始皇十七年，韩王安九年（公元前230年）。并魏战争发生于秦始皇二十二年，魏王假三年（公元前225年），魏被秦灭。灭楚战争始于秦始皇二十二年，楚王负刍三年（公元前225年），经过两次大战，历时近3年，秦先败后胜，于秦始皇二十四年，楚王负刍五年（公元前223年），楚被秦灭亡。灭燕战争发生于秦始皇二十年，燕王喜二十八年（公元前227年）。秦军一举攻占燕都蓟，至秦始皇二十五年，燕王喜三十三年（公元前222年），燕为秦灭亡。灭齐战争发生于秦始皇二十六年（公元前221年）。在秦灭燕后，以突然袭击的行动，将齐一举灭亡。

秦统一六国前各国之形势

经过春秋和战国长期的兼并战乱，中国社会逐渐向全国统一的趋势发展。到公元前246年，也即秦始皇即位的初年，随着秦灭六国统一战争的开始，我国历史上第一个强大统一的封建大帝国——秦国，即将在刀光剑影中诞生。六国日渐没落、秦国蒸蒸日上已成不可逆转之势。

齐　向为东方之强国，但到秦始皇初年，齐政权传至齐王建时，齐威王时期建立起来的霸业早已成为历史的陈迹，齐国实已徒具东方强国的虚名。它政治落后，经济发展缓慢，国无贤臣良将，军无奋进战斗之志，面对强秦即将发动的并灭六国的战争，竟毫无准备，坐以待毙。

韩　本来就是三晋中最弱的一方。到韩桓惠王时，韩就已臣服于秦国。秦始皇初年，韩国的疆域更加缩小，只剩下都城阳翟与其周围10多个中小城邑，基本上已是名存实亡之国了。

魏　虽然也曾经历过战国初期最强盛的时期，据有河东、河西、河内、河外广大地区，疆域之内山河纵横，形势险要，但由于它阻扼秦东出函谷之咽喉，多年均为秦之首要对手，特别是自魏惠王以来，不断被秦战败，疆域日渐缩小，秦始皇初年，正当魏安釐王晚期，国势更加衰弱。但信陵君窃符救赵，尤其是联合各诸侯国合纵抗秦，取得河外大捷，大大提高了魏的威望，本应乘胜恢复魏之疆域，然而安釐王昏聩无能，不但不借机复国，反而听信秦国离间挑拨，罢黜信陵君，失去了东山再起的可贵时机。

赵　地处中原之北方，方圆 2000 里，也是北方之强国。在赵武灵王时，倡导胡服骑射，革新政治，富国强兵，国势为之一振。赵国北拒匈奴，南抗强秦，成为唯一可与秦相抗衡之国。但赵武灵王死后，赵屡被秦兵攻伐，对本国良将廉颇、李牧等不予任用，竟听信谗言妄加诛黜，赵王的这种昏庸无能，使赵终于为秦所破。

燕　春秋初期尚属极弱小之国，到燕昭王时，励精图治，疆域扩大，国力日强，曾北至辽东，西至上谷，南与齐、赵接壤。但到燕王喜当政时期，非但不与近邻赵、齐修好，且常常发动混战，劳民伤财，国力损耗巨大，成为六国之中略强于韩的弱小之国。

楚　自春秋至战国始终未失其南方大国之地位，领有疆域 5000 里，带甲 100 万，地大物博，粟可支 10 年，为诸侯国中具有相当实力的大国。但自秦将白起攻陷楚都后，楚国势力大大减弱，国都被迫迁于陈地，以后又再迁于巨阳与寿春。都城多次被迫迁移，大大挫伤了楚国的士气。楚考烈王当政的前后，楚国实际上已徒具强楚之名，远远无法与秦相匹敌。

秦　地处西陲，原为关中地区的一个戎狄小国，春秋时期远较中原地区各诸侯国落后，春秋各国称霸中原盟会争雄时，秦常被排斥于外。但自秦孝公起励精图治，任用商鞅变法革新，废除旧奴隶主贵族特权和世卿世禄制度，逐渐建立起中央集权的封建统治政权。对内实行"奖军功，教耕战"，对外则连横而战诸侯。司马错又南并汉中、巴蜀，北灭义渠、陇西，巴蜀广大地区先后为秦所有。后白起率军攻拔楚都郢，又击溃赵魏联军于华阳，歼灭赵军于长平，中原地区的大片河山几乎都在秦国的控制之下。

秦灭六国的基本战略与策略

秦始皇统一六国的战争，经过了详细策划，基本的战略是以强大的政治外交攻势，拆散六国的"合纵"联盟，集中优势兵力，各个击破，逐一并灭六国。根据六国当时的强弱态势和山川地理形势，决定先由北路对赵进攻。赵国被攻灭后，再转向灭燕，继而攻灭韩、魏，最后再进攻齐、楚两国。秦国向六国进攻，占有重要的地理优势，几条战略通道均在秦国的控制之下，这些通道为：

成皋道路　这条通道由成皋到函谷关，中原各国每次合纵攻秦或秦东出中原均多经由此线进军。秦灭六国的战争，首先控制了这条通道。

夏路要道　这条通道经伏牛山脉、南阳盆地隘口，向东南可达下蔡、居巢，楚都由陈迁往寿春后，这条重要通道即为秦军控制。

井陉、孟门通道　这条通道为通燕、赵、齐之要道，他渐为秦所据有。

秦占有了天时、地利、人和诸多方面的优势地位之后，即开始了消灭六国的战争。

中国第一个封建王朝——秦

概况

秦朝是中国第一个封建王朝，传二代二帝，共 15 年。时间是约公元前221 至前 207 年。秦朝虽短命，但却为中国历史的发展做出了许多创造性的贡献。

首先是修筑了举世闻名的万里长城。而长城的修建最初是为了抵御北方匈奴族的内侵。匈奴据说也是夏王朝的后裔。他们以游牧为生，食肉衣皮，随水草迁徙，没有农业和城邑，注重骑马和射猎。他们没有文字，尊重强健武勇的青壮年而轻视文弱老人。这些生活习俗、社会风尚同中原华夏族差异很大，与原住北方的戎狄族也不相同。匈奴人生性剽悍，崇尚勇敢，富有集体主义和献身精神，只要首领单于一声号令，人们都会纵体披发，引弓控弦飞驰而来。这支食兽肉、衣皮革，人人能弯弓，个个善骑术并习攻战、侵伐的民族，把以农业生产为主，物产丰富的中原作为他们侵伐的对象。战国后期，匈奴乘中原各国战事正酣、无暇他顾之机，竟长驱直入，占领了河套地区（今内蒙古和宁夏境内贺兰山以东、狼山和大青山南的黄河沿岸地区）。秦统一后，匈奴所占领的河套地区就像一把尖刀插在背上，成为秦的心腹之患；同时，当时社会上也流传说："最终致使秦灭亡的是胡。"因此匈奴一直是秦的心腹之患。

始皇三十二年（公元前 215 年），秦始皇亲自到北部边境巡视，布置反击匈奴的行动。回到咸阳后，就以长子扶苏为监军，派大将蒙恬率领 30 万大军出击匈奴。蒙恬的 30 万大军以破竹之势，一举收复了河套地区。第二年，又渡过黄河，夺回了被匈奴控制的高阙（今内蒙古杭锦后旗东北）、阳山（今内蒙古狼山）、北假（今内蒙古河套以北，阴山以南、大青山以西地区）。这一系列的胜利，使蒙恬威震匈奴。这些地区被收复后，秦在这一地区设置了 44 个县，重新设置了九原郡（郡治在今内蒙古包头西）。秦始皇三十六年（公元前 211 年），秦又迁徙内地 3 万多户到北河、梅中一带屯垦。这次大规模的移民不仅有利于防御匈奴的再次侵扰，而且促进了边境地区的开发和民族间的融合。

为了更进一步有效地防御匈奴的侵袭，秦王朝修筑了举世闻名的万里长城。

长城的修建，可追溯到战国时期。当时秦、赵、燕三国经常受到匈奴、东胡、林胡等游牧民族的侵扰。这些游牧民族精于骑射，来去飘忽，战斗的运动性很大，再加上三国忙于兼并战争，无力去对付这些来去无踪、飘忽不定的游牧民族，遂在自己的北部边境修筑长城，派军队戍守，以抵御游牧民族的掠夺。

秦王嬴政在原来秦、赵、燕三国旧长城的基础上，修筑了一条西起甘肃临洮，东到辽东郡碣石，绵延5000余公里的举世闻名的万里长城。

秦的长城大多为土筑或石砌而成。整个工程由关隘、城墙、城台、烽燧四部分组成。关隘，往往设于高山隘谷等险要处，扼守要冲；城墙为长城的主体，大都随地势而筑；城台凸出于墙外，或用来放哨，或用来藏兵；烽燧，大多建于山顶或长城转折处，主要是用来传递军情，白天燃烟，晚上烧火。秦长城由蒙恬率士兵、戍卒和罪犯修建，在当时工具简陋、交通不便的条件下，修筑如此浩大的工程，其艰难程度是可想而知的。

秦长城的修筑在当时和相当长的一段时间里对阻止北方游牧民族的侵扰，对保护中原地区的社会经济和人民生活的安定，是起着积极的作用的。

万里长城奠定了此后相当长的一段时间内中国北方的疆域，而强秦时代的疆域大抵东至海，南至五岭（大庾、骑田、都庞、萌渚、越城）。自西北临洮（今甘肃岷县）起，大体循秦、赵、燕旧长城至东北辽东止，筑长城万余里，防匈奴等游牧族内侵。这是当时确定了的中国疆域，疆域内的居民基本上是汉族。秦以后的中国就在这个基础上逐渐向外扩展。

秦始皇的第二个贡献是建立皇帝独裁制度。秦统一中国后，秦帝国空前强大。秦王的称号显然已不足以显示其威力。

秦王政于是召集大臣、百官、博士征集名号。最后决定把传说中三皇五帝尊称合而为一，号称皇帝。他是第一代皇帝，所以叫始皇帝，希望"二世、三世至于万世，传之无穷"。皇帝是封建国家的最高统治者，拥有至高无上的权力。从秦始皇以后，历代的封建统治者都沿用了皇帝这个称号。秦始皇为了显示自己独一无二的至尊地位，自称为"朕""命为制，令为诏""印"称"玺"。又废除子议父、臣议君的"谥法"，制定了尊君抑臣的朝仪和等级森严的舆服制度。

秦始皇创造了"皇帝"这一新名词，秦朝的皇帝虽然二世而亡，但"皇帝"这一名号却为历代封建王朝袭用，从此就成了专制主义中央集权的封建国家中最高首脑专用的尊称。

为了宣扬皇帝的声威，扩大政治影响，镇抚六国旧贵族残余势力，巩固新建的秦王朝，秦始皇在统一中国后，曾相继5次大规模巡游天下，主要是到华中、华东、华北等六国旧地。沿途他以皇帝的名义祭祀名山大川，表示自己是山河的主人，受命于天，代表神权，理应统治全中国。他还在6个地方建立纪念碑式的刻石，在上面刻写颂词，大肆吹嘘皇帝的武功文治，夸耀帝国的空前强大，努力制造巩固专制主义中央集权国家的舆论。实际上这支庞大的巡游队伍本身，就是最形象最有力的宣传队。它把皇帝的威严，官府的声势，帝国的雄伟气魄，朝廷的政令制度，最生动鲜明地带到沿途各地，给各处地方官吏以至广大民众留下最深刻的印象。在幅员辽阔、交通不便、文盲众多的古代中国，这是贯彻中央集权的有力措施，其作用远远超过若干道诏书和刻石。秦始皇巡游时还把他主要的文武官员也带上，沿途照常批阅公文，处理政务。

秦始皇5次巡游，其中公元前219年的东巡，尤为史家所乐道，这就是著名的泰山封禅。泰山，海拔1500多米，在古代人眼中，是东方的第一高山、第一名山，故称之为东岳。人们认为帝王如真正受命于天，必到泰山顶上亲眼目睹上天降给的符瑞。因此，帝王们都把到泰山上筑土为坛祭天，报天之功，即"封"，然后到泰山下的梁父山祭地，报地之功，即"禅"，作为终生向往的一件大事。但从周以来，帝王们虽都向而往之，都终慑于天威，未敢随意从事。秦始皇统一六国，认为自己功高五帝，因此来泰山脚下，欲行封禅之礼，当在情理之中。

于是秦始皇亲登泰山之巅，隆重地举行了封山大典，其仪式采用的是秦国大祀，在雍都祭祀上帝的礼仪形式。封山大典后，秦始皇又令随从在山顶刻石留念，其内容是对秦始皇歌功颂德，表示秦要申明法令，用法律的权威来保护刚刚建立起来的秦王朝的各项制度。泰山刻石共144个字，相传为李斯所书，现仅残存9字。封山刻石后，秦始皇一行从山后下山，来到梁父山举行了禅礼。表示自己受命于天，以神化皇权。为了防止六国贵族和人民反抗，秦始皇下令迁全国各地富豪12万户到都城咸阳，置于中央政府的直接控制之下。还将一部分贵族富豪调离本土，如把楚国贵族迁到河北，赵国富豪迁到四川。又下令收缴全国的兵器，运到咸阳，加以销毁，铸成12个大铜人，各重24万斤，放置宫中，以壮威势。

秦始皇的第三个贡献是废封建置郡县，这是中国政治制度史上的一大变革。秦始皇确立自己的名号以后，即着手改革官僚机构，改革以后的中央官僚机构实行将、相分职，政务和政事分离。具体来说，就是在中央设立负责政务的丞相、太尉、御史大夫。丞相为百官之长，其职责是协助天子处理全国的政务和事务，丞相使用的相印为玉石所制，上面的印纽为金制，所以称"金印"。官员上朝时官印要放在袋中用一丝带系于腰际，丞相用的丝带为紫色，所以称之为"金印紫绶"；秦朝的丞相为左、右两位，左丞相的地位高于右丞相。太尉是辅助皇帝以参理武事，同样也是"金印紫绶"。御史大夫是负责监察工作，同时又要辅助丞相处理政务，为"银印紫绶"。

丞相、太尉、御史大夫，在习惯上称为"三公"。三公虽然有分职，但相互牵制。如：丞相虽有百官之长，但其仅负责民事，军事由太尉管理；太尉虽管军事，但并不直接掌握军队，也没有发兵权，发兵权归皇帝；御史大夫虽然地位比丞相和太尉低，但由于他负责监察百官，同时又负责协助丞相处理政务，所以对丞相和太尉都有所牵制。三公互相牵制的结果，使军政大权都掌握在皇帝一人手中。

在三公之下，设有一些分受具体事务的官员，一般称之为"九卿"，其实不止此数，其中主要有：负责宗庙礼仪的奉常，负责皇帝禁卫的郎中令，负责皇宫守卫的卫尉，负责京城防卫的中尉，负责皇室车马的太仆，负责皇室财政的少府，负责宫室修葺的将作少府，负责宗室亲属事务的宗正，负责全国司法的廷尉，负责全国财政的治粟内史，负责民族事务的典属国等等，九卿都分别有自己的办事机构和属僚。

三公和九卿都可以参加商议国家大政和决策。商议中，群臣各言其是，最后由皇帝裁决，颁布诏令，分头执行。

此外，秦还在中央设立了由那些博学强志、通古达今、有理论学说为基础，又辅以渊博见闻的人担任的博士官，充当皇帝的参谋或顾问，也参加议政。秦始皇时有博士70人。秦的博士官是诸家并立，以儒家为主。

在地方设置郡县，这是秦的首创。秦最初分天下为36郡。后又征服百越，增设闽中（治冶县——福建福州市）、南海（治番禺——广东广州市）、桂林（广西）、象郡（北部包括广东雷州半岛等地）4郡。全国共40郡。

这样从中央到地方，封建专制主义中央集权制建立起来了，以后汉承秦制，这一制度进一步巩固。另外，还制定了法律，称秦律。

秦始皇统一六国后，对商鞅变法以来的法律法令加以补充和修订，颁布全国，对六国原有的法律法令，除吸收有用的条文外，其余都予以废除。湖北云梦出土的秦律竹简中，不仅有对商鞅制定的秦律的解释和案例，还有从商鞅变法以来先后修订的各方面的律令，如田律、厩苑律、仓律、金布律、关市律、工律、徭律、司空律、军爵律、置吏律、效律、游士律、牛羊律、傅律、捕盗律等等，不下数十种。虽远非秦律的全部，却可以看出从农业到手工业，从徭役到交换，从经济到政治等多方面的内容。说明封建地主阶级为了维护自己的政治统治和经济剥削，极为广泛地使用刑罚手段对劳动人民进行压榨。秦律是加在农民身上的沉重的枷锁。

秦始皇的第四个贡献是思想文化上的一些变革。这就是书同文、车同轨、行同伦，即三同政策。

秦统一以前，"文字异形"，给政令的推行和经济、文化的交流带来诸多不便。因此秦始皇在统一全国的当年便下令"书同文字"，即用简化的秦文"小篆"作为标准文字，废除西周以来的"大篆"和东方六国通行的"古文"以及其他异体文字。并由丞相李斯和赵高等人领衔编写小篆字书，规定作为学童必读的课本，想入仕的人要通过考试及格才能担任初级官吏。另一方面由于战国以来王权加强，官府事务纷繁，公文数量大增。虽是经过初步简化的小篆也还嫌难于书写而不太适应需要，这样后来在实践中又产生了更为简化的字体即所谓"秦隶"。这种书体在民间流行甚早，1975年湖北云梦出土的一批秦统一前夕的竹简，字体就是用墨笔书写的秦隶。据说在秦统一后，有一个因犯罪被监禁的官吏程邈总结了群众的创造，向秦始皇奏上"隶书"这一新字体，得到秦始皇的赞许，被作为秦书八体之一。到汉代，隶书大为盛行，这就是我们今天通用的楷书的前身。中国幅员广阔，人口众多，各地区的方言出入很大。有了这种统一的文字作为书面语言，对于加强各地联系，巩固祖国统一，具有极为重要的意义。

文字统一以后，秦始皇废止战国时各国形制和轻重大小各不相同的货币，改以黄金为上币，以镒（20两）为单位；以秦国旧行的圆形方孔铜钱为下币，文曰半两，重如其文。

秦始皇又用商鞅时制定的度量衡标准器，来统一全国的度量衡。他规定6尺为步，240步为亩。不过240步为亩的制度实际上只行于旧秦，可能还有旧赵境内，东方许多地区仍以百步为亩，直到汉武帝时期为止。

文字、货币、度量衡的统一，为经济、文化的发展提供了便利条件，促进了统一国家的发展。

"车同轨"即交通方面的改革，实行的结果是促进了经济的发展。"车同轨"的工作主要集中于"驰道"的修筑和水路的疏浚。秦朝的驰道以京都咸阳为中心，东至燕齐，南达吴楚，北极九原，可谓四通八达。驰道统一为宽50步（6尺为步），用铁锥筑土坚实。驰道中央宽3丈，是皇帝独用的专路，种松树标明路线。专路两旁人民可以自由行走。驰道的修成，对陆路交通有很大便利。水路工程最著名的当数分湘江为南北二渠。北渠向北流通湘江，南渠经过兴安县城，向西流与桂江上游大溶江合流。南渠所经都是高地，是用人工开凿的渠道，长60里，渠中设若干个斗门，南北来往船只可以逐斗上进和下降。载重大船自湘江上溯，通过北渠，进入南渠，安然过山，运输上大省人力。这是开发岭南的重要航路，如此灵巧的工程，称灵渠确是名副其实了。这样，陆上驰道和水上河渠，构成了相当发达的交通网，大大有助于经济的往来和发展。

"行同伦"是秦始皇整齐人伦关系的措施，这贯穿于他的5次出巡上。

5次出巡，与颁布统一的各种制度、订定文字、大规模移民、经济上各种措施结合起来，在荀派儒学和法家刑名之学的思想基础上，促进了全国范围内"行同伦"的巨大变革。

在巩固统一的过程中，秦始皇也实行了野蛮的文化政策，即公元前213年，秦始皇大宴群臣，博士齐人淳于越倡议，主张学古法，分封皇子功臣为诸侯。

丞相李斯斥儒生不师今而学古，各尊私学，诽谤朝政，惑乱民心，建议禁私学。办法是除了史官所藏秦国史记以外，别国史记一概烧毁；除了博士官所藏图书，私人所藏儒家经典和诸子书一概送官府烧毁。下令后 30 天不送所藏私书到官府，罚筑长城 4 年。聚谈诗书的人斩首，是古非今的人灭族，只有医药、卜筮、农作书不禁。民间求学以吏为师。秦始皇从李斯议，实行了焚书法令。公元前 211 年，方士求神仙不得，畏罪逃走，秦始皇大怒，活埋儒生 460 余人。这个焚书坑儒的野蛮行为，反映出当时统治阶级内部斗争的极端尖锐。

秦朝专制主义中央集权制度的建立

公元前 221 年，秦王政（公元前 246—前 210 年在位）统一六国，结束了长期的诸侯割据局面，建立了一个以咸阳为首都的幅员辽阔的国家。这个国家的疆域，东至海，西至陇西，南至岭南，北至河套、阴山、辽东。秦王政兼采传说中三皇五帝的尊号，宣布自己为这个国家的第一个皇帝，即始皇帝，后世子孙代代相承，递称二世、三世皇帝。他认为帝王死后以其行为为谥的制度，是"子议父，臣议君"，有损于帝王的尊严，所以宣布取消。他规定皇帝自称曰"朕"，并制定了一套尊君抑臣的朝仪和文书制度。这些都是为了显示皇帝的无上权威，表示秦的统治将万世一系，长治久安。

周代以来封国建藩的制度，与专制皇权和统一国家是不相容的，所以必须加以改变。始皇二十六年（公元前 221 年），丞相王绾请封诸皇子为燕、齐、楚王，得到群臣的赞同。廷尉李斯力排众议，主张废除分封诸侯的制度，全面推行郡县制度。秦始皇接受了李斯的建议，把全国分成 36 郡，以后又陆续增设至 40 余郡。这些郡完全由中央和皇帝控制，是中央政府辖下的地方行政单位。中央集权的制度从此确立。始皇二十八年的峄山刻石上说："追念乱世，分土建邦，以开争理""乃今皇家，壹家天下，兵不复起。"这说明秦始皇认为废分封行郡县是消除各地兵争所必需的。

秦始皇以战国时期秦国官制为基础，把官制加以调整和扩充，建成一套适应统一国家需要的新的政府机构。在这个机构中，中央设丞相、太尉、御史大夫。丞相有左右二员，掌政事。太尉掌军事，不常置。御史大夫是丞相的副贰，掌图籍秘书，监察百官。丞相、太尉、御史大夫以下，是分掌具体政务的诸卿，其中有掌宫殿掖门户的郎中令，掌宫门卫屯兵的卫尉，掌京畿警卫的中尉，掌刑狱的廷尉，掌谷货的治粟内史，掌山海池泽之税和官府手工业制造以供应皇室的少府，掌治宫室的将作少府，掌国内民族事务和外事的典客。掌宗庙礼仪的奉常，掌皇室属籍的宗正，掌舆马的太仆等。丞相、太尉、御史大大与诸卿议论政务，最后由皇帝裁决。

地方行政机构分郡、县两级。郡设守、尉、监（监御史）。郡守掌治其郡。郡尉辅佐郡守，并典兵事。郡监司监察。县，万户以上者设令，万户以下者设县长。县令、县长领有丞、尉及其他属员。郡、县主要官吏由中央任免。县以下有乡，乡设三老掌教化，啬夫掌诉讼和赋税，游徼掌治安。乡下有里，是最基层的行政单位。里有里典，后代称里正、里魁，以"豪帅"即强有力者为之。此外还有司治安、禁盗贼的专门机构，叫做亭，亭有长。两亭之间，相距大约10里。

早在秦献公十年（公元前375年），秦国就建立了以"告奸"为目的的"户籍相伍"制度。后来商鞅规定，不论男女，出生后都要列名户籍，死后除名；还"令民为什伍"，有罪连坐。秦律载明迁徙者当谒吏转移户籍，叫做"更籍"。秦王政统治时期，户籍制度趋于完备。秦王政十六年（公元前231年）令男子申报年龄，叫做"书年"。据云梦秦简推定，秦制男年15（另一推算是17）载明户籍，以给公家徭役，叫做"傅籍"。书年、傅籍，是国家征发力役的依据。始皇三十一年"使黔首自实田"，即令百姓自己申报土地。土地载于户籍，使国家征发租税有了主要依据。户籍中有年纪、土地等项内容，户籍制度也就远远超过"告奸"的需要，成为国家统治人民的一项根本制度。秦置20级爵，以赏军功。国家按人们的爵级赐给田宅，高爵者还可以得到食邑和其他特权。爵级载在户籍，所以户籍也是人们身份的凭证。

统治一个大国，需要全国一致而又比较完备的法律制度。出土的云梦秦简提供了自秦孝公至秦始皇时期陆续修成的秦律的部分内容，其中有刑律的律文和解释，有名目繁多的其他律文，还有案例和关于治狱的法律文书。秦始皇统一六国以后，以秦律为基础，参照六国律，制定了全境通行的法律。秦律经过汉朝的损益，成为唐以前历代法律的蓝本。

维持一个大国的统一，还需要强大的军队。秦军以灭六国的余威，驻守全国，南北边塞，是屯兵的重点地区。秦制以铜虎符发兵，虎符剖半，右半由皇帝掌握，左半在领兵者之手，左右合符，才能调动军队。这是保证兵权在皇帝手中的重要制度。秦军是一支前所未有的巨大的震慑力量。近年发掘的秦皇陵侧的兵马俑坑，估计其中两坑有武士俑7000件，战车百乘，战骑百匹。武士俑同真人一样高大，所持武器都是实物而非明器。这种车、步、骑兵混合编组的大型军阵，其规模之大，军容之盛，是秦军强大的表征。

秦始皇不但建立了一套专制主义中央集权的统治机构和制度，而且还采用了战国时期阴阳家的终始五德说，以辩护秦朝的法统。终始五德说认为，各个相袭的朝代以土、木、金、火、水等五德的顺序进行统治，周而复始。秦得水德，水德尚黑，所以秦的礼服旌旗等都用黑色；与水德相应的数是六，所以符传长度、法冠高度各为6寸，车轨宽6尺；水德主刑杀，所以政治统治力求严酷，不讲究"仁恩和义"；与水德相应，历法以亥月即十月为岁首，等等。秦始皇还确定了一套与皇帝地位相适应的复杂的祭典以及封禅大典，择时进行活动。秦始皇在咸阳附近仿照关东诸国宫殿式样营建了许多宫殿，并于渭水之南修造富丽宏伟的阿房宫。咸阳宫殿布局取法于天上的紫微宫，俨然是人间上帝的居处，天下一统的象征。秦始皇还在骊山预建陵寝，墓室中以水银为百川、江河、大海，上具天文，下具地理。他采取这些措施，和他采用皇帝的名号一样，是要表示他在人间的权力与上帝在天上的权力相当，从而向臣民灌输皇权神秘的观念。皇权神秘观念，是专制主义中央集权制度的思想基础。

皇权的加强和神化，郡县制的全面推行，体现专制皇权的官僚机构和各种制度的建立，法律的完备和统一，皇帝对军队控制的加强等，都是专制主义中央集权制度的主要内容。专制主义中央集权制度，在当时的条件下是维持封建统一所不可少的条件。但是这种政治制度对百姓的束缚极大，而且它对经济文化发展的促进作用也可以转变为阻滞作用，这在封建社会后期更为显著。

修筑万里长城

公元前 221 年，秦统一中国，主要的外来威胁已转为北方匈奴的骚扰和岭南少数民族的叛乱。始皇三十年（公元前 217 年）秦始皇巡游前往碣石时，曾派燕人卢生访求仙人，卢生回来后，为了向秦始皇说明鬼神之事，就奏上了一份谶纬图书。秦始皇看到书中有"灭秦者胡"的言语，对匈奴问题更加重视，于始皇三十二年（公元前 215 年）派将军蒙恬率军 30 万北击匈奴，由长公子扶苏做监军，收复了沿黄河以东直至阴山的大片土地（原属赵国，后被匈奴占据），设立了 44 座县城，并在黄河险要之处筑城作为要塞。随后，秦始皇一方面命令蒙恬渡河攻取高阙、陶山等地，一方面又迁徙犯了罪的人进驻新设的 44 县。并于始皇三十四年（公元前 213 年）下令焚书的同时，又令发 50 万谪人、商人、赘婿等修筑长城，戍守五岭。

长城本是秦统一以前许多诸侯国家就有的沿着国界修筑的防御性工事。尤其是位居北方的秦国、赵国和燕国，还都分别修筑了防御匈奴进袭的北长城。其中燕国有两条长城，一条是西起造阳（今河北省独石口）、东至辽东，为防胡人而修筑的北长城，另外一条是用以防备齐国和赵国的南长城。赵国也有两条长城，北长城西起高阙（今内蒙古临河），东至代地（今河北省蔚县），用以防御匈奴的骚扰，而南长城则是为防备齐国和魏国而沿着漳河修筑的。秦国也有一条西起临洮（今甘肃省岷县）向东北经固原（今宁夏回族自治区境内）直至黄河的北长城，和与赵国、魏国临界的两条南长城。除此以外，当时还有一条沿着洛水修筑的，魏国防备秦国的长城，以及齐国、韩国、楚国等几个国家之间的长城。秦、赵、燕3个国家的北长城本是3条彼此互不衔接的长城，秦始皇下令重新修筑长城，就是要将诸侯国之间的那些已失去使用价值且又妨碍交通、妨碍统一集权的长城拆除，而将北面的3段长城衔接在一起，以建成一条完整的防御工事。

秦国最早的长城始建于简公七年（公元前408年），是为了防备魏国而沿洛河修筑的，称为"堑洛"。到了惠文王元年（公元前324年）为防备赵国，又修建了位于洛河中上游沿岸的一条长城，称为"筑上都塞"。秦国的北长城修筑于昭襄王时期，当时有个叫义渠的戎族人国家，其戎王曾与昭襄王的母亲宣太后私通淫乱，还生了两个私生子。后来宣太后在甘泉宫中用计杀掉了义渠戎王，又起兵攻破了义渠国。从此，秦国的疆域包括了陇西、北地、上郡等地，便在北面修筑长城以御胡人。秦国的这条北长城从临洮起直向东北伸延，到达了今陕西省安塞境内则分为两支，一支止于秦上郡（今陕西省榆林）的肤施附近，另一支一直到达了今内蒙古自治区托克托县十二连城附近的黄河岸旁。秦始皇下令修筑的长城，就是以原有的燕、赵、秦3国的北长城为基础的，不仅要把这3段长城连成一线，而且还进行了扩大加固，使之成为一座完善的防御体系。这在当时而言，其人力与物力的投入必然是庞大的。为此，秦始皇不断强制性征调民夫百姓和派驻军队，并把有过失的官吏和违反焚书令的获罪者都罚去修筑长城。这对于战乱定息未久，生产力尚未恢复，人民生活尚未安定、尚未得到喘息之机的国家来说，实在是很困难了，但从后来汉初匈奴对中原地区的破坏情况而言，此举又势在必行。

秦始皇为抵御匈奴而下令修筑的长城，在工程建筑上主要由关隘、城墙、城台、烽燧4个部分组成。关隘又叫关城，一般设立于高山峡谷等险要之处，或扼守交通要塞，可以少数兵士抵御众多敌兵，起到"一夫当关，万夫莫开"的作用。墙身内部的一面，每隔不远就有一个券门，是用石砖砌成的拱顶门，有石阶通向墙顶供守城兵士上下。城台又分为墙台、敌台和战台3种，相隔半里左右而设，凸出墙外。有的不设敌楼，只是外砌垛口，内开铺房供兵士巡逻放哨。有的设双层敌楼，楼下砌筑屋室供小队兵士驻守。烽燧也叫烟墩或烽火台。或设于高山之巅，或设于平地转折之处，或设于敌楼之顶，专供传递军情而建，如遇敌情，白天燃烟，夜间举火。秦始皇在下令修筑长城的同时，不仅派大军沿长城驻守屯防，而且还在长城附近一带，设立了陇西（今甘肃省东南部）、北地（今甘肃省东北部）、上郡（今陕西省西北部）、九原（今内蒙古乌拉特旗一带）、云中（今内蒙古托克托县东北）、雁门（今山西省西北部）、代郡（今山西省东北部及河北省蔚县一带）、上谷（今河北省西北部）、渔阳（今北京市东北部）、右北平（今河北省喜峰口至内蒙古喀喇沁旗以南）、辽西（今辽宁省东南部）等 12 个郡。以管辖和开发长城沿线的地方，并大量移民前往开垦，以保证边防供应。还开辟了驰道、直道以加强边关与中央的联系。

长城的建成，在保护中原地区的政治稳定、经济发展、人民生活诸方面起到了一定的作用，也为建筑艺术留下宏伟的篇章。

焚书坑儒

秦始皇二十六年（公元前 221 年），秦王政统一六国，结束了长期的封建诸侯割据的局面，确立了专制主义中央集权的封建行政体制。这种专制皇权与自周代以来形成的封国建藩制度并不相容。许多人仍认为应沿袭周代的分封制度。当时的一些儒生、方士，抱着《诗》《书》、百家语不放，以古非今。新旧两种制度的维护者意见分歧很大。

秦朝统一的当年，在有关国家的行政体制上即发生一场争论。以丞相王绾为首的一部分官吏，认为诸侯初破，燕、齐、楚等国离国都较远，主张立诸子为王，封国建藩。朝中不少大臣随声附和。廷尉李斯坚决反对，他认为战国时期之所以诸侯纷争，完全是西周实行分封诸侯造成的，只有废除分封制，才可能免除诸侯争立天下的战乱。秦始皇采纳了李斯的主张，在全国确立并推行郡县制。

秦始皇三十四年（公元前 213 年），秦始皇在宫中设宴款待群臣。宴会上，博士仆射周青臣称颂秦始皇灭诸侯、立郡县、统一中国的功德，认为这是前无古人的事业。博士淳于越反对，认为周青臣对始皇阿谀奉承，主张重新实行分封制。他认为，殷、周两代都分封子弟功臣，让他们辅助王室。现在始皇统一天下，而诸子都是平民，他们无法辅助始皇。一旦发生变故，无法互相帮助。凡事不师法古人而能够长久的，从来没有听说过。丞相李斯对淳于越以古非今的论调进行了驳斥。他认为五帝不相重复，三代不相因袭。各代采用自己的方法去治理国家，并不意味着一定要和前代相悖，而是时代有所变迁。现皇帝创建万世功勋，那些愚蠢儒生们根本不可能理解，再照搬三代之法，毫无道理。因此他指出：现在天下安定，政令归于皇帝，百姓应致力于生产，读书之士应认真学习政府法令。但是现在的儒生置法令于不顾，不学习当代的东西，一味地模仿古制。他们标榜私学，攻击政府，入则心非，出则巷议，诽谤朝政，惑乱人心。政府如果不加以禁止，必有损于皇帝的权威，下臣结成惑乱朝政的私党，危及中央统治。李斯建议秦始皇焚书，把秦记以外的各诸侯国史书和私人收藏的《诗》《书》、百家语通通烧掉。以后敢有议论《诗》《书》的，处以死刑。以古非今的，杀掉全家。官吏知情不报的，与犯人同罪。命令下达30天不烧的，脸上刺字，发配边疆，罚筑城劳役4年。又规定，国家藏书及医药、卜筮、农业方面的书不在此列。同时禁止私学，提倡法治，以吏为师。秦始皇采纳了李斯的建议，并下了焚书令。大批书籍被付之一炬，古代文化典籍遭到严重破坏，并使"经书缺失而不明，篇章弃散而不具"。这一事件，历史上称之为"焚书"。

秦始皇晚年，笃信方术。希求长生不老。秦始皇二十八年（公元前219年），在东巡途中，齐国方士徐福上书说，东海之中有蓬莱、方丈、瀛洲3座神山，可觅到仙人和长生不老药。始皇信以为真，派徐市率童男童女千余人乘船入海，求寻仙药。徐福出海后找到一座大岛屿，便就地称王，不再回来。秦始皇三十二年（公元前215年），始皇东巡到碣石，又派方士侯生、卢生再次入海觅求仙药。三十五年（公元前212年），卢生等求不到仙药，怕遭诛杀，认为始皇刚愎自用，野蛮专横，贪于权势，只任用酷吏治理朝政。声称对这样无德行的人不能为他去觅求仙人仙药，随后便逃亡了。秦始皇得知后，下诏指责方士、儒生用妖言蛊惑天下百姓，并责派御史查询他们的罪状。方士和儒生们为推脱责任，相互牵连告发，结果查出460余人。秦始皇下令将这些人全部在咸阳附近活埋。史称坑儒。

焚书坑儒是秦朝在建立国家行政体制上激烈斗争的表现。在当时的历史条件下，为巩固统一，禁止以古非今，采取统一的思想是很必要的。但是，焚书坑儒的手段却是愚蠢而又残酷的，特别是焚书，毁灭了许多古代文化典籍，使战国纪年至今无法搞清楚，造成了文化上的重大损失。焚书坑儒加速了秦朝的灭亡。

废分封，立郡县

全国统一之后，面对这空前的广土众民的大帝国，秦始皇应当采用何种政府形式来进行统治呢？这是一个刻不容缓的现实课题。所以，就在统一的当年，丞相王绾等人便提出，燕、齐、楚等地离首都太远了，若不分封始皇的儿子们去当国王，恐怕不便于统治。秦始皇把这个建议交给大臣们讨论，大臣们都认为这个办法好。只有廷尉李斯独排众议，他说：西周初年分封国王的子弟亲属很多，但传到后世亲戚关系就疏远了，相互攻击，如同仇敌，兼并战争不断发生，周王也无法制止，到现在好不容易才统一起来。始皇的儿子们和大功臣，可以立为"封君"（享有"侯""君"等名誉爵位，但不实际领受封国），用国家征收的赋税重赏他们。这样，他们既很富足尊贵，国家又便于控制，天下没有二心，这才是巩固统治的好办法。分封诸侯的意见不对。秦始皇采纳了李斯的建议，做出决定说：天下都深感兼并战争连绵不断的痛苦，原因就在于分封诸侯王。现在天下刚刚统一安定，又去建立诸侯王国，那就是培植战乱的根子，这样来谋求天下安宁，岂不是非常困难吗！廷尉的意见才是对的。

以丞相王绾为首的满朝文武大臣主张恢复分封制，代表着封建贵族割据势力。他们公开讲的是请求分封始皇的儿子们为大国国王，没说出口的则是援例分封他们中的头面人物为小国诸侯。因为这些人是所谓开国元勋，论功行赏封侯是有望的。其实质就是想恢复诸侯割据称雄的封建国家。秦始皇和李斯所坚持推行的郡县制，则是代表新兴地主阶级的利益，要求削弱封建贵族，维护中央集权统一，消除分裂割据的混乱现象。这无疑是代表历史发展趋势的重大措施，是有助于社会进步，有利于人民生活的，但是，我们也应看到，这种统一既然是封建地主阶级专制皇权的统一，它就不能是很彻底的，必定"在某种程度上仍旧保留着封建割据的状态"。比如就在这场辩论前后，秦帝国也有封侯的，就是那些在统一战争中立有大功的将军如王翦、王贲等人。不过这种"侯"只是享受租税收入的封君，并不能真正领有土地和人民，也即是李斯所说的用国家征收的赋税重赏他们的办法。但他们对这种地位是不甘心的，所以王翦在领兵伐楚时就当面对秦始皇说，给你当将军，立了大功也终归不得封侯。王翦所指望的封侯，就是那种领有土地和人民、掌握实际统治权、得以割据独立的诸侯。秦始皇的进步作用，就在于他能摆脱传统思想的束缚，不顾将相大臣的反对，毅然支持以李斯为代表的新兴地主阶级的要求，创立和巩固了专制主义中央集权的封建国家，促进了祖国历史的前进步伐。从此以后，这种地主阶级掌握政权的体制就基本上固定下来，虽然在某些特殊历史条件下有点反复，分封制偶尔死灰复燃（如西汉初年），但总是带来分裂割据以至战乱，阻碍历史前进，所以都被迅速否定，只成为历史上一个短暂的插曲而已。

郡县制在我国春秋时就有了萌芽，战国时代的各国已经普遍建立了郡县，管理新获得的地区。秦国在商鞅变法时，就曾把全国划分为31县。其后在兼并战争中夺得的土地，也陆续设置郡县。

秦始皇采纳了李斯的建议以后，便把全国划分为36郡，每郡下设若干县。其后秦始皇开拓边区，又不断增设了一些郡县，据统计先后共设置46郡。所以，郡县制的建立，是春秋战国数百年军事政治斗争的产物。它的基础则在于个体小农已成为社会经济主体，这些直接隶属于国家的编户齐民提供的赋税徭役，使国君有可能组织军队、豢养官僚，并通过这两大支柱直接控制广土众民。不必再将土地人民划成封国采邑、依靠封建贵族去分散治理了。所以，这种封建官僚体制是适合封建地主经济制的发展的。

为了管理这种专制主义中央集权的国家机器，秦始皇参考六国制度，设置了一整套官僚机构。中央有以丞相、太尉、御史大夫为首的百官，丞相辅佐皇帝总管一切行政事务，太尉主管军事，御史大夫协助丞相并负责监察，这便是所谓"三公"，是中央机关的首脑。他们各有分工，互相钳制，改变了这以前执政大臣平时治民，战时带兵，出将入相，军政大权统由一人掌握的传统。这样就可以从体制上防止权臣专横，而只有皇帝才能总揽大权。三公的下一级是负责各部门具体事务的"九卿"，主要有掌管礼仪制度议论政事的"奉常"，有负责侍从警卫的"郎中令"，有主管司法侦察审讯的"廷尉"，有管理国家财政经济的"治粟内史"，有管理皇室财务和官营手工业的"少府"等。地方行政机构分为郡县两级，郡有相当于中央三公职务的守、尉、监御史，郡守总管全郡行政事务，郡尉协助郡守兼管军事，监御史监察郡务（从汉代情况看，主要是考察地方主官执行中央政令的情况和是否奉公守法）。县又根据人口多少分为大小两类，大县设县令，小县称县长，并有辅佐的尉和丞。县以下的基层组织是乡和亭，大约十里一亭，亭有亭长。十亭一乡，乡设三老、啬夫、游徼，三老负责宣讲法令、教化民众，啬夫负责征收赋税、审理诉讼，游徼负责巡逻治安。

这些官吏很多也是战国时代就有了的。但是组织成为这样从中央到地方最基层一整套完备的官僚机构，却是秦始皇开创并为其后历代封建王朝所沿袭发展。这些官吏都由政府任免并从国库领取俸禄，他们都得执行中央统一规定的法律制度，他们的任职情况经常受到考察，到了年终，下级还要派人逐级向上直到向中央报告工作，称为"上计"。这套机构保证了皇帝的个人独裁，使得中央的政令可以逐级下达到基层，直接统治全国人民，消除了封国采邑制度下贵族世袭官职，分别统治一部分土地和人民的割据状态。

对于军权，秦始皇更注意严格控制。军队由国家征发服兵役的民众组成，军官由皇帝随时委派或罢免，废除了封国采邑制度下以贵族为核心，以职业武士为骨干，只承认统领他的贵族而不承认上级主帅的私家武装。只有这种国家军队才是保证君主直接掌握政权的重要支柱。这种军队的调动完全根据中央命令，比如秦王朝统一前夕的兵符铭文称：凡是50人以上的军队调动，都要接到国王的命令才能执行；除非是遇到烽火告警的特殊情况，才可以不等待命令就行动。比这稍早的"杜虎符"也有同样内容的规定，而"阳陵虎符"铭文称："甲兵之符，右在皇帝，左在阳陵"。可见统一以后军队调动制度也还是这样的。

中央集权统一国家的建立，是秦始皇非常自负的一件大事。在当时群臣歌功颂德的各处刻石中，差不多都要强调他吞灭六国、统一天下、消除兼并战争的灾祸、使民众享受安宁这些方面，认为这是秦始皇最大的贡献。比如峄山刻石写道：回想从前混乱的时代，分封土地建立许多国家，种下了争夺的根源。兼并战争天天发生，血流遍野，从遥远的古代就已经开始了，经过许多年直到五帝三王都没能禁止。到今天皇帝统一天下，兼并战争不再兴起，消除了战祸，民众才得长久享受安宁幸福。应当承认，这些说法还是有一定历史依据的，但不能说全是秦始皇个人的功劳，关键还在于战国以来社会经济的发展为其提供了物质基础。

秦国从商鞅变法确立了地主所有制，奖励富裕农民，免除他们的徭役负担，鼓励他们自由开垦土地不限数量。对于作战立功的人，还赏赐给土地和依附农民。这样就为封建地主经济的发展提供了条件，帮助了新兴地主阶级的成长壮大。秦始皇统一中国后，封建地主经济得到了进一步的发展。秦始皇三十一年（公元前216年），曾下令"使黔首自实田"，即是叫民众向官府报告自己占有多少田地。这当然是为了征收租税，但同时这也是国家对地主的土地所有权给予法律上的承认并加以保护的重要措施，显然是大大有利于封建地主制的发展和巩固的。在当时群臣歌颂秦始皇的功德时也写道："皇帝之功，勤劳本事，上农除末，黔首是富"。就是夸耀秦始皇鼓励发展农业，使得民众富裕。不言而喻，这里所谓的民众，主要是指地主阶级而言。从西汉初的董仲舒到东汉末的崔实，两汉有不少学者纷纷指出，秦王朝的政策是"尊奖并兼之人"，即是鼓励大地主肆无忌惮地剥削压榨农民。从而使他们拥有数不清的亿万家财，侵占成千上万亩连成一大片的田地，结交官府，扰乱法令，豢养打手，胁迫平民，成了县里的土皇帝，乡里的小霸王。相应的作为其对立面的广大农民，就穷得无处立足，只好租佃地主的田地，交纳5/10的地租，全家老小整年为地主服役。这样一来，有钱有势的地主剥削所得年年有余，越过越富裕。贫苦无权的农民受尽压榨，生活困难，越来越贫穷，穿的牛马衣，吃的猪狗食，活着终生劳苦，死去无处安葬。遇到灾荒年月，更是离乡背井，逃荒要饭，嫁妻卖子，生活悲惨痛苦。

秦始皇宣扬的是"上农除末"，即奖励重视农业，压制打击工商业，这也是商鞅变法以来秦国的传统政策。但是，经济力量的发展却不是简单的行政手段所能禁止的。就在秦国，随着封建地主经济的发展，工商业也迅速繁荣起来。富裕的大工商业者有了钱也就会得势，从吕不韦的发迹便可充分证明。所谓"除末"，只不过是指小工商业者而已，它并不曾妨碍大工商业的发展。而秦始皇的统一事业，在客观上更为工商业的发展创造了空前有利的条件。在统一中国的当年，秦始皇就命令全国的度量衡制都改用商鞅为秦国所定的制度，并且颁发了标准器，上面还刻印了皇帝关于统一度量衡的诏书，指定由丞相隗状、王绾领衔办理这件事。秦始皇又废除各国混乱的货币，规定两种通货，黄金为上币，以"镒"为单位（20两为一镒），圆形铜钱为下币，每枚重半两。这样一来就大大方便了商品交换活动，在统一政权之下，开放关卡，四海一家，许多大商人贩运货物周流天下，各行各业都出现了繁荣兴旺景象。这些富商大贾也是秦王朝统治的社会基础，他们当中的头面人物像以畜牧起家的乌氏倮、以开采丹砂致富的巴寡妇清，都曾受到秦始皇本人的礼遇，和贵族封君平起平坐。

秦始皇的三大统一

秦始皇的三大统一，是指统一货币，统一度量衡和统一文字（也有加上统一车轨，合称四大统一的说法）。

统一货币的时间，一般认为在秦始皇三十七年（公元前210年）也就是秦始皇临死的那一年。秦统一中国以前，各国的货币十分复杂，由于各国的政府、法令都是独立的，又由于官、民都有铸造货币的权力，所以货币的发行和流通情况相当复杂，种类繁多，形状各异，其轻重大小都不一致。特别是计算单位的差异，使货币的换算、流通，以及赋税的征收，商品的交换，都受到很大的妨碍。当时使用的货币主要有齐、燕等国使用的铜铸刀形货币、称"刀货"；魏、韩、赵等国，则以铜铸铲形货币为主，称"镈币"（或"布币"）；楚国用的是两端凹入呈长方形的金铸货币，因其正面用铜印钤成小方格，格内多印有"郢爰"币文，所以称"郢爰"，以及被称为"鼻蚁钱"的形如海贝的铜铸货币；再就是秦、魏、赵等黄河两岸地区使用的铜铸圆"钱"，但这些圆"钱"的大小、轻重、形状也是不尽相同的。尤其是有的国家在不同地区还使用不同的货币。最典型的像赵国，刀货、币和圆钱都可以同时流通。所以，当时完全是一种换算复杂、货币混乱的状态。秦统一全国以后，必须改变这种现象。于是始皇下令废除原来在秦以外通行的六国货币，在全国范围内，一律只准通行秦国的货币。这一行动《史记》上称为"始皇三十七年，复行钱"，而《史记》同样还有"惠王二年初行钱"的记载。但是，从"初行钱"到"复行钱"却绝不是简单的继承，而是一种货币制度的改革。这种改革包括如下几个方面：1.重新改铸新版的圆钱，使货币有一个统一、规范的标准版，新版钱就是秦"半两钱"。为了使用方便，半两钱采用仿自璧瑗的圆钱，外呈圆形内开方孔（或有天圆地方之说），直径1.2寸，铜铸，重半两（合12株），钱面分左右，铸有钱文"半两"二字。2.规定统一的换算制律，分货币为3等，以黄金为上币，镒为单位，每镒重24两。以铜半两钱为下币，一万铜钱折合一镒黄金。据考中币为布，并规定：珠玉、龟、贝、银、锡之类，作为装饰品和宝藏，不得当作货币流通，可见秦的基本货币的货币换算基准，都是以半两钱为法定标准的。3.规定货币铸造权为国家所有，私人不得铸币，由国家将过去重量不一的旧铜钱全部重新改铸成半两钱。地方政府铸币，必须按国家规定的标准版设计铸造。并印上铸造地方的名称。4.在法律上定明私铸货币者有罪，并对其严加制裁。秦始皇铸半两钱的改革行为，实现了中国的第一次货币统一，也为经济发展开辟了道路，在经济史上，是一个不可忽视的开创。

中国度量衡的首次统一，是在秦始皇二十六年（公元前 221 年），也就是秦统一全国的当年。是年始皇下诏，诏曰"廿六年，皇帝尽并兼天下诸侯，黔首大安，立号为皇帝。乃诏丞相状、绾（两位丞相的名字），法度量则不一，歉疑者，皆明一之"。秦始皇的这一诏令被刻在所有的官府制作的标准度量器上。从此天下度量衡器，实现了标准上的统一。在此以前，中国度量衡的情况也和货币一样，呈原始状态，有着各种不同的计数单位和各种不同的计算进制。以量制为例：一是单位名称不一样，秦国以升、斗、捅（斛）为单位；魏国以半斤、斗、钟为单位，赵国以升、斗（镒）为单位，齐国以升、豆、区、釜、钟为单位；二是单位置质不一样，秦、魏、赵都有斗，但秦斗约合今 2021 毫升，赵斗约合今 2114 毫升，而魏斗约合今 7140 毫升。三是各国的进制不一样，秦国用十进位，齐国在升、豆、区、釜之间用五进制，而釜、钟之间都是用的十进位。这种复杂多样的度量衡只能适合政治割据社会的需要，大一统封建中央集权的出现使它不适合时代的弱点更暴露了，为了不使其影响秦王朝的经济交流和发展，秦始皇命令由丞相隗状、王绾负责，废除六国旧制，把度量衡从混乱不清的状况下明确统一起来。统一后的度量衡包括：度制以寸、尺、丈、引为单位，采用十进制计数，10 寸 1 尺，10 尺 1 丈，10 丈 1 引；量制以合、升、斗、桶（斛）为单位，也采用十进制计数，10 合 1 升，10 升 1 斗，10 斗 1 桶（斛）；衡制以铢、两、斤、钧、石为单位，24 铢为 1 两。15 两为 1 斤、20 斤为 1 钧，3 钧为 1 石。这种度量衡制实际上是商鞅变法时所定度量衡制的推广和发展。早在秦孝公十八年（公元前 344 年）商鞅变法时就曾着力统一过秦国的度量衡制，改变了度量衡标准，铸造了标准度量衡器。当时 1 升合今 0.2 升，1 尺约合今 0.23 米。所以，秦始皇统一度量衡，实际上是以法令形式肯定了秦国原有的制度，并向全国推行。为了有效地统一制式，划一器具，秦始皇一方面铸造大量标准量器以为模范，一方面大力宣传度量街统一的优越性，同时从制度和法律上也采取了有效的措施。秦朝规定了定期检查度量衡的制度，规定每年"仲春之月，一度量，平权衡，齐斗桶"，以保障新度量衡的精确与实施。秦朝还在法律上明确了对度量衡不正者的处罚条例。在当今出土的《秦律》中，有许多具体翔实的有关规定。通过这些有力的措施，秦始皇统一度量衡的行动收到了很大的成果。并且影响了以后几千年的计量制度。

文字的统一，更是秦统一全国后的一项迫在眉睫的事业。中国的文字，从半坡村新石器时代的彩陶刻画文字萌芽，经殷商甲骨文和西周金文（钟鼎文）的成长，到春秋、战国时期，已经历了漫长的演变和发展。但由于长期的割据、混战和社会秩序之不稳定，文字也缺乏管理，各诸侯国的文字有很大分歧。有不同方音产生的假借字，不同字形造就的简笔字和异形文字。这样的混乱和分歧，不但妨碍秦王朝政令的推行，而且不利于经济、文化的交流和发展。于是，全国统一的当年，丞相李斯就向秦始皇提出了"书同文字"的建议，秦始皇接受了这一建议，命令全国禁用各诸侯国留下的古文字，而一律以秦篆为统一书体。由李斯、赵高和胡毋敬3人，分别编写了《仓颉篇》《爰历篇》《博学篇》三书，作为推行秦篆的典范。秦篆又叫小篆，是从大篆（包括钟鼎文、石鼓文、籀文等在内的一切古篆的总称）中演化而来的。小篆与大篆的区别主要是：有固定的偏旁符号、有固定的部首位置和有确定的笔画数量。小篆的形体也比大篆更为整齐和定型化，线条笔画均匀，比起大篆来更便于读写。这些特点都是大篆本身所不具备的，又是后来汉字发展所遵守的基本原则。可见其进步意义是不可抹杀的。秦始皇为了实现文字的统一，身体力行推行小篆，在他东巡时所刻写的碑文，都是由他的丞相李斯亲手所写的标准的小篆。李斯是至今为止最著名的篆书家之一，又是小篆的创始人，著名的《琅玡刻石》《泰山刻石》等都是出自他的手笔。秦始皇在推行小篆统一文字的同时，还倡导了另一个书体"隶书"。隶书原本也是从篆书中演化出来的，它改篆书的曲笔为直笔，结构平稳，书写方便，为民间所乐用。

到了秦始皇统一文字时，秦下杜（今陕西西安市）人程邈将其搜集整理，呈报给了秦始皇。还有一位叫王次仲的隐士，也曾上书给秦始皇，请求他准许使用民间流行的隶书体，秦始皇看到了隶书较之小篆的优越之处，很高兴地接受了他们的意见，并奖励了程邈，还3次派人请王次仲入朝，王次仲坚持推辞不往。后来，秦始皇下令根据王次仲的隶书进行整理，到了程邈的收集整理完成后，隶书这种书体便在全国广泛应用了。由于隶书特有的更好写、更通俗的长处，致使实际上秦朝所使用的字包括官方也是以它为主的，除去一些庄重、重要的诏书必须使用正规秦篆之外，连一般的公文都使用隶书来写。秦始皇以小篆和隶书为统一文字，对中国的文化、政治、经济发展，都产生了深远的影响。他的文字改革不仅是一种统一，而且还是古体文字向今体文字转变的先行。

秦始皇的三大统一，都是依靠政治统一中央集权才得以施行的。这虽然反映了秦始皇本人好大喜功的个性，却也同时反映出秦始皇的个性特征在一定程度上迎合了社会发展的实际需要。

秦驱逐匈奴之战

秦统一六国，据有了燕、赵北部地区的全部疆域，这样秦、燕、赵北部就连为一体，并与东胡和匈奴接壤。在秦统一六国作战时，无力北顾，燕、赵两国也倾全力与秦交战，对北方的防御力量大为减弱，匈奴此时即乘虚南下，其兵锋已达阴山、九原、云中。秦之上郡、陇西等地边境也常遭匈奴袭掠，严重威胁关中和都城咸阳的安全。秦既已灭亡六国，对北部边疆的安全自然引起了充分的重视。

生活于中国北方与秦王朝接壤的少数民族，至秦统一六国前后，已逐渐融合为东胡、匈奴、月氏三大民族，并以匈奴最为强大。匈奴部族主要居住于蒙古高原地区。匈奴单于头曼为一世之雄主，他雄心勃勃，常以武力征服周围弱小的部族，多年来，与赵、燕、秦交兵于三国北部长城内外，成为三国之大患。它已占有了现今之辽宁西北部、山西北部、内蒙古、宁夏等一带地区。匈奴已将东胡部族全部逐赶于燕山以东，将月氏部族逐赶至祁连山以西地区，并进占河套水草丰茂地区，人强马壮，经济繁荣，且男女老少长于乘骑，勇猛凶悍，具有相当强的野战机动作战能力，成为北方各国最难对付的敌手。

秦在统一六国之前，秦、赵、燕三国北部地区长期受到匈奴等部族的袭掠，边境地区烽火连绵不断，人民生命财产经常处于朝不保夕的状态之中。当时除原赵将李牧防守代郡期间堪与之匹敌之外，各国既无征战匈奴的精兵勇将，也无对匈奴作战长期有效的战略，多以筑长城单纯防御为主，战略上始终处于消极被动的局面。秦始皇在统一六国之后，为消除来自匈奴的侵袭，寻求对匈奴作战的策略，于秦王政三十二年（公元前215年）亲自沿边境地带巡视，进而确定了对匈奴作战的战略：（一）从内地移民充实边境地区，开发边境地区的经济，以增加战争的人力和物力资源；（二）修筑从内地通往边境的道路，为调兵运粮提供可靠的保障；（三）连接秦、赵、燕之长城，使之成为绵亘不断的防护屏障；（四）加紧战争准备，收复失地，彻底战胜匈奴，永保边疆巩固。

秦军按以上战争策划，在完成战争准备的基础上，确定了以下具体作战计划：先将侵占陇西河套之匈奴赶到贺兰山脉与狼山山脉以西，将侵占赵边境地区之匈奴驱赶至赵筑长城以北。秦以大部兵力进击河套北部，以一部兵力由北地郡，进击河套南部，收复河套地区后，主力由河套北部地区渡过黄河，向高阙、狼山山脉进军，一部兵力由河套西南地区渡河，向贺兰山方向进军。

秦始皇三十二年，秦始皇命将军蒙恬率领30万大军开始了对匈奴的战争。蒙恬自率主力，经过现在的陕西榆林向河套北部地区进发，一部兵力出萧兼关直趋河套南部地区。秦军由于进攻突然，来势迅猛，加之匈奴在河套地区兵力有限，匈奴难以形成有组织的抵抗，秦军遂将河套地区的匈奴部落扫除，顺利进占河套地区，黄河南岸尽为秦收复。秦始皇三十三年（公元前214年）春，秦军主力由五原渡过黄河后，迅速进至狼山山脉，一部兵力渡河后攻占贺兰山地区。秦军兵威势猛，匈奴在秦军的打击下，深为恐惧，向北方逃走。至此，秦、赵原边境地区全被秦收复。秦驱逐匈奴之战胜利结束。

蒙恬收复原被匈奴所占地区后，设立九原郡，郡治在今内蒙古之五原。该郡共辖 44 个县。为巩固后方领土，秦始皇命蒙恬率军加修由高阙沿阴山山脉至云中原赵国之长城，并新修由高阙沿狼山至榆中之长城，同时责令云中、代上谷、渔阳、右北平等郡组织人力加修与连接燕赵原长城，经过多年修筑，长城逐渐连接成为秦北方一道绵延巍峨的防御屏障。

秦末农民起义

秦始皇的事业，是在残酷地剥削压迫人民的条件下，在短短的十几年中完成的，这使秦的统治具有急政暴虐的特征。

同时，秦始皇又好神仙方术，追求长生不老，为此也耗费了大量人力、财力、物力。秦始皇想在自己活着的时候，做完一切要做的事，好让子孙世守，二世三世以至于千万世，传之无穷。所谓"常职既定，后嗣循业"，就是他的唯一愿望。他知道死到底是不可避免的，因而在骊山大造坟墓；他又希望或者可以不死，因而召集方士求神仙，浪费大量财物，寻求长生不死的奇药。派徐福率千名童男童女下海求仙即为一例。方士妖妄，劝他隐藏，不让臣下知道住处。多造宫室，建筑长城（方士奏图书说"亡秦者胡也"，秦始皇发大军击匈奴，并筑长城），大都是受方士的欺骗。

秦始皇又大造宫室和坟墓，规模宏大，空前未有。秦始皇灭六国后即图绘各国宫室，在咸阳北照样建筑，共有宫室 145 处，藏美女 1 万人以上。他还以为小，在长安西南造阿房宫前殿，东西 500 步，南北 50 丈，庭中可以坐 1 万人，殿中可以建立 5 丈高的大旗。宫前立 12 个铜人，重各 24 万斤，这是初并天下时，收集民间兵器，销毁改铸的。又用磁石做大门，防有人藏铁兵器入宫。征发所谓罪人 70 余万人，分工营造，北山的石料，楚蜀的木材，都运输到关中。计关中共有宫室 300 所，关外 400 余所。这样巨大的工程还没有完毕，秦始皇就死了，秦二世继续兴修。后来项羽入关，烧秦宫室，火三月不息，阿房宫全部被烧掉。

秦始皇在大修宫殿的同时，又为自己大造坟墓。他刚即位就在骊山造自己的坟墓。并六国后，征发所谓罪人 70 余万人到骊山服役。坟墓高 50 余丈，周围 5 里余，掘地极深，灌入铜液。坟墓中有宫殿及百官位次，珠玉珍宝，不可计数。用水银造江河大海，机械转动，水银流注。又用人鱼膏（据说是一种四脚鱼，生东海中）做烛，在墓中燃烧。令工匠特制弓弩，有人穿坟入内，弓弩自动放射。秦始皇尸体入墓，没有生子的宫女，全数殉葬。不待工匠出来，封闭墓门，工匠都被活埋在里面。

秦时全中国人口约 2000 千万左右，被征发造宫室坟墓共 150 万人，守五岭 50 万人，蒙恬所率防卫匈奴兵 30 万人，筑长城假定 50 万人，再加其他杂役，总数不下 300 万人，占总人口 15%。使用民力如此巨大急促，实非民力所能胜任。虽然形式上不发闾左，但刑法苛暴，很多农民被称为罪人去服各种劳役，农民苦不堪言。

除了繁重的赋税徭役之外，广大人民还受到严刑峻法的摧残。秦的法律十分残酷，刑法的名称很多。人民摇手触禁，动辄陷刑，轻则判徒刑，重则处死。还有所谓族诛、连坐等法，一人犯法，罪及三族；一家犯法，邻里连坐。秦朝的官吏大都是穷凶极恶的刽子手，如一个小小的范阳令"杀人之父，孤人之子，断人之足，黥人之首，不可胜数"。当时犯罪的人很多，有人统计不下 200 万，牢狱皆满。被押解的囚徒，甚至堵塞了道路。

秦始皇的残暴统治，加剧了阶级矛盾。秦始皇三十七年（公元前 210 年）七月丙寅，秦始皇病死在沙丘平台。宦官赵高和丞相李斯发动政变，拥立公子胡亥继位，是为秦二世。秦二世统治更加残暴，终于在公元前 209 年爆发了中国历史上第一次农民战争——陈胜、吴广起义。后来陈胜、吴广相继牺牲。但反秦斗争并没有结束，项羽和刘邦领导的起义军逐步壮大起来。公元前 207 年刘邦率义军入关。此时，秦二世被赵高杀死，取消皇帝称号，另立二世之侄子婴为秦王。公元前 206 年，刘邦进军灞上，子婴投降，秦朝灭亡。又经过 4 年的楚汉之争，刘邦最终战胜项羽，公元前 202 年刘邦即皇帝位，汉朝建立。汉朝定都长安，后来被称为西汉或前汉。

陈胜、吴广起义

秦二世即位以后，秦朝的政治达到了极其黑暗的程度，人民已无法生活下去，只好铤而走险。农民大起义终于爆发了。

陈胜是阳城（今河南登封东南）人，字涉。吴广是阳夏（今河南太康）人，字叔。陈涉少时即有大志。曾给人打短工在田里耕地。干活休息的时候，陈胜怅恨久之，对同伴们说："苟富贵，勿相忘。"同伴们都笑着说："你为别人打短工，哪里来的富贵？"陈涉叹了一口气，说："唉，燕雀哪里知道鸿鹄的志向呢？"

秦二世元年（公元前 209 年）七月，秦政府调发闾左（指贫民）到渔阳（今北京密云西南）戍边。陈胜和吴广皆被征发而编在这个行列之中，并被指定为屯长（领队）。当他们一行 900 人行至大泽乡（今安徽蕲县东北）时，遇上了大雨，洪水泛滥，淹没了道路，估计已经不能按期到达渔阳。而按秦朝的法律，失期皆斩。陈胜和吴广商讨说："如今逃亡是死，发动起义也是死。同样是死，为国而死可以吗？"陈胜又说："天下人受苦于暴秦的统治已经很久了。我听说秦二世是秦始皇的小儿子，不当立为皇帝，应当立为皇帝的乃是公子扶苏。扶苏因为几次劝谏秦始皇，秦始皇就派他出外带兵。他本无罪过，而二世杀害了他。百姓多听说他的贤能，却不知他已经死了。项燕当楚国大将，立下许多大功，又爱护士卒，楚国人很爱戴他。有的说他死了，有的说他还活着。现在要是以我们带的这些人诈称奉了公子扶苏和项燕之命倡导天下，肯定有许多人响应我们。"吴广认为有理。他们去占卜吉凶，卜者猜到了他们的意图，说："足下事皆成，有大功。但足下还应向鬼神问卜。"陈胜、吴广一听，马上明白了卜者的意思，说："这是教我们先借鬼神在众人中取得威望。"便找来一块帛，在上面写上3个红字"陈胜王"，然后将帛塞到别人打来的鱼肚子里。戍卒买鱼烹食，得到鱼腹中的帛书，都觉得很奇怪。陈胜又让吴广夜里溜到戍卒驻地旁树丛中的一个神祠里，点燃一堆篝火，并学着狐狸的声音叫"大楚兴，陈胜王"。戍卒们在夜里听到这个声音，都十分惊恐。第二天，戍卒中谈论纷纷，都注目于陈胜。

　　吴广平素十分爱护别人，因而戍卒们都很爱戴他，愿意听他的话。这一天，押他们到渔阳的两个将尉喝醉了酒，吴广便故意在他们面前说想要逃走，使将尉发怒而侮辱自己，以激怒戍卒们。将尉果然用棍子揍吴广，并拔出剑要砍。吴广乘起一把夺过剑来把一个将尉杀死，陈胜帮助他杀了另一个将尉。之后，陈胜把900个戍卒召集到一起说："诸位遇上大雨，都已误了期限。而按秦朝之法，误了期限是要斩首的。即使不被斩首，而当戍卒10个就有六七个会死。身为男子汉，不死则已，死就要死得壮烈。王侯将相难道是天生的吗？"戍卒们齐声高呼："我们听您的指挥。"他们便诈称公子扶苏、项燕，以从民望，光着右膀，称"大楚"。

　　起义军很快地占领了大泽乡，接着又攻下了蕲县县城（今安徽宿县南面）。从蕲县分兵两路，一路由符离县（今安徽宿县符离集）的一个农民葛婴率领，向蕲县以东各县发展。主力部队在陈胜、吴广的亲自指挥之下，接连攻取了蕲县西北面的5个县城。各地农民自己带了粮草，来参加起义军。不到一个月，他们便有战车六七百辆、骑兵1000多、步兵好几万，成为一支力量强大的队伍。

　　起义军乘胜向西推进，打到了陈县（今河南淮阳县）城下。陈县的县令已经逃跑，只有县丞（县令的助理）在守城。起义军杀死了县丞，占领了陈县。

　　陈县在战国时期，一度做过楚国的国都，是当时的一个大地方。从地理位置上看，它更显得重要。古时候有一条出名的运河叫做鸿沟（就是现在的贾鲁河），就在陈县境内和淮河的支流颍水会合。这条鸿沟是贯穿黄河和淮水的重要交通线，秦朝靠着它转运江淮地区的粮食和物资到关中（今属陕西省）去。起义军夺取了陈县，截断了秦朝这一重要交通线，沉重地打击了敌人，同时也使自己便于取得物资，并且在军事上处于优越的地位。这是起义军的重大胜利。

这时起义军的声势浩大，为了加强领导，为了更有力地对秦朝展开攻势，有了组织政府的必要。陈胜便召集当地的三老（相当于后来的乡长）和各阶层人士来开会商量。大家在会上一致推举陈胜做王。于是起义军的政府便在陈县建立了，国号叫张楚，是"张大楚国"的意思。因为这一带原是旧楚国的地方，楚国灭亡后，流传着"楚虽三户，亡秦必楚"的话。（意思是说楚国虽然只剩3户人家，但是灭亡秦国的必定是楚国）。这里的"三户"是指3家贵族，不过这话也反映了人民怨恨秦朝统治、怀念过去国家的情绪。陈胜便提出讨伐暴秦、张大楚国的口号，号召人民一齐起来反抗秦朝政权。在陈胜的号召下，各地人民纷纷杀了秦朝的官吏，打起张楚的旗帜。当时自动结合的上千人的起义队伍，多到数不清，他们都把陈胜当做领导人。

起义军的政治中心陈县，这时聚集了各色各样的人物。这里面有旧六国的残余贵族和游士（游士是战国时期政治上的活动分子。因为他们到处活动，如果今天在这一国处得不合适，明天就到另一国去，所以叫做游士），有称为儒生的地主阶级知识分子，他们对秦朝政权都是不满的，甚至是仇视的。六国的旧贵族曾经遭到秦始皇的严厉镇压，当然是秦朝统治者的对头，他们也时刻在图谋复辟。游士在战国时期，依靠各国贵族，取得功名和富贵。秦朝灭掉六国以后，他们不得不隐姓埋名，社会地位显著地降落下去，还要受到秦朝政权的迫害，一有机会，他们便想出头露面，因而参加了革命斗争。至于儒生投奔起义军，是为反对"焚书坑儒"的措施，因为秦始皇为了推行新制度，曾经烧了许多古书，活埋一批引用古书来批评秦朝法令的儒生。各阶层人士纷纷依附陈胜，说明农民起义的影响扩大了，但是起义军的成分也复杂了。

张楚政府成立以后，在军事上作了一番布置。起义军的骨干被派到各地去，对秦朝发动全面的攻势。起义军的军事部署和作战计划是这样的：

一、由假王（"假"是代理的意思）吴广监督田臧等将领向西进兵，进攻目标是荥阳。荥阳在战略上有非常重要的地位。它是黄河和济水的会合处，又是鸿沟的起点，占领了荥阳就可以阻挡住秦兵的东下。而且当时关东的粮食，运到这里后就储藏在荥阳西北的敖仓里，敖仓是关东最大的粮食仓库，夺取了敖仓又可以解决起义军的粮食问题。所以攻取荥阳是起义军，首要的也是严重的军事任务。

二、由陈胜的老友陈县人武臣担任将军，游士张耳、陈余担任左、右校尉（校尉是比将军低一级的武官），率领3000起义军北渡黄河，进攻旧赵国的地区，以扩大起义军的活动范围。

三、由汝阴（今安徽阜阳县）人邓宗领兵进攻九江郡（郡城在寿春，今安徽寿县），深入淮南地区，以巩固后方。

在这个时候，起义军的东路军主帅葛婴，已经进兵到东城（今安徽定远县东南），立了一个叫襄彊的旧楚国贵族做"楚王"。不久听说张楚政府已经成立（当时交通不便，张楚政府成立的消息传到东城比较迟），便杀掉襄彊，回到陈县报告陈胜，陈胜怪葛婴自作主张，杀了葛婴。葛婴受了朴素的小生产者意识的限制，以为只有贵族才能做王，所以拥立了襄彊，对革命斗争来说，这是要产生不良影响的，葛婴是犯了过错的。不过他是立有大功的、独当一面的大将，而且已经纠正了自己的错误行动，陈胜却给予最严厉的惩处，这就太过分，伤害了将士间的和睦。

另一方面，假王吴广统领的西征军，遇到荥阳秦军的坚强抵抗，一时攻不下荥阳。陈胜又派陈县人周文带兵西征。这个周文是游士出身，曾经在以前楚国大将项燕的军队里担任过差使，懂得兵法。陈胜便任命他做将军。周文从陈县出发，绕过荥阳，直攻咸阳。他的军队进展很快，沿路不断地有农民参加，人数越来越多，到了函谷关的时候，已经有兵车千辆、兵士好几十万人，这是起义军的主力部队。他们胜利地进了函谷关，一直打到距离咸阳只有几十里的戏（今陕西临潼区东南）才驻扎下来，起义军的声势达到了最高潮。这是公元前209年秋天的事，距离起义的时间不过两个月。

秦朝政府到这时候才发现情况的严重，但是已经来不及征发军队，二世皇帝非常惊慌。少府（管理皇家财产的财务长官）章邯便建议赦免在骊山做苦工的刑徒，把他们武装起来，去迎击起义军。秦二世就叫章邯指挥着这支几十万人的军队，对周文进行反击。周文所率领的起义军是新发展起来的，缺乏战斗经验，又缺乏武器，加上处在孤军深入的境地，因而被秦军击败，退到了关外，等待后援。

起义军的这一不利局面本来是可以扭转的。当时全国性的大起义已经形成，起义的队伍风起云涌，从四面八方袭击秦朝政权。其中力量比较大的，有占领沛县（今江苏沛县东面）的刘邦领导的起义军，在吴县（今江苏苏州）有项梁、项羽叔侄领导的起义军，他们的力量都在继续壮大中。秦朝政权到了风雨飘摇的地步。而且陈胜派出去配合周文西征的军队，由将军宋留带领，走南路打进南阳，将要从武关（今陕西丹凤县东南）攻入关中；武臣一路起义军又在黄河以北地区获得很大的发展，可以从西北面进攻关中。因此起义军的形势仍然是良好的。可是武臣一路在胜利进军中，领导权落到起义农民的异己分子张耳、陈余手里，这一变化牵动了大局，搅乱了农民革命的阵营。

原来张耳、陈余都参加起义，是想利用农民群众的力量，来恢复以前的分裂局面，以发展个人的权势。当陈胜得到群众的拥护，将要称王时，两人便提出不同意见，要陈胜选择六国旧贵族做王，陈胜没有同意。张楚政府成立后，两人又图谋夺取武装，向陈胜要了3000人马，名义上是去开辟新地区，实际上是去打自己的天下。由于借着陈胜的名义，打着张楚的旗帜，所以兵势很盛，一渡过黄河就连续占领了30多座县城，军队也发展到好几万人。就在秦二世元年八月，这路军队进占旧赵国都城邯郸的时候，张耳和陈余正式背叛了张楚政权。他们拿陈胜杀死葛婴做借口，劝陈胜所派遣的将军武臣脱离陈胜，以免由于功劳大反而遭杀身之祸。武臣听了他们的话，自立为赵王；陈余做大将军，张耳做右丞相。陈、张两人掌握了军事、行政实权，武臣成了傀儡。陈胜命令武臣急速出兵接应西征大军，张耳、陈余却让武臣向东北方旧燕国地区扩张势力。武臣部将韩广，领兵到了旧燕国地区，也在当地旧贵族分子的怂恿下，自立为燕王。

差不多在同一时间，旧齐国贵族田儋，趁农民大起义的机会，在狄县（今山东高青县）自立为齐王。陈胜部将周市领兵攻下旧魏国地区，迎立在陈胜身边的旧魏国贵族魏咎做魏王。

旧贵族复辟的局面出现了，农民起义军的力量分散了。

周文率领的西征部队得不到支援，在现在河南西北边境艰苦地战斗了两三个月，牺牲很大。周文在渑池县境内壮烈地自杀，部队也失散了。

章邯指挥秦军继续东进，下一个打击对象是围攻荥阳的起义军。在这个紧要关头，围攻荥阳的起义军却发生了内讧。由于吴广缺乏军事指挥经验和知识，在成为起义军的副首领以后又骄傲自大起来，在荥阳城下屯兵4个月，没有什么进展。将军田臧等见秦朝主力军就要开到，恐怕遭到秦军的里外夹攻，招致失败，便假托奉陈胜的命令，杀害了吴广。于是，这支起义军分为两部分，将军李归等率领一部分人马，继续驻在荥阳城下；精锐部队由田臧亲自率领，往西北面去争夺敖仓。结果在敖仓附近和章邯的大军相遇，起义军大败，田臧战死。章邯迅速进兵至荥阳城下，李归等也兵败身死。

这是一个非常不幸的事件。从战略上看，田臧等想把起义军从被动的地位转变到主动的地位，从劣势转化为优势，他们的决策是正确的。不过他们在强敌当前的情况下，用私自杀害统帅的办法来改变战略，却是错误的。这支起义军在荥阳城下停留了好几个月，士气原来不高，剧烈的内部斗争更使得军纪松懈、军心涣散，所以一和强大的敌人接触，便全军覆没了。

起义军的两支西征部队差不多损失光了，陈县便暴露在秦军的进攻矛头之下。秦二世又增派军队镇压起义军，几十万秦军在章邯统领下，猛烈地从荥阳向东南方面推进。当时陈县兵力很单薄。黄河以北的起义军已经被旧贵族利用了去，作为他们割地称王的工具，没有一支兵渡河来救援。陈胜派到淮南和南阳方面去的起义军，一时又赶不回来。情势十分危急。陈胜采取了紧急措施，一面处死了从前线逃回来的败将邓说，整肃军纪；一面派上柱国（当时最高官号，相当于宰相）蔡赐率领一部分起义军，前去阻击章邯的大军；另外又派将军张贺率领一部分起义军驻扎在陈县西门外，以便策应。章邯的军队打败蔡赐的军队，并且杀死了蔡赐，随即向张贺的兵营发动攻击。陈胜亲自到张贺营里，领导起义军作战。因为敌人力量太强大，张贺战死，陈胜不得不放弃陈县，向东南退却。当他经过汝阴，到了下城父（今安徽蒙城县西北）时，车夫庄贾杀害了陈胜，投降了秦军。

宋留带领的一支西征军，正在从南阳往武关的路上行进中，得到陈胜牺牲的消息，撤退到新蔡，遇到秦军，宋留竟投降了秦军。这个投降将军被解送到咸阳，受到"车裂"的刑罚。

陈胜、吴广领导的起义军失败了。这时是秦二世元年年底，陈胜从领导起义到失败牺牲，一共经过了 6 个月时间。

项梁起兵

项梁是秦代下相（今江苏宿迁）人。他的父亲就是原楚国著名的大将、被王翦所打败的项燕。项家在楚国世代为将，有着很久的尚武传统。因战功显赫，被封于项（今河南沈丘），成为楚国的贵族。

秦始皇二十四年（公元前 223 年），楚国被秦军攻灭。项燕战死，项家随即成为秦朝政府的打击对象。项梁万不得已，带着自己的侄子项羽逃到栎阳（今陕西临潼北）。这里距秦都咸阳很近，反而比较安全。可项梁在栎阳出了事，被栎阳县官抓起来，关进了栎阳狱，后被救出。但没过多久，项梁又杀了人，因而不得不带着项羽离开关中，逃到了几千里外的吴中（今江苏南部）。当时，六国诸侯虽然被秦吞灭，但六国贵族的后代时刻都在寻找时机，准备恢复自己昔日的割据局面，项梁也不例外。到达吴中后，项梁表面上和吴中的士大夫阶层处得非常好，暗中却交结豪杰，利用给别人主办徭役和丧事的机会，用兵法"部勒宾客及子弟"，还要项羽学习兵法。而"吴中贤士大夫皆出项梁下"，由此，项梁集结了一定的力量，为起兵反秦打下了基础。

秦二世元年（公元前 209 年）七月，陈胜在大泽乡起义，天下纷纷起来响应。秦会稽郡守殷通见天下义军蜂起，秦亡势成必然，也想乘机捞点利益。他素知项梁之能，便把项梁找来商议，欲以项梁和另一个豪杰桓楚为将。但项梁有自己的打算。他向殷通谎称，只有他一个人知道当时逃亡在外的桓楚的下落，然后以商议军情为名，让项羽持剑闯入，杀了殷通，夺取了印绶。"乃召故所知豪吏"，告诉他们，自己要起兵反秦。"遂举吴中兵，使人收下县，得精兵 8000 人"，公开打起了起义的大旗，很快占领了吴中地区。

是年腊月，陈胜被章邯军击败。广陵（今江苏扬州）人召平奉陈胜之命徇广陵，未能下。听说陈胜败走，不知下落，秦军很快就要打来，局势严重。他当机立断，渡江到吴中，"矫陈王命"，拜项梁与楚王上柱国，并令他"急引兵西击秦"。项梁乃受命，以8个人渡江而西。一路上，他陆续收编了陈婴、黥布和蒲将军等人领导的几支义军。等到下邳（今江苏睢宁北）时，兵力已达六七万人。

项梁军下邳时，广陵人秦嘉已经立景驹为楚王，驻扎在彭城（今江苏徐州）东。他听说项梁接受陈胜的指挥，便欲进兵攻击项梁。项梁大怒，谓军吏曰："陈王先举事，战不利，未闻所在。今秦嘉背叛陈王而立景驹，逆无道。"随即挥军进击，击败秦嘉，追击至胡陵，杀死了他。

项梁消灭秦嘉后，准备挥兵向西。这时，章邯率领的秦军攻了过来。项梁派别将朱离石和余樊君二人率兵迎战。但二人被秦军打败，余樊君战死，朱离石逃了回来。项梁大怒，杀掉了朱离石，引兵入薛（今山东滕州市）。这时，陈胜牺牲的消息传来。项梁感到有必要重新树立一面反秦的大旗，便召集各路将领至薛商议大事。刘邦此时已在沛起兵，也参加了这次会议。会上，居鄹人范增劝项梁立原楚国王室之后，认为"秦灭六国，楚最无罪。自怀王入秦不反，楚人怜之至今，故楚南公曰：'楚虽三户，亡秦必楚'"。立楚王之后，具有更大的号召力。项梁听从了范增的意见，乃求楚怀王的孙子、在民间为人牧羊的心，将其立为楚王，仍号楚怀王，以从民望，而项梁自号为武信君。

在薛休整数月之后，项梁引兵西攻，在东阿（今山东东阿）大败秦军。他又派刘邦和项羽二人率军进攻定陶（今山东曹县），向西攻至雍丘（今河南杞县），在这里大败秦军，杀死了秦丞相李斯的儿子、三川郡守李由。

接连获得几次胜利之后，项梁对秦军轻视起来，认为秦军不足惧。部下宋义劝项梁提高警惕，认为秦军在几次失败之后，必然要增加兵力，寻机反扑。但项梁听不进去，并派宋义出使齐国。

秦军在几次失利之后，见项梁指挥的义军如此强大，便把进攻的重点对准了项梁。秦朝政府调集了所有的精锐部队，由章邯指挥，开始向义军反扑。这时，项梁还沉浸在胜利的欢乐中，对敌军的动向注意不够。章邯在作了充分准备之后，在一天晚上，趁着夜色急行军，令人马皆"衔枚"，向项梁的义军发起突然袭击。毫无准备的义军被打得大败，项梁也在混战中牺牲。

项梁虽然死了，但他领导的义军主力并未被消灭。项羽和刘邦当时正率军在外，逃过了这场大难。以后，他们成为反秦、灭秦的主力。项梁的功绩是不可磨灭的。

钜鹿之战

秦二世二年（公元前208年）九月，秦将章邯率军突袭定陶，项梁战死。破项梁之后，章邯认为楚地兵不足忧，乃率秦军主力北渡黄河攻赵，大破赵军。当时，赵歇为赵王，陈余为将，张耳为相，张耳保护着赵王走保钜鹿（今河北平乡西南）。章邯命大将王离和涉间率秦军包围钜鹿，而自率秦军主力军于钜鹿城之南，在两军之间筑起一条甬道以保证王离军的粮草供应。陈余收恒山（治今河北石家庄东北）之兵得数万人，驻扎在钜鹿城之北，和城中遥相呼应。因兵力弱小，陈余不敢向秦军进攻，遂一面坚壁固守，一面派人向楚国和齐、燕等国求援。

项梁战死后，楚怀王和项羽、刘邦等人率余部退保彭城（今江苏徐州），又将项羽和吕臣等人所率之军统归自己直辖。接到赵国告急，便将全部兵力拨出，遣以救赵。因为在定陶（今山东定陶）之战前，宋义曾准确地预料项梁必败，楚怀王便召见宋义，和宋义交谈，认为宋义知道兵机，便以宋义为上将军，项羽为鲁公，为次将，范增为末将，率军救赵。诸别将为桓楚、英布、蒲将军等人，皆由宋义统辖，并号宋义为卿子冠军，以示尊宠。一面分遣刘邦向西略地，以袭扰秦军后方。

宋义率军出发，行至安阳（今山东曹县东），便停军不进，屯驻安阳达46日之久。项羽会见宋义说："秦军攻赵很急，应赶快引兵渡河，楚军击其外，赵军应其内，定能击败秦军。"宋义却认为秦军方强，不敢进击，并回答说："若牛虻在牛背之上，自然可以一下把它打死。若牛虻深藏在牛毛之内，就要运用智谋才能达到目的。如今秦军攻赵，若战胜赵国，士卒必然疲惫，我军可乘其弊。如果秦军战败，则我军可鼓行而西，一举攻破秦国。说到披坚执锐，冲锋陷阵，我宋义不如你；说到运用智谋，你不如我。"遂不采纳项羽的建议。宋义又觉得项羽意气凌人，骄横难制，便下令军中说："有猛如虎，贪如狼，强而不可使者，皆斩之！"宋义又派他的儿子宋襄到齐国为齐相，自己把儿子送到无盐（今山东东平），一面置酒高会。这时已是十月，天气转冷，又不断下起大雨，楚军士卒冻饥。项羽心中愤恨，便向军中宣称说："我们出来齐心协力攻秦，却久留于此，不往前进。如今粮食歉收，人民贫困，士卒只能吃个半饱，军中无现成的粮食，却每天置酒高会，不引兵渡河因赵地之粮，和赵军并力攻秦，还说什么承敌之弊。以强大的秦军进攻刚刚重建的赵国，其势必定击败赵国。击败赵国，秦军会更加强大，我们去承什么弊？而且，我军刚打了败仗，怀王坐不安席，扫尽境内所有军队而交给宋将军，国家安危，在此一举。如今，宋将军却不恤士卒而徇其私情，图其私利，非社稷之臣。"十一月初，宋义回到安阳。第二天清晨，项羽借朝见宋义之机，就帐中杀死宋义，并号令军中说："宋义和齐国图谋反楚。楚王暗中命我杀掉他！"当是时，楚军诸将皆慑服，无人敢出异言，都说："带头复立楚国的是将军一家。如今将军是诛杀乱贼。"他们因而相与立项羽为假上将军。项羽又派人到齐国追上宋义的儿子宋襄，将他杀死。又派桓楚向楚怀王报告此事。楚怀王无奈，因使项羽为上将军，当阳君、蒲将军等皆属项羽。项羽乃巡视部曲，抚慰士卒，准备渡河救赵。

这时，王离所率秦军急攻钜鹿。城中兵少食尽，张耳几次派人催促陈余，让他率军击秦。陈余自度力弱不敌，一直不敢进攻。这样历时3个月。张耳大怒，派张黡和陈泽二人去责备陈余，陈余仍然坚持说不行。张黡和陈泽表示要与秦军拼死一战。陈余迫不得已，交给二人5000人马，让他们先攻击秦军，二人至则尽为秦军所歼灭。

秦二世三年（公元前207年），项羽杀掉卿子冠军宋义之后，威震楚国，名闻诸侯。楚军军心也大振。于是，项羽决心渡河攻击秦军，乃派当阳君英布和蒲将军先率楚军20000人渡过黄河，向秦军进击。英布和蒲将军二军渡河后，先破坏了秦军补给线的甬道，使王离军乏食。恰在此时，陈余派来求救的使者又到达军中，项羽便率全军渡河，并令在渡过漳河之后，凿沉渡船，击破釜甑，烧掉庐舍，持3日粮，以示士卒必死，无一还心。渡过漳河后，项羽大军向北挺进，与秦军相遇，大战9次，彻底断绝秦军甬道，大败秦军，杀死秦将苏角，俘虏了王离。涉间不愿降楚，投火自杀。当时，诸侯之军救赵者十几批，皆畏秦军之强，不敢向秦军进击。等楚军向秦军进击时，诸侯军将士都站在壁垒上观望，见楚军战士无不以一当十，喊杀之声震天动地。诸侯军之将士无不人人惶恐，战栗不已。于是楚军勇冠诸侯。击败秦军之后，项羽召见诸侯军将领。诸侯军将领入辕门之后，无不膝行而前，莫敢仰视。项羽因此遂为诸侯上将军，各国诸侯都归项羽指挥。钜鹿之围解除后，赵王歇和张耳出城谢诸侯，犒劳将士。

秦章邯军在钜鹿城南战败后，败退至棘原（今河北大名北）。此时秦军兵力尚有20多万，但士气低落，不堪再战。项羽和诸侯国之军驻扎在漳水北岸，休整士卒。秦二世以章邯军数次战败，遣人责让章邯。章邯恐惧，派其长史司马欣到咸阳请罪。司马欣到咸阳后，在司马门守候3日，不得见赵高，又听说赵高有不信任之心，心下惊慌，便从他道逃回章邯军中。赵高果然派人追，没有追上。司马欣回到军中之后，对章邯说："赵高用事于中，下无可为者。战而能胜，赵高必妒忌我们的功劳；战而不能胜，我等必不免于被杀。愿您仔细考虑。"陈余也派人给章邯送信，历举秦将白起、蒙恬之死，及投降之利害。

章邯此时外受强敌压迫，内受赵高之迫害，狐疑而不能决，便暗中派人去见项羽，想投降，项羽不答应。于是两军相持不下。不久，项羽知章邯内心已经动摇，想乘机彻底击败秦军，但秦军尚众，便遣蒲将军先率军向南日夜急驰，渡过三户津（今河北临漳故城之西的漳水北岸），屯于漳水南岸，以切断秦军南退之路。恰好秦军一部退至此地，当即被蒲将军击败。章邯见局势不利，便率全军向南撤退，项羽遂引全军渡河，向南追击，追击洹水之上，又大败秦军。章邯在连败之下，又派人见项羽，重申愿意投降。项羽因为楚军粮食所剩不多，便同意接受章邯的投降，并和章邯在洹水南岸的殷墟（今河南安阳西北小屯村一带）相会，签订降约。章邯投降后，项羽立章邯为雍王，置之楚军之中。然后率全军向西进入关中。

秦军主力就这样被消灭了。

约法三章

刘邦又叫刘季，沛县（今属江苏）人。他的父兄都是普通农民，他却不愿意从事生产劳动，而且嗜酒好色，疏财乐施，性格开朗，度量宽宏，平易近人。所以他父亲认为他不能发家致富，是个无赖。长大后他当了本县的泗水亭长，与县衙的官吏混得很熟，经常同他们开玩笑。有一次县令的好朋友吕公因避仇家迁来居住，县上的官吏们都去恭贺。由萧何收受贺礼，规定礼品不够千钱的，只能坐在堂下。刘邦走来递进礼单，上写"贺钱万"，实际上一文钱也没带。吕公看到礼单觉得奇怪，亲自出门迎接。他一见刘邦的相貌神态，十分敬重，便邀请入席。熟知刘邦为人的萧何嘲笑说：刘季只会吹牛，办不成什么事。刘邦却满不在乎地坐了首席，嘲弄座客，谈笑风生。饮酒当中吕公递眼色留他久坐，客散之后，吕公对他说：我生平喜欢观察人，见过不少的人，没有谁有你这样的仪表风度，希望你珍重。我有一个女儿，愿意许配给你。席散后吕婆抱怨说：平常总夸女儿好，要嫁给贵人，县令对你那么好，想求婚都没有答应，怎么许给刘季呢？吕公却说，这不是你们懂得的。终于坚持把女儿嫁给了刘邦，她就是后来大名鼎鼎的吕后。

其后秦王朝征发各地刑徒到咸阳修筑骊山陵墓，沛县就派亭长刘邦押送本县刑徒到骊山去服役。一路上刑徒不断逃亡，刘邦防不胜防，合计一下恐怕走到咸阳时都会跑光。到达丰邑（今江苏丰县）西边的一个地方，他停下来喝酒。到了晚上，便把所押送的刑徒全部释放，说：你们各奔前程吧，我自己也打算逃亡了。刑徒中有10多名壮士愿意跟随刘邦，他们就隐藏在芒、砀（今河南永城、夏邑附近）山林水泊之间活动，沛县青年听到这个消息也纷纷前来参加。

陈胜起义后，很多郡县民众都杀掉长官响应。沛县县令十分惊慌，也打算反秦自保。县吏萧何、曹参劝他说：您是秦王朝的官员，现在想率领沛县人民起来反秦，恐怕人们不会听从。希望您召回从前由于反秦而逃亡的人，他们大约有好几百，有了这批人支持，就不怕人们抗拒了。县令于是叫樊哙去找刘邦，这时刘邦手下已聚合上百人了。当刘邦樊哙等率众来到时，县令又反悔了，他怕控制不住，便闭门守城并打算杀死萧何、曹参。萧何等翻城跑出来投靠了刘邦，他们写了封信射进城中，号召城里父老子弟不要为县令卖命，只有杀掉县令、响应起义军才是出路。城中民众果然起来杀死县令，开城迎接刘邦，并推举他为沛公，宣布起义。这时是秦二世元年（公元前209年）九月。刘邦和萧何、曹参、樊哙等聚合沛县一带青年两三千人，活动在今苏、鲁、豫、皖交界地区，在转战中得遇韩国旧贵族张良。张良的祖父和父亲曾相继担任韩昭侯以下五世韩王的丞相。秦灭韩后，张良尽散家财图谋报仇。秦始皇二十九年巡游东方时，张良物色到一位勇士携带一把120斤重的大铁锥，在博浪沙（今河南郑州东北）行刺秦始皇，不料误中副车，只把秦始皇吓了一跳，便下令全国大搜捕。张良逃到下邳隐藏起来，有一天在桥上碰见一位老人，赠送张良一部《太公兵法》，从此他便经常用心研读。陈胜起义后，张良也结合百余名青年人起兵。他们原打算去投奔景驹，在路上碰到刘邦的队伍便参加到刘邦军中。张良常和刘邦谈论《太公兵法》，刘邦很欣赏，经常采用他的计策。张良和旁人谈起《太公兵法》，人们都不理解。因此张良非常钦佩刘邦，下决心辅佐刘邦。

刘邦在这一带转战半年多，胜败无常，发展不大。秦二世二年四月，项梁击破秦嘉、景驹，有众10余万，成为楚地反秦的主力。刘邦便去见项梁，项梁拨给他5000士兵和10名小军官，于是刘邦就参加到这支大军中，隶属于项梁麾下。此后刘邦经常同项羽一道配合作战，屡立军功，逐步发展为楚军主力之一。九月，项梁在定陶战死后，项羽、刘邦等退保彭城。楚怀王封刘邦为武安侯，在派遣宋义、项羽等北上救赵时，命令刘邦另带一支队伍往西进攻关中。同时他还宣布，诸将谁先进占关中就在关中当王。这时秦军还相当强大，经常主动进攻击破各地义军，所以，诸将都认为这个任务异常艰巨而不愿去。只有项羽因为秦军杀死了项梁，决心报仇，愿意同刘邦一道进攻关中。可是楚怀王部下一些老将却说：项羽为人果断勇悍，他的军队常常残暴地屠城，破坏经过的地方。现在秦地民众也深受秦皇帝的迫害，如果派一位忠厚长者前去抚慰，可能更容易成功。项羽去了反倒不好，还是刘邦去合适。于是楚怀王只派刘邦西进，叫他沿途收罗陈胜、项梁西征时流散的士兵，却让项羽北上去同秦军主力决战。

刘邦率领的西征军兵力异常薄弱，尽管并未遭遇秦军主力，开始四五个月也只能在今山东、河南交界处徘徊，进展不得。到秦二世三年（公元前207年）

二月进至高阳（今河南杞县西南），有个叫郦食其的"狂生"替刘邦策划时指出：你带领乌合之众、散乱之兵不满万人，却想直入关中，简直是自投虎口。郦食其建议进攻高阳附近拥有丰富储粮的交通要冲陈留（今河南开封南），并表示愿意先去说服他所熟悉的陈留县令归顺。刘邦采纳了这个意见，果然顺利占领陈留，这才得到整顿发展的机会。郦食其的弟弟郦商也纠合数千人跟随刘邦西征。接着就在开封（今河南开封西南）附近打了第一个大胜仗，大破秦将杨熊，杨熊虽然逃脱，却被秦二世问罪处死。先前张良向项梁建议立韩国公子成为韩王，由张良辅佐他带领千余人经营韩国旧地，在颍川郡（今河南中部新郑许昌一带）流动袭击秦军。这时便同刘邦会合，攻占10余城。刘邦派韩王成留守阳翟（颍川郡治，今河南禹县），自己率领张良等从辘轳进攻洛阳（三川郡治，今河南洛阳东）。由于进展不利，便改道南下进攻南阳（今属河南）。

秦南阳郡守出战失败，便退回城内坚守，刘邦就越过南阳西进。张良反对，说：您虽然急着想入关，但秦兵还很多，又凭借着险要的地势。如果不先占领南阳，被他们前后夹攻，那就危险了。刘邦便连夜绕道转回南阳，换了一套旗帜，黎明时又把南阳包围起来。南阳守派人翻城出来会见刘邦，对他说：南阳是一个大郡，人民众，蓄积多。官员们自以为投降了也难免一死，所以登城坚守。您如果留下来攻城，伤亡必大，影响您入关。要是放弃不攻，又觉得后路难保。您最好的办法是设法招降南阳郡守，封他一个官爵，让他替您留守，您却抽走他部下的精兵带着去西征。这样不仅地广兵多，前面的秦王朝地方官吏也一定会闻风归顺，您就会一路通行无阻了。刘邦听了点头称好，于是接受投降，封南阳守为殷侯。这时是秦二世三年七月。由此西至武关（今陕西商南县东南），沿途秦王朝地方官吏果然纷纷迎降。对武关以西的秦守军，刘邦也采用贿赂招降军官的办法，使其上下猜疑军心懈怠，然后伺机袭取。这样经过两三个月，便在汉元年（公元前206年）十月（汉初沿袭秦制，也以十月为岁首，汉元年十月紧接秦二世三年九月），顺利地进到咸阳。这时，秦王朝内部也已经发生了巨大变化。

3年来，赵高施展种种阴谋手段，玩秦二世于掌中，最后控制了秦王朝，独揽大政，登上了权力的顶峰。他自以为聪明得计，其实这样的倒行逆施恰好是自掘坟墓。正是他的胡作非为，瓦解了秦王朝的统治机构，促成了章邯等秦军统帅的投降，葬送了秦军主力。从刘邦入关的进展情况也可以看出，秦王朝的覆灭完全由于政治上解体。单从军事力量上较量，刘邦连夺取一座中等城市也很困难，根本谈不上远征关中。但是，他进军沿途的秦王朝地方长官却是人人自危，各怀鬼胎，只求如何保住性命，无心抵抗。所以当刘邦一采取招抚为主的方针，发动政治攻势，局面顿时改观，各地大都望风归顺，进展十分迅速。

而赵高的所作所为，客观上有利于农民起义军推翻秦王朝。

等到秦二世三年八月，以刘邦、项羽为主力的农民起义军进逼关中时，赵高哄骗秦二世的"关东盗无能为"的说法，就不攻自破了。他只好请病假不去朝见秦二世，二世派人责问赵高，赵高害怕被杀，便把他的女婿咸阳令阎乐和弟弟郎中令（皇宫警卫队长）赵成找来策划政变。他们借口捕贼，让阎乐领兵千余人来到皇宫，通过赵成为内应驱散宫廷警卫，抓住了秦二世。死到临头的秦二世竟然提出什么"愿得一郡为王""愿为万户侯"直到"愿与妻子为黔首比诸公子"种种愚蠢可笑的要求，当然全都落空，被迫自杀。赵高于是召集朝臣宣布秦二世罪状，并说：秦本来是王国，始皇统一天下改称皇帝。现在六国都恢复了，秦只保有关中一隅，还是恢复称王为好。于是打算拥立公子婴为秦王。但是赵高是靠秦二世而上台的，他这样把秦二世当作替罪羊抛了出来，岂能遮掩得过？几天工夫，公子婴便设法诱杀赵高并夷其三族，野心家阴谋家终归搬起石头打了自己的脚，遭到应得的惩罚。不过，风雨飘摇的秦王朝经过这一番折腾更是完全丧失了抵抗能力。

公子婴只当了46天秦王，刘邦的军队便首先到达霸上（今陕西西安东南），子婴请求投降。有人建议把他杀掉，刘邦说：楚怀王所以派我攻关中，就是认为我能宽大处理问题。现在敌人已服罪投降，杀掉不好。于是接受其投降，把子婴交官吏看守起来，等候处理。刘邦进入咸阳，看到秦宫中华美的陈设、漂亮的妇女，以及金银珠宝猎狗骏马等等享乐的东西成千上万，就想住下来快活一番。樊哙批评他说：您是想夺取天下，还是想当个富翁？我看这些奢华的东西正是秦王朝灭亡的祸根。希望您赶快回军灞上，不要在秦宫停留。刘邦恋恋不舍，哪里肯听。张良也说：正因为秦朝皇帝这样胡搞，您才能来到这里。如果您一来又喜欢这一套，那就是帮着坏人干坏事了。"忠言逆耳利于行，良药苦口利于病。"您应当听从樊哙的意见。刘邦这才把官室府库一一查封，回到灞上军营中。

回营后，刘邦又召集父老集会，公开宣布：诸位受秦王朝严酷的法令迫害多年了！我国诸侯有协议，先进关中的就在关中称王，我应当为关中王。我同诸位只约定法律三条："杀人者死，伤人及盗抵罪。"其他奇酷的秦法全部废除。我这次来是为父老们除害的，决不会"侵暴"，请大家不用害怕。我现在驻军灞上，是等待诸侯联军到达后共同商定善后处理办法。这就是著名的"约法三章"。于是他派遣使者配合秦王朝原有地方官吏把这些意思通告各地，秦地民众听了非常高兴，争先恐后地奉献牛羊酒食劳军。刘邦又推辞不接受，说是仓库储积很多，军队不缺供应，不要破费大家。民众更加喜欢，唯恐刘邦不能留在关中当王。这些正确的政策措施产生了巨大的政治影响。同时，有远见的萧何在进入咸阳后，又先把秦丞相府的律令图书收集起来，这些做法，对以后楚汉相争的胜败都有重要意义。但是，也有人向刘邦建议：关中是最富庶的地区。现在章邯投降后，听说项羽已封他为雍王（关中古代一称雍州），他们若来，恐怕您就站不住了。请赶快派兵把守函谷关，不让诸侯联军进来，同时征发关中人民入伍以扩大军队，准备抵抗。这个错误意见刘邦也听从了，遂使他与诸侯联军尤其是同项羽的关系出现裂痕，惹起了大麻烦，差一点搞得全军覆没、不可收拾。又多亏张良和樊哙的忠诚机智勇敢，才得渡过难关。

楚汉争雄

继秦末农民大起义之后，项羽和刘邦之间又为争夺封建统治权力而进行了一场战争。自汉元年（公元前206年）初至高帝五年（公元前202年）十二月，历时4年余。

在秦末农民大起义过程中，陈胜牺牲后，刘邦集团和项羽集团成为反秦武装的两支主力。秦二世三年（公元前207年），刘邦、项羽相继率兵入关，推翻秦王朝。按照原来楚怀王的约言"先入定关中者王之"，刘邦先入咸阳，理应王关中，但项羽自恃功高，企图独霸天下。汉元年正月，项羽阳尊怀王为义帝，徙于郴。二月，分天下王诸将，自立为西楚霸王，王梁楚地九郡，都彭城，分封十八路诸侯，即以刘邦为汉王，王巴、蜀、汉中，都南郑；章邯为雍王，都废丘；司马欣为塞王，都栎阳；董翳为翟王，都高奴；魏豹为西魏王，都平阳；申阳为河南王，都洛阳；韩成为韩王，都阳翟；司马卬为殷王，都朝歌；赵歇为代王，都代；张耳为常山王，都襄国；英布为九江王，都六；吴芮为衡山王，都邾；共敖为临江王，都江陵；韩广为辽东王，都无终；臧荼为燕王，都蓟；田市为胶东王，都即墨；田都为齐王，都临淄；田安为济北王，都博阳。另封陈余三县之地，梅鋗为10万户侯。

项羽进入咸阳后大肆烧杀抢掠，加上封章邯等秦降将为王，使他失去了关中秦民的支持；不都关中而都彭城，也使他失去了战略上的有利地势；特别是关东屡经战乱，经济残破，使他日后不可能建立一个巩固的后方；至于分封诸侯王，更是项羽在政治上所犯的一个严重错误；他贬义帝于江南，迁刘邦于巴蜀，徙故王于恶地，王亲信诸将于善地，挑动和加剧了各路诸侯之间的权力纷争，并且迅速激化了他与刘邦之间的矛盾。

刘邦被徙封汉王后，本想立即发兵攻楚，但萧何等人从楚汉双方的实力出发，主张以汉中为基地，养民招贤，安定巴蜀，然后收复三秦。刘邦采纳了这一建议，于汉元年夏四月经栈道往南郑，又听从张良的计策，烧绝所过栈道，表示没有东向争夺天下之意，以此迷惑项羽。但是，3个月后，刘邦乘田荣起兵反楚的有利时机，决策东向，终于爆发了楚汉战争。

项羽分封诸侯后即罢兵回归彭城。不久，田荣起兵反楚，于汉元年五月迎击田都，杀田市，自立为齐王，并且以彭越为将军。彭越于七月击杀济北王田安。田荣并王三齐之地，命彭越击楚，并以兵援助陈余袭击常山王张耳，迎故赵王于代复为赵王。齐、赵和彭越的起兵，对西楚构成了直接威胁。为了制止事态的扩大，项羽先派萧公角将兵迎击彭越，结果大败，不得不调遣主力击齐，以稳定局势。当时僻处巴蜀的刘邦乘项羽无暇西顾之际，听从韩信等人的计议，于八月出故道，击降章邯、司马欣和董翳，迅速还定三秦，继续东进。

楚汉战争之始，项羽即在战略上陷于两线作战的不利处境。他认定齐地的田荣为心腹之患，而张良也致书项羽说："汉王失职，欲得关中，如约即止，不敢东。"又以齐、梁的反书移交项羽说："齐欲与赵并灭楚。"以致项羽无意西向，专注东方，在战略上做出了错误的判断。后来，项羽虽然击杀田荣，复立田假为齐王，但由于他在齐地烧夷城郭室屋，掳掠老弱妇女，激起齐民的反抗，使田荣弟田横得以收散卒数万人，据城阳，并于汉二年夏四月立荣子田广为齐王，号令齐民抗击楚军。楚军主力困于齐地，无法脱身。刘邦乘隙降魏王豹，虏殷王。是年冬十月，项羽密使九江王英布等击杀义帝。刘邦在进驻洛阳后，为义帝发丧，并遣使告诸侯，指责项羽放杀义帝，号召诸侯王击"楚之杀义帝者"。之后，率诸侯兵凡56万人进据楚都彭城。

项羽得知彭城失陷的消息后，立即部署诸将击齐，亲自率精兵3万人回师彭城。由于刘邦为轻易取得的大捷所陶醉，进入彭城后，收其宝货、美人，逐日置酒高会，因此，在楚军的突然袭击下，汉军50余万乌合之众一败涂地，士卒死伤过半，刘邦仅得与数十骑突围。

彭城之战后，楚汉之间的形势发生了重大变化。刘邦败退荥阳，诸侯皆背汉向楚。由于萧何及时调发关中老弱未成年者补充兵力和韩信的增援，汉军才得以重整旗鼓。项羽虽将战略重点移至西线，但他始终未能摆脱两线作战的困境，无法越过荥阳、成皋一线西进。从此，楚汉便进入了双方相持的阶段。但是，从刘邦方面说，这种相持是积极的。相持阶段一开始，刘邦就组建了骑兵部队，有效地阻挡了楚军的进攻；与此同时，汉军重新调整了战略部署，一方面坚守荥阳、成皋一线，一方面积极在楚的后方和侧翼开辟新战场。这一部署打击了项羽在战略上的致命弱点，很快收到了成效。汉二年八月至次年十月，韩信接连平定魏、代、赵、燕，矛头直指齐地，逐渐形成包围西楚的态势。当时项羽主力虽然在汉三年夏四月、六月再度攻克荥阳、成皋，但由于刘邦采取了"高垒深堑勿与战"的战术，不仅保存了汉军的实力，而且牵制了楚军的主力，使项羽更进一步陷入两线作战、首尾不能相顾的困境。特别是项羽不能用人，不但韩信、陈平等人弃楚投汉，连他的重要谋士范增也得不到信用，这更使他在政治上、军事上连连失策，使刘邦得以调兵遣将完成对项羽的战略包围。汉三年五月，刘邦命彭越率兵渡过睢水，袭杀楚将薛公，直接威胁彭城。八月，刘贾、卢绾将卒两万渡河，进入楚地。彭越在汉军的协助下攻徇梁地，连克睢阳、外黄等 17 城，完全截断了荥阳、成皋一线楚军主力的后勤补给线。于是，项羽不得不于九月命大司马曹咎固守成皋，亲自回帅救援，夺回陈留、睢阳、外黄等 10 余城。但是，汉四年十月，刘邦乘机诱使曹咎出击，大破楚军，收复成皋。与此同时，韩信也袭破齐历下军，进据临淄，并于十一月在潍水消灭了楚将龙且率领援齐、号称 20 万的楚军，尽定齐地。项羽在正面和侧翼战场上接连遭到重大失败，有生力量丧失殆尽，腹背受敌，进退失据，陷于汉军的战略包围之中。

成皋之战后，楚汉战争进入了最后阶段，项羽日益孤立，粮秣得不到补充，韩信又继续进兵西楚，汉四年八月，项羽向刘邦提出议和，楚汉约定以鸿沟为界中分天下，鸿沟以西为汉，以东为楚。九月，项羽率兵东归，而刘邦则采纳张良、陈平的计策，乘机追击楚军于固陵；并且调令韩信、彭越等人率兵围歼项羽，命刘贾渡淮包围寿春，诱使楚大司马周殷叛楚。次年十二月，项羽被围困于垓下，汉军四面唱起楚歌，楚军士无斗志。项羽乃率少数骑兵突围至乌江，自刎而死。楚汉战争最后以刘邦夺取天下、建立汉王朝而告终。

楚汉战争前后进行了 4 年，虽然对经济生产和广大人民的生活带来了不利的影响，但它换来了国家的统一和社会的安定，因而是有积极意义的。

西　汉

（公元前 205 至公元 24 年）

汉初盛世

西汉建立之前，中原已历秦朝15年的残暴统治和秦末以来历时8年多的战乱，经济凋敝，民心思定。有非凡政治才能的刘邦，顺应民心，实行与民休息政策。当然，这种与民休息政策，是与汉初尊崇黄老之学、崇尚无为而治分不开的。

刘邦当了皇帝之后，对于秦的"二世而亡"是很警惕的。他要士人陆贾总结一下包括秦朝在内的历代兴亡的经验教训，为他提供借鉴。陆贾根据儒家和黄老学说，又结合当时国家残破、经济凋敝的情况，写论文12篇。主要观点有，"事逾烦，天下逾乱；法逾滋，而奸逾炽；兵马逾设，而敌人逾多。秦非不欲为治，然失之者乃举措暴众，而用刑太极故也。"他主张不要"极武"，不要"用刑太极"，而要"文武并用"。说这是"长久之术"。这就是所谓的"无为而治"。刘邦很赞赏陆贾的意见。陆贾的12篇论文合为一书，刘邦命之为《新语》。《新语》的理论观点在一定程度上反映了秦朝后期的政治和社会实际，基本上符合当时刘邦的建国思想。这一思想在西汉初年，是最高统治集团的主导思想。从这样的思想出发，刘邦陆续采取了一些重要措施。

一是建立制度，招贤纳士。汉建立后，高帝刘邦命萧何定律令，韩信定军法及度量衡程式，叔孙通定礼仪，汉朝制度很快建立起来，秦制度基本上变成汉制，这就是所谓"汉承秦制"。萧何做相国，提倡俭朴，处理政事，完全按照律令。他制定的九章律，较秦法缓和简明，代替了原来临时颁行的"杀人者死，伤人及盗抵罪"的约法三章。民间歌颂他说，"萧何为法，较（明）若画一"。秦末大乱以后，人民饱受战祸，穷苦已极，得在一定的律令下生活，自然感到宁静，人人自安，难动摇了。

二是劝民归乡务农，减轻田赋。号召在战乱中流亡山泽的人归还故乡本土，"复故爵田宅"。下令解放因生活困难而自卖为奴婢的人，恢复庶民身份。农民可以按人力多少开垦荒地，对新开垦的田地给予头几年完全免赋的优待。特别是实行了按粮食产量"十五而税一"的田赋征收制度，调动了农民从事生产的积极性。

三是实行压抑商贾的政策。刘邦亲眼看到秦时徭役繁兴，商贾乘机重利盘剥，夺人田产子女，加重了社会危机。所以他即位后，"令商人不得衣丝乘车，重税租以困辱之"。规定商贾及其子女不得为官吏，不得携带兵器，不得有私田，加倍征收商贾的算赋（每人两算，一算120钱）。这些措施迫使一些小商人弃商务农，限制了商人对农民的兼并，有利于人民休养生息。

四是复员军队，罢兵归田。汉初刘邦即令"兵皆罢归家""以有功劳行田宅"，给予复员官兵以较好的土地住宅。入关灭秦的关东人愿留在关中为民的，免徭役 12 年，回关东的免徭役 6 年。这些从军归田者，很快就成为中小地主或自耕农。他们不仅成为恢复农业生产的一支重要力量，也是汉代进行统治的阶级基础。

汉高祖在帝位凡 7 年，他倡导和推行的与民休息政策，使社会经济大大恢复了，同时也使汉朝地主阶级的统治重新得到稳定。

刘邦建国之初，对中央机构，完全继承了秦朝的制度，在皇帝之下，设置三公和九卿等，组成中央政府。但对地方的统治方式，略有改变。虽然在名义上亦实行"郡县制"，但实际是"郡国并行制"。这表现在刘邦大肆铲除异姓诸王、分封同姓王上。

刘邦早在楚汉战争期间，为了争取项羽封立的 18 个诸侯中的某些举足轻重的人物，以分化项羽的阵营，壮大自己的力量；又为了鼓励本集团的某些拥有强大兵力的将帅与他合力打败项羽，或巩固他的统治，曾封立了若干人为王。如韩信为齐王，后为楚王，英布为淮南王，彭越为梁王，张耳为赵王，旧贵族信为韩王，臧荼与卢绾先后为燕王，吴芮为长沙王。这些人因与刘邦不同姓，史称"异姓王"。异姓诸王都非刘邦的嫡系，多拥有强大的兵力，"有震主之威"，这是刘邦的大忌。有些人的兵力虽不强大，但跨州连郡，雄踞一方，成了西汉政权的一大威胁。因此，在消灭项羽后的数年中，刘邦相继铲平了除长沙王吴芮以外的其他 7 位异姓王。

刘邦在诛除异姓诸王的同时，又大封他的子弟为王，称为"诸侯王"，高于列侯，不在 20 级爵中，史称"同姓王"。当时封立的"同姓王"共有 9 国，自北而南，为燕、代、赵、齐、梁、楚、淮阳、淮南、吴。唯一幸存的长沙王吴芮原是秦朝的鄱阳令，因在反秦斗争中有功，被项羽立为衡山王。后降刘邦，改为长沙王。这些封国几乎占去了旧时燕、赵、齐、魏、楚等国的全部疆土；而且他们的地位、权力不同于列侯。在封国内是国君，权力很大。封国的政权机构和中央基本相同，除太傅和丞相由中央任命外，自御史大夫以下的各级官吏，都由诸侯王自己任命。诸侯王还有一定的军权，又有财政权，可在国内征收赋税。王国的疆土广大，人口众多，多数王国很富庶。如齐王刘肥有 6 郡，计 73 县。吴王刘濞有 3 郡，计 53 县。王国在政治上处于半独立状态。分封之时，又有约定，"非刘氏而王者""天下共诛之"。汉朝分封同姓王，与秦代相比，是一种倒退行为，后来酿成七国之乱，说明刘邦缺乏政治远见。

刘邦还继承了秦朝的 20 级爵的制度，封功臣和亲属、外戚 140 多人为列侯。汉朝政治制度和秦朝基本是一脉相承的。只是汉初刘邦命萧何废除秦的严苛峻法，制定汉律，更有利于汉王朝的长治久安。

公元前 195 年，刘邦病死在长乐宫，同年，其子刘盈即位，是为汉惠帝。惠帝即位时，年仅 17 岁，加之生性仁弱，朝中大权被操纵在太后吕雉手中。

吕后在政治上的发迹，应当说是始于诛杀异姓王。史载吕后"为人刚毅，佐高祖定天下，所诛大臣多吕氏力"。高祖出征异姓王时，吕后居京师，开始参与朝政。她策划阻止刘邦废太子，左右讨伐黥布的军事部署，干预刘邦身后将相人选的安排，并逐渐培植亲信党羽，形成一股势力。

吕后临朝，极图削除刘家势力，培植吕家势力，乃"杀高祖子赵幽王友、共王恢及燕灵王建。遂立周吕侯子台为吕王，台弟产为梁王，建城侯释之子禄为赵王，台子通为燕王"（《汉书·外戚传》）。吕台、吕产、吕禄、吕通都封了王，吕家势力坐大，"非刘不王"的限制被打破，这算是刘家的大不幸。

公元前 180 年，吕氏集团被一网打尽后，陈平、周勃等商定，迎立刘邦的儿子代王刘恒为帝，此为汉文帝。汉朝政权自惠帝以来，几经易主，内依朝臣，外靠宗室，至此稳定下来了。汉朝也由此进入中国封建社会的第一个盛世——文景之治。

文景之治

惠帝、吕后时期（公元前 194—公元前 180 年），无为思想在政治上起着显著作用。丞相曹参沿袭萧何辅佐汉高祖的成规，所谓"萧规曹随"，举事无所变更。在这 15 年中，很少兴动大役。惠帝时几次发农民修筑长安城，每次为期不过一月，而且都在冬闲的时候进行。惠帝四年（公元前 191 年）又"省法令妨吏民者，除挟书律"，吕后元年（公元前 187 年）"除三族罪、妖言令"。边境戍卒一岁一更的制度，也在这时重新确定了。

文帝、景帝统治时期（公元前 179—公元前 141 年），继续"与民休息"，社会经济逐渐发展，史称"文景之治"。

文帝十三年(公元前 167 年)，文帝下诏全免田租；景帝元年（公元前 156 年）复收田租之半，即三十税一，并成为汉朝定制。文帝时，丁男徭役减为"三年而一事"，算赋也由每年 120 钱减为 40 钱。长期减免田租徭赋，对地主有利，但也促进了广泛存在的自耕农民阶层的发展。西汉初年"大侯不过万家，小者五六百户"；到了文景之世，"流民既归，户口亦息，列侯大者至三四万户，小国自倍，富厚如之"。户口繁息的迅速，就是自耕农民阶层得到发展的具体说明。

农业的发展，使粮价大大降低。商业也日益活跃起来。汉文帝十二年（公元前 168 年）又取消过关用传制度，有利于行旅来往和商品流通。文帝弛山泽之禁，促进了盐铁业的发展，对农民的副业生产，也有一些好处。

随着粮价的降落和商业的活跃，致使大商人势力膨胀，囤积居奇，侵蚀农民，使广大农民破产流亡。文帝、景帝都曾重申商人不得为吏的禁令，企图限制商人的发展。为了提高谷价，缓和谷贱伤农的现象，文帝接受晁错"入粟拜爵"的建议，准许富人（主要是商人）买粟输边，按所输多少授予爵位。输粟达600石者爵上造，达4000石者爵五大夫，达12000石者爵大庶长。晁错又建议，入粟拜爵办法实行后，边境积粟足以支5年，可令入粟者输于郡县，使郡县也有积粟；边境和郡县都已充实，就可以免除天下田租。入粟拜爵办法的实行，使农民的处境暂时有所改善。

文景二帝提倡节俭。在文帝统治的23年中，"宫室、苑囿、车骑、服饰无所增益"。皇帝尚节俭，对地主、商人中正在兴起的侈靡之风，多少会起一些制约作用。此外，文景时期，对待匈奴和周边少数民族尽量避免诉诸武力，以和为贵；对强敌匈奴仍采取"和亲"政策。

文景时期，在法律方面也有一些改革。文帝废除了汉律中沿袭秦律而来的收孥相坐律令，缩小了农民奴隶化的范围。文帝、景帝又相继废除了黥、劓等刑，减轻了笞刑。这个时期许多官吏断狱从轻，不求细苛，所以有"刑罚大省，至于断狱四百，有刑错之风"之说。

文景时期的"与民休息"政策，对恢复和发展生产起了一定的作用。据史书记载，那时国家无事，非遇水旱灾害，则人们人给家足，都市乡间粮仓都满，新谷压旧谷，府库余钱多不胜数，由于长期存放，穿钱的绳子都烂了。一般的乡间街巷都有好马，那时人们出门参加聚会，骑母马的人会受到耻笑。一个强盛而富庶的西汉帝国在亚洲大陆出现了。

可以说，这是中国封建社会的第一个盛世，它和后来的"贞观之治""康乾盛世"一样，由于政治清明、社会安定、经济发展而被历来史家所称道。

晁错建言

晁错是汉初颍川（今河南禹县）人。幼学申、商、刑名之术，为人耿直。汉文帝曾命晁错从济南伏生受《尚书》后为太子家令。以其善辩而得太子（即后来的汉景帝）的宠信，号曰"智囊"。

晁错是汉代著名的政论家，文笔削直健拔，议论深刻，入木三分。其论多能中当时要害，故为文帝、景帝所重。其文章涉及兵事、徙民实边、重农等方面。

当时，匈奴数为边患，晁错向文帝上书言兵事，说："《兵法》说：'有必胜之将，无必胜之民。'由此看来，安边境，立功名，在于良将，不可不加以选择。臣又听说，用兵作战白刃相交，最要紧的有三条：一是得地形，二是士卒训练有素，三是器用便利。按照兵法，步兵、车骑、弓弩、长戟、矛铤、剑楯等各有所长。不能发挥其长处则十不当一。士不选练，卒不服习，起居不精，动静不集，趋利弗及，避难不毕，前击后懈，与金鼓之指挥相失，这是不训练士卒之过，100个当不了10个。兵器不完利，与空手同；甲不坚密，与袒露同；弩不能射得远，与短兵同；射不能中，与无箭同；中而不能入，与无箭头同，这是将领不检视兵器之过，五不当一。所以《兵法》说：'器械不利，等于把士卒送给敌人；卒不可用，是把将领送给敌人；将领不懂行军打仗，是将其君主送给敌人；君不择将，是将其国家送给敌人。'这四者是用兵之要。臣又听说：小大异形，强弱异势，险易异备。卑身以事强是小国之形；合小以攻大是敌国之形；以蛮夷攻蛮夷是中国之形。如今匈奴人地形、技艺与中国不同；上下山阪，出入溪涧，中国的马比不上匈奴马；险道倾仄，边驰边射，中国的骑兵不如匈奴之骑兵；风雨疲劳，饥渴不困，中国人比不上匈奴人；这些都是匈奴人的长处。至于平原、易地、轻车、实骑，则匈奴之众容易被打乱；劲弩、长戟、射疏、及远，匈奴的弓比不上中国的弓；坚甲利刃，长短相杂，游弩往来，什伍俱前，则匈奴之兵挡不住中国之兵；步兵箭发，万箭同的，匈奴人的皮铠木楯不能抵挡；下马步战，剑戟相接，则匈奴兵比不上中国兵。这些是中国的长处。由此看来，匈奴的长有三，中国的长处有五，陛下又兴数十万之众以击仅数万之众的匈奴，则必胜无疑。"

汉文帝读后，赐晁错书策以示嘉奖。晁错又上书建议徙民实边，说："胡人衣食之业不著于地，其势容易扰乱边境，往来迁徙，时来时去；这是胡人的生业，也是中国人所以离开田亩而严加防范的原因。如今，胡人经常在塞下放牧、射猎，见边防士卒少便侵入，陛下不救，则边民绝望而有降敌之心；救之，少发则不足，多发则千里而至，胡人早已跑个干净。若聚而不罢，又耗费钱财；撤走，则胡人又来。如此连年，中国贫苦而百姓不安。远方之卒守边塞，一年更换一次，不知胡人之能。不如让人民常居边地，一边耕田种作，一边防备胡人。可以在要害之处，通川之道，建立城邑，每邑不少于1000家。先盖房子，备田器，然后招募百姓，或免去罪人之罪，拜以爵位，减免赋税，分给他们冬夏之衣，能自给而后止。使邑里相救，以御胡兵。"

汉文帝听从了晁错的建议，下诏募民徙实边塞，加强边疆防卫。晁错又上书劝文帝重视农业，说："圣王在上而百姓不受冻挨饿，不是能耕田养活他们，织布让他们穿衣，而是为民开生财之道。所以，尧时有9年之水，汤时有7年之旱，而百姓无死者，因为他们蓄积多而准备足。如今海内为一，土地人民之众不比汤、禹的时候少，加上没有水旱天灾，但蓄积都比不上，为什么？地有遗利，民有余力；能生长谷物的土地未全部开垦，山泽之利没有尽出，而游食之民未尽归于农业。寒之于衣，不待轻暖；饥之于食，不待甘旨，饥寒至身，人便不顾廉耻。人情一天不吃两顿饭便要饥饿，一年不添衣便要寒冷。饥饿不得食，寒冷不得衣，虽慈父不能保其子，君王哪里还能保有其人民呢？明主懂得这个道理，所以务民于农桑，薄赋敛，广蓄积，以充实仓廪，备御水旱，所以人民可以保存。百姓全在为上者如何指挥，百姓之趋利，便像水往低处流，不择方向。珠玉金银，饥不可食，寒不可衣，然而众人珍贵它们，这是因为在上者用它们；这些东西轻微易藏，拿在手里，可以走遍四海而无饥寒之患。粟、米、布、帛，生于地，长于时，聚于力，非一日可成，不为奸邪所利，一日不得而饥寒至身。所以明君贵五谷而贱金玉。"如今，农夫 5 口之家，其中服公事之役的不下 2 人；他们所能耕种的田地不过百亩，过百亩的收成不过百石。春耕、夏耘、秋获、冬藏、伐薪樵、修治官府、服徭役，春不得避风尘，夏不得避暑热，秋不得避阴雨，冬不得避寒冻，四时之间无日休息，还有送往迎来，吊死问疾，养孤长幼在其中。勤劳辛苦如此，还要遭遇水旱之灾、急政暴赋灾、赋敛不时灾、朝令而暮改，有的半价而卖，没有的付翻倍的利息，以此来偿还债务。而那些商贾们，大的囤积居奇，牟取暴利，小的列坐贩卖，日游于都市，乘国家之所急，所卖必定翻倍。所以，他们男不耕耘，女不纺织，却衣必文采，食必粱肉，不受农夫的苦痛，却有成千上万的收入。又依仗其富有，交通王侯，势压官吏，千里游遨，冠盖相望。这便是为何商人所以兼并农人、农人所以流亡的缘故。

"当今之务，莫急于使民务农。想让百姓务农，在于提高粮食的价值；提高粮食价值的办法，在于使百姓以粮食为赏罚。现在，可以下令天下，凡是向政府交纳粮食的，可以拜爵，可以除罪。这样，富民有爵，农民有钱，粮食有所流通，损有余以补不足，令出而百姓得利。爵者是上之所专擅，出于口而无穷；粮食是民之所种，生于地而不乏。得高爵和免罪都是人们所希望的。让天下的人向边郡交纳粮食而得以受爵、免罪，不出 3 年，边防上的粮食储备必然丰富。"

汉文帝采纳了晁错的建议，下令全国百姓可以入粟拜爵，各有等差。

七国之乱

概况

汉初 70 年的历史，是社会经济从凋敝走向恢复和发展的历史，也是中央集权逐步战胜地方割据的历史。高祖刘邦统治时期，为巩固刘氏天下，大肆铲除异姓王，又大封同姓王。当时，同姓王国辖地共达 39 郡，而中央直辖的土地只有 15 郡，其中还夹杂了不少列侯的封国和公主的"汤沐邑"。这依旧是干弱枝强的局面。王国"大者跨州兼郡，连城数十"，例如齐国辖地6郡73县，代、吴各辖地3郡53县，楚国辖地3郡36县。又经过几十年的休养生息，王国经济力量有很大发展。

吕后统治时期，大封诸吕为王、侯。吕后死，刘氏诸王与西汉大臣合力消灭了诸吕的势力，迎立代王刘恒为帝，是为文帝，同姓王的势力更加发展。他们拥兵自重，专制一方，成为统一的隐患。贾谊在《治安策》中陈诉当时中央和王国的形势说："天下之势，方病大瘇，一胫之大几如腰，一指之大几如股"，而且"病非徒瘇也，又苦蹠戾"。这就是说"亲者或亡分地以安天下，疏者或制大权以偪天子"。贾谊认为"欲天下之治安，莫若众建诸侯而少其力。力少则易使以义，国小则亡邪心。"贾谊的建议，在当时没有引起文帝的重视。但是贾谊死后4年，即文帝十六年（公元前164年），文帝分齐国之地为6国，分淮南国之地为3国，实际上就是贾谊"众建诸侯"之议的实现。

继贾谊之后，晁错屡次向文帝建议削夺诸王的封土。景帝时，吴国跋扈，晁错又上"削藩策"。他说诸王"削之亦反，不削亦反。削之，其反亟，祸小；不削之，其反迟，祸大"。景帝三年（公元前154年），用晁错之策，削楚王东海郡，削赵王常山郡，削胶西王6县，以次削夺，将及吴国。这时吴王濞就联合其他6国，向中央政权发难，这就是七国之乱。

刘濞是刘邦哥哥刘喜之子，于高帝十一年（公元前196年）被封为吴王。吴国占有3郡53城之地，为王国中的第二大国。刘濞就封后，利用本国丰富的自然资源，冶铜、铸钱、煮盐，积聚了大量的财富。为扩大自己的势力，他招天下亡命之徒，窝藏天下逃犯。同时还用减免赋税等方法笼络人心，使经济实力和政治实力日益壮大。文帝时，刘濞就已显出对皇帝的不敬。并在王国内准备谋反，到景帝接受晁错建议、开始削藩时，刘濞眼见其所属的会稽郡和豫章郡也保不住了，便带头以"诛晁错，清君侧"为名发动叛乱，参与叛乱的有胶西王刘卬、楚王刘戊、赵王刘遂、济南王刘辟光、菑川王刘贤、胶东王刘雄渠等。

七国叛乱的消息传到朝廷后，景帝一面斩杀晁错，一面任命周亚夫为太尉，率大军迎击叛军。七国叛军虽来势汹汹，但却不堪一击。仅3个月，叛乱就被平定，吴王刘濞兵败逃跑途中被人所杀，其余诸王或自杀，或被诛。

七国之乱，是汉中央集权和地方割据势力之间矛盾的一次总爆发。七国之乱的平定也是地方割据势力所遭到的一次毁灭性的打击。七国之乱平定后，景帝把这些诸侯王国，分割成几个小国。同时规定诸侯王不得亲自治国，剥夺了诸侯王的一切军政权力，削减王国的官属。从此诸侯王强大难制的局面大为缓和，中央集权走向巩固，国家统一显著加强了。

七国作乱

刘邦分封子弟造成郡国并立的政策是时代的错误，就从巩固刘家天下来看，它虽然能收到暂时的效益，却种下了长远的祸根。文帝时贾谊就指出，当时齐、楚等国已各传子孙二三代，与皇家亲属关系日益疏远，感情淡薄。半独立的王国同集权的皇朝在各方面存在许多矛盾，相互猜忌，各怀疑惧，叛乱只是时间早晚而已。他认为王国太强大就好比人患了肿病，一条小腿粗如腰，一根指头粗如腿，怎么能够指挥屈伸呢？所以他提出"众建诸侯而少其力"，主张尽封诸王子弟，使大国分为尽可能多的小国，"令海内之势如身之使臂，臂之使指，莫不制从"，中央才容易控制。另一方面他又建议文帝把自己的亲儿子安排到要害地区建立大国以便拱卫皇室，说明他还是没有从根本体制上认清问题的实质。但是文帝却采纳了贾谊的意见，把太子的同母弟刘武封为梁王，都于战略要地睢阳（今河南商丘），拥有40多县的富庶地区。又尽封齐悼惠王子6人为王，分齐国为济北、菑川、胶东、胶西、济南、齐等6国。

当年刘邦在击灭英布后，封其侄刘濞为吴王，都吴（今江苏苏州），拥有江东53县，盛产铜、盐，国富民强。文帝时，吴太子入朝与皇太子发生冲突被误伤致死，刘濞从此怨恨不朝，图谋叛乱。由于文帝优容礼遇，暂时没有发作。景帝即位，晁错用事。晁错认为，诸王国太强大威胁皇室，应当绳之以法，抓住他们的过失以削夺国土作为惩罚，逐步减弱其势力，才能提高皇权，安定国家。尤其是吴国蓄谋叛乱多年，更应当严惩。他也估计到这样做可能激起变故，但是他说："今削之亦反，不削亦反。削之其反亟，祸小；不削之其反迟，祸大。"既然是祸，迟发作不如早发作。景帝采纳了他的意见，先后削夺赵国的常山郡、楚国的东海郡以及胶西国的6个县。最后在下令削夺吴国的会稽郡和豫章郡时，景帝三年（公元前154年）正月，吴王刘濞带头发兵叛乱。他纠合楚、赵、胶西、胶东、菑川、济南等6国，以"诛晁错清君侧"为借口，亲率吴楚联军20多万人西征。胶西、胶东、济南、菑川等国合兵围攻仍然忠于汉王朝的齐国，赵国也暗中勾结匈奴，起兵反叛。一时黑云压城，长安城中的高利贷者认为东方战事胜败难知，竟不肯贷款给从军东征的列侯封君，好像汉中央政权已经命在旦夕了。

在吴楚七国气势汹汹的进攻面前，景帝也动摇了。他听信晁错政敌袁盎的谗言，以为牺牲晁错、退还削地可以换来和平，便授意丞相庄青翟等诬告晁错不忠，把他骗到长安东市腰斩，还残暴地杀害其全家老小。当然这种手法不可能解决诸王国同皇室的矛盾，只不过暴露了景帝的张皇失措，"内杜忠臣之口，外为诸侯报仇"，真正是亲痛仇快的一件蠢事。所以当袁盎等以接受条件杀了晁错而去吴国谈判求和时，刘濞却自称"我已为东帝"，拒不接见，并把袁盎扣押起来。正如当时人指出的，刘濞处心积虑几十年筹备叛乱，哪里只是为了一个晁错？晁错主张削地不过给他提供了一个借口而已。景帝不得已，只好决心讨伐。他派太尉周亚夫率主力反击吴楚联军，并派郦寄领兵攻赵，栾布领兵攻齐，大将军窦婴驻守荥阳接应。

吴楚联军西进，首先碰到坚决拥护汉王朝的梁国。梁王刘武是景帝的亲弟，所以他虽然也是由于分封制而产生的诸侯王，却并不支持代表割据势力的吴楚七国，而是站到代表中央集权的汉王朝一边。吴楚联军猛攻梁都睢阳，周亚夫统领大军坚守昌邑（今山东金乡西），让吴楚军在睢阳坚城下消耗实力，却派出小部队袭扰其后勤供应线。梁王刘武在吴楚军主力的围攻下很感吃力，多次向周亚夫求援，周亚夫都按兵不动。梁王转向景帝告状，景帝也命周亚夫援梁，周亚夫仍以根据实际情况可以灵活处置的理由拒绝接受诏命。梁王只好充分发挥自己的力量拼死坚守，吴楚军始终无法取胜。于是回过头来又攻击周亚夫率领的汉军，周亚夫仍然据险固守，不急于应战。吴楚军连战无功，士气低落，供应短缺，不得不退走。周亚夫这才挥兵猛追，吴王濞一败涂地，士兵饥死叛散，溃不成军，他只带上残兵千余人逃奔东越。在汉王朝重赏的引诱下，东越人将他杀死向汉王朝请赏。楚王刘戊也兵败自杀。胶西等4国攻齐不克，汉兵到达，诸国各自溃退，国王们都自杀或被杀。赵王在汉军的围攻下，最后城破自杀。声势浩大的吴楚七国之乱，前后仅3个月时间就全都失败了。这充分证明人民是拥护统一反对分裂的，所以野心家苦心准备了几十年，到头来几个月就统统垮台了。

平定吴楚七国之乱以后，汉王朝的威望大为提高，景帝趁势加强集权，严格控制王国。他规定诸王不得治理国事，仅能衣食租税。又减少王国官员，降低其品级，并统统由皇帝任命。此后皇朝的力量得以逐渐渗入王国内部，使它的独立地位日益动摇。到武帝时继续加强控制，诸王国名存实亡，由于分封而引起的割据叛乱问题这才终于解决。

昌邑之战

这次战争发生于汉景帝三年（公元前154年）正月，止于同年三月。汉景帝以周亚夫为帅，进行了昌邑战役的全面准备工作，一举平定了七国之乱。

汉文帝于后元七年（公元前157年）病故，由太子刘启继承帝位，是为汉景帝。景帝即位后，任用其"智囊"晁错为御史大夫。晁错由于才华出众，识广见博，忠于汉景帝，遂深得景帝宠信，言听而计从，是景帝首屈一指的决策人物。晁错力促景帝继续削弱王国的势力，加强中央集权。当时有人发现吴王刘濞谋反准备已久，晁错便向景帝建议说，吴王以前就想谋反，依照古来的法律，就当斩首，当时文帝仁慈，只让打了他几杖，但他现在仍不思改过自新。他"即山铸钱，煮海水为盐，诱天下亡人，谋作乱。今削之亦反，不削之亦反。削之，其反亟，祸小；不削，反迟，祸大"。景帝采纳了晁错的削弱王国的建议，开始剥夺他们的一些封地。汉景帝三年削去吴之豫章郡、会稽郡。楚王来朝，以其以往犯罪，削去其东海郡。在此之前，已削去赵王的河间郡、胶西王刘印的6个县。吴王刘濞听说要削去吴国两郡的消息，十分气愤，因之想立即起兵。他听说胶西王勇猛、好斗，便派使者中大夫应高前去约胶西王起兵反汉。应高对胶西王许愿说，将来夺取天下之后，"两主分割"。胶西王答应后，吴王刘濞尚不太放心，又亲去胶西，当面与之结盟。随后吴王又派使者联络胶东、菑川、济南、济北、楚、赵等国，各国均答应共同起兵反汉。

晁错削弱诸侯王国的主张，引起了众多割据势力的怨恨，晁错父亲闻知此事，便当面责备晁错不该建议削弱诸侯势力，并质问他为什么要这样做。晁错对他父亲说："不如此，天子不尊，宗庙不安。"错父说："刘氏安矣，而晁氏危矣，吾去公归矣！""吾不忍见祸及吾身"，遂饮毒药而死。

吴王为了夺取攻汉的胜利，动员了自己国内从14岁至62岁的人统统入伍参战。吴王下令全国说："寡人年六十二，身自将。少子年十四，亦为士卒先。诸年上与寡人比，下与少子等者，皆发。"除国内出动20万大军外，又让闽越、东越也发兵相助。吴王召集诸将领商讨进兵计划，大将军田禄伯建议说："兵屯聚而西，无它奇道，难以就功。臣愿得5万人，别循江淮而上，收淮南、长沙，入武关，与大王会，此亦一奇也。"但吴王太子却不同意田禄伯单独行动，怕别有变故，因而对吴王说："王以反为名，此兵难以藉人，藉人亦且反王，奈何？且擅兵而别，多它利害，未知可也，徒自损耳。"吴王遂不用其计。吴另一少年桓将军也建议说："吴军多步兵，步兵利于在险要的地势条件下作战，汉军多车骑，车骑利于在平坦的地形下行动，吴军不应在所过城邑停留，急速占据洛阳的武库和敖仓之粟，夺占山河险要关隘以令诸侯，即使不入函谷关，天下也会基本稳固。如果行动迟缓，汉军车骑至，驰入梁楚之地，我们就会失败。"但吴王等又以他年少无知，而拒绝他的建议。遂决定以一路大军向西北先攻梁地，然后再节节向前发展。

周亚夫奉命率30万大军东征，深知楚军历来剽悍矫捷，战斗力强，很难轻易将其打败。因而向汉景帝建议说：楚国之兵剽悍勇捷，难以很快战胜它，我们应该舍弃梁国，尽量以梁地拖住敌人，并切断敌人运送粮草的道路。这样就可以使敌兵疲粮尽，战而胜之。汉景帝同意周亚夫的策划，以大将军窦婴驻军于荥阳，控制荥阳一带战略要地，阻止吴楚联军西进。周亚夫自率主力向吴楚联军进击，并以另一部兵力向齐、赵等地进攻。

吴王刘濞在作战准备完毕后，即于汉景帝三年（公元前154年）正月，打着"请诛晁错，以清君侧"的旗号，起兵叛乱。先将汉朝所任命的2000石以下的官吏统统杀掉，然后他即亲率大军从广陵北上，西渡淮水，与楚军合兵，继续前进。吴王刘濞为壮大其起兵的声势，制造叛乱的舆论根据，在起兵后即派遣使者，致书胶西王、胶东王、菑川王、济南王、赵王、楚王、淮南王、衡山王、庐江王、故长沙王子，历数汉朝廷任用"奸臣"，削夺诸王侯封地，危及汉宗室安全的"罪状"，然后宣称："吴国虽然不大，但地方3000里；人虽然不算多，但可出精兵50万。而且我一向与南越友好相处30多年，越君王愿意出兵以帮助吴国，又可得精兵30万。吴国虽然不富，但节衣缩食，积金钱，备兵革，屯聚粮食，夜以继日，30余年。"刘濞为了鼓舞将士的作战积极性，还宣布：凡抓住汉军大将者，赐赏金5000斤，封万户；抓住列将者，赐金3000斤，封5000户；抓住裨将者，赐金2000斤，封2000户。以下也皆有赏赐。对降城略地者，也给予重赏。

汉景帝听说吴王刘濞等已起兵叛乱，想派人劝说吴王罢兵。这时原吴相袁盎，曾因晁错欲治他的贪污受贿罪，对晁错恨之入骨，即向景帝建议说：诸王起兵，完全是因为晁错，只要杀了晁错，吴楚即可退兵。汉景帝遂杀了晁错，并立即以袁盎为太常，派往吴国，向吴王说明晁错已斩，请吴王退兵。吴王回答说，他已称东帝，拒绝退兵。这时正好谒者仆射邓公为校尉，曾随军征讨吴楚军，返回京师，谒见景帝，景帝问他说："晁错已死，吴楚能不能退兵？"邓公回答说："吴王准备叛乱已经数十年，他是发怒于削地，以让朝廷诛杀晁错为名，其用意远不是杀晁错而已。"邓公接着说："晁错深怕诸侯强大难制，所以建议削地，以加强朝廷的力量，这本来是有利于万世江山的良策，但刚刚实行，晁错便被诛杀，这样，忠臣就无人敢再说话了。"景帝这时才省悟。

吴楚联军首先向西北进攻梁地，攻破梁之棘壁，斩杀梁军数万人，乘胜继续向梁地推进。梁孝王十分惊恐，再派遣6位将军率军与吴军战，梁军溃败。梁孝王数次派人去向周亚夫求救，周亚夫均不救援。吴楚联军又进而包围梁都城，由于梁都坚固，无法攻下梁都，吴楚联军被阻。这时，吴将周丘通过威胁诈谋，劝降下邳，一夜之间得3万兵马，遂向北继续略地，到了城阳，已拥有近10万之众。

太尉周亚夫率军东走，当进至灞上时，赵涉对周亚夫说："吴王刘濞一向豪富，长期以来搜罗亡命之徒，现在他知道将军即将东出函谷关的动向，必定会在崤山、渑池之间的险要处设置间谍伏兵。用兵贵在神速秘密，将军何不从这里向右进军，经蓝田、出武关，迂回而至洛阳，这样只不过多用一两天的时间，便可直入洛阳的武库，到后敲击战鼓，诸侯发现汉军到达，一定会以为将军是从天而降。"周亚夫遂按照赵涉的建议，率领部将安全到达了洛阳。周亚夫这时高兴地说:"七国叛乱战起,我坐驿车到达这里,没想到会这样安全。现在我控制了荥阳,荥阳以东就没有什么危险了。"周亚夫进至洛阳后,便立即派兵搜索崤山、渑池之间地区,果然抓到了吴王派出的伏兵。于是,便请赵涉当护军。

周亚夫军至淮阳,周亚夫的父亲周勃的故客邓都尉向周亚夫建议说:"吴兵锐甚,难与争锋。楚兵轻,不能久。方今为将军计,莫若引兵东北壁昌邑,以梁委吴,吴必尽锐攻之。将军深沟高垒,使轻兵绝淮泗口,塞吴饷道。彼吴梁相敝而粮食竭,乃以全强制其罢极,破吴必矣。"周亚夫很高兴地采纳了邓都尉的建议。周亚夫遂率主力军向东北进军,进占了昌邑,并在昌邑筑垒坚守。这时吴楚联军加紧围攻梁国,由于周亚夫拒绝派兵支援梁王,梁王便派人上诉于汉景帝。汉景帝诏命周亚夫救援梁王,亚夫仍坚壁不出,只派弓高侯韩颓当等率轻装部队按照预定计划,出淮泗口,切断吴楚联军的后路,绝其粮道。梁王命中大夫韩安国和张羽为将军,以韩安国坚守城池,张羽出战,使吴军受到一些挫折和损失。吴军欲向西进军,但无法突破梁军的防守,吴楚联军胶着于坚城之下,往日的锐气大失,为求速战速决,便转而进攻周亚夫军,两军相遇于下邑,吴楚联军企图寻找汉军主力决战,但是周亚夫仍坚持坚壁不战。吴楚联军由于粮食供应断绝,士卒饥疲不堪,吴王刘濞多次组织部队向周亚夫军挑战,周军拒不应战,吴楚联军采取佯攻汉军阵地东南角,实际主攻西北角的战术。周亚夫识破了吴楚联军的企图,便加强了西北角的防御,当吴楚联军猛攻西北角时,周亚夫军已严阵以待,吴楚联军最后的攻击失败,加上士卒疲劳饥饿,于是开始溃乱,吴王刘濞决定率部队撤走。二日,周亚夫率军追击,大破吴楚联军。吴王刘濞丢弃部队,仅率数千人乘夜逃窜。楚王刘戊见大势已去,被迫自杀。周丘自感吴楚联军无力向西北发展攻势,遂退往下邳,途中病死。吴王率军渡江,退守丹徒,再退走东越,以东越兵万余人,并收聚其残兵,企图重振军威。汉军派人买通了东越,使东越以劳军的名义诱骗吴王刘濞出营,将吴王斩杀。至此,声势浩大的七王之乱的主力军吴楚联军,即告全部失败。

济南、胶东、胶西、菑川等诸王和赵王,按照与吴王刘濞的协议,也同时起兵于齐地和赵地。济南、胶东、胶西、菑川等4王起兵后,首先进攻齐王刘将闾军于临淄。齐王本来也预定要参加七王之乱,可能后来觉得事情不妙,退出七王反叛的行列,畏罪而自杀。临淄被围困3个月未被攻破。这时进击齐地的汉军在将军栾布的统率下,与弓高侯韩颓当的援军合兵一处,向围攻临淄的4国之军进攻,将四国之军击破,使其各败退回本国。

在胶西王阴谋叛乱之前,诸大臣即劝阻胶西王不要起兵叛乱,他们认为在胶西为王已经很不错了,吴王虽然与胶西约定,事成之后,平分天下,但那也是后患无穷。胶西王不听。待兵败退回胶西后，始知后悔已晚。胶西王太子刘德还想再战，打算战败之后，逃入东海。但胶西王刘卬觉得已无任何取胜的希望，遂自请向汉军韩颓当军投降，韩颓当向刘卬展示景帝的诏书："王其自图。"刘卬看后，自叹说："如卬等死有余罪。"即自杀身死，太后、太子也皆死。胶东王渠、济南等王兵败后也自杀。郦寄率军进攻赵地，进展也比较顺利，赵王之军节节败退，最后退守都城邯郸，郦寄军包围邯郸城近10个月，后城破兵败，赵王刘遂自杀。这样，七王之乱遂全部被平定，汉军胜利地结束了昌邑战役。

独尊儒术

概况

汉武帝时期，儒家的正统地位开始确立。

武帝建元元年（公元前140年）十月，刚刚即位不久的武帝便下诏征求"贤良方正"和"直言极谏"的人才，并亲自主持考试，题目为"古今治国之道"。在百余人的对策中，广川（今河北枣强）人董仲舒的对策深得汉武帝的赞赏。

西汉初年，汉高祖刘邦仍然奉行秦代的"挟书律"，禁止私人收藏《诗》《书》《百家语》等，违者处以族刑，并蔑视儒学和儒生。在此情况下，儒家的学术活动几乎断绝。惠帝四年（公元的191年），宣布废除"挟书律"，诸子百家学说开始复苏，民间比较活跃的有阴阳、儒、墨、名、法、道6家，其中儒、道两家影响比较大。博士制度在汉初依然存在，高祖曾以叔孙通为博士，文帝曾以申公、韩婴、公孙臣等人为博士，但是，人数不多，不过具官备员、待问而已，不受封建统治集团的重视，在传授文化方面起到的作用并不大。

由于社会经济遭到长期战乱的严重破坏，汉初的统治阶级所面临的紧迫任务是恢复、发展生产，稳定封建统治秩序，所以在政治上主张"无为而治"，提倡统治者少有作为的办法，来缓和与农民的阶级矛盾，缓和与匈奴、南越的民族矛盾以及统治集团内部的矛盾，这样，在思想上，主张清虚自守、卑弱自持的道家黄老学说受到重视，在意识形态领域占据了支配地位。

武帝即位时，社会生产经过几十年的休养生息，得到了很大程度的发展；地主阶级和封建国家积累了巨大的财富，其力量已很强大；对农民的压迫、剥削也逐渐加重，促使阶级矛盾日益激化；地方上诸侯王等割据势力依仗权势，企图与中央分庭抗礼；豪族，商人日甚一日地兼并农民土地；匈奴对汉朝的侵扰欺侮肆无止境。因此，从政治和经济上进一步强化专制主义中央集权制度已经成为封建统治者的迫切需要。在这种情况下，主张清静无为的黄老道家思想已不能满足地主国家的现实要求了，而儒家的春秋大一统思想、神化皇权的君臣伦理观念以及仁义学说都和当时封建统治集团所面临的形势与任务比较适应，儒家思想开始取代了道家黄老之言在思想领域中的支配地位。

汉武帝建元六年，董仲舒在举贤良对策中提出，现在官学和民间流行的诸子百家学说遵循的理论不同，以致影响到国家不能保持一贯的政策，法令制度常常改变，下边的民众不知所措，这种情况不利于封建专制政治，建议官府只任用讲儒学的人，"诸不在六艺之科、孔子之术者，皆绝其道，勿使并进"。得到汉武帝的赞许，并同意丞相卫绾的奏言，罢黜各地荐举的治申（不害）、商（鞅）、韩非、苏秦、张仪之言的贤良之士。武帝后又起用好儒的窦婴、田蚡为丞相、太尉，任儒生赵绾为御史大夫、王臧为郎中令，以此褒扬儒学，贬斥道家。赵绾等鼓动武帝改革政治，但此时掌握实权的窦太后崇黄老之学，不满赵绾等人的行为，于是借故将赵绾、王臧逮捕入狱，使二人自杀；又逼迫武帝将窦婴、田蚡免职，儒家势力再次受到打击。

建元六年，窦太后去世，武帝拜田纷为丞相，将官府里不治儒学五经的太常博士一律罢免，黄老、刑名等诸子百家之言都被排斥在官学之外，并且优礼延揽儒生数百人，在官办的太学和郡县学校里任职，只教授儒家的《诗》《书》《礼》《易》《春秋》5种经典，这就是著名的"罢黜百家，独尊儒术"。自此以后，官吏主要出于儒生，儒学逐步发展，成为两千年来地主阶级统治人民的封建正统思想。

儒学独尊

秦始皇统一六国，接着又统一文字，为文化学术的发展传播提供了有利的条件。但是不到10年，秦始皇颁令焚书，禁绝私学，只允许以法为教，以吏为师，又使文化学术受到严重摧残。以后，项羽入咸阳，焚秦宫室，连国家典藏的图书也荡然无存，文化学术再次受到破坏。

秦朝置博士官，多至70员，诸子百家，包括儒家在内，都可以立为博士。博士的职掌是通古今，备顾问，议礼议政，并教授弟子。坑儒事件使博士、儒生受到打击。有些博士、儒生后来投奔陈胜，参加了反秦活动。

西汉初年，汉高祖刘邦不废秦代挟书之律，蔑视儒学和儒生。在这种情况下，儒家学术源流几乎完全断绝，除了叔孙通略定礼仪的事例以外，不见儒家有什么活动。博士制度在汉初依然存在，高祖曾以叔孙通为博士，文帝曾以申公、韩婴、公孙臣等人为博士，但是博士人数不多，不过具官待问而已，不受当世的重视，在传授文化方面也没有起多大的作用。

在学术思想发展的低潮中，道家的黄老无为思想为汉初统治者所提倡，居于支配地位。道家重视成败存亡的历史经验，主张清虚自守，卑弱自持，所以它适应农民战争后的政治形势，适合恢复生产、稳定封建秩序的需要。胶西盖公好黄老之言，惠帝初年应齐丞相曹参之请仕于齐国。盖公认为治道贵清静而民自定，这个见解比齐国儒生的议论切合实际，在帮助曹参安定百姓方面起了重要作用。道家遵奉老子的《道德经》，有可考的传授源流，但是世无师说，学术内容可以在很大的程度上随时损益，使之切合当时统治者的具体要求。所以汉初统治者把黄老之言当做"君人南面之术"加以利用，而各种不同流派的思想家也都乐于称说黄老之言。

西汉初年陆贾的《新语》，包含了黄老的政治思想。陆贾针对汉初的政治经济形势，探讨了"以寡服众，以弱制强"的统治方法，认为"道莫大于无为，行莫大于谨敬"。马王堆出土的汉文帝时墓葬中的《经法》等多种帛书，是当时流行的黄老著作。系统地阐明道家哲学思想的著作《淮南鸿烈》，也叫《淮南子》，是武帝时淮南王刘安集宾客写成的。《淮南子》问世时，黄老思想在政治上已不占支配地位了。

在汉初特定的社会条件下，统治者无为而治，使农民生活比较安定。社会生产较易恢复，也使汉朝的统治秩序渐形巩固。但是到了文、景时期，无为而治又产生了新的问题：王国势力凌驾朝廷，商人豪强日甚一日地兼并农民，匈奴对汉无止境地谩侮侵掠。因此，无为而治已不再适应经济、政治的需要了。贾谊大声疾呼，提出变无为为有为的要求，他在《治安策》里说："夫俗至大不敬也，至亡（无）等也，也冒上也，进计者犹曰毋（无）为，可为长太息者此也。"

文、景时期，出现了由无为到有为、由道家到儒家嬗变的趋势。那时候，挟书令已被禁止，留存于民间的一些古籍陆续为世人所知。旧秦博士伏生出其壁藏《尚书》20余篇，文帝曾使晁错从他受业。博士之数达到70余人，百家杂陈而儒家独多。儒家的《书》《诗经》《春秋》以及《论语》《孝经》《孟子》《尔雅》，都有博士，其中《诗》博士有齐、鲁、韩三家，《春秋》博士有胡毋生、董仲舒两家。这种情形，为汉武帝刘彻独尊儒术提供了有利的条件。

武帝建元元年（公元前140年），武帝采纳丞相卫绾之议，罢黜治申、商、韩非、苏秦、张仪之言的贤良。好黄老的窦太后（武帝祖母）力加反对，借故把鼓吹儒学的御史大夫赵绾和郎中令王臧系狱。儒家势力虽然暂时受到打击，可是建元五年，武帝设置五经博士，儒家经学在官府中反而更加齐备。建元六年窦太后死，武帝起用好儒术的田蚡为相。田蚡把不治儒家五经的太常博士一律罢黜，排斥黄老刑名百家之言于官学之外，并且优礼延揽儒生数百人。这就是有名的罢黜百家，独尊儒术。独尊儒术以后，官吏主要出自儒生，儒家逐步发展，成为此后两千年间的正统思想。这种情况对于学术文化的发展是不利的，但是在当时却有利于专制制度的加强和国家的统一。

取得独尊地位的儒家，在先秦儒家仁义学说之外，吸取了阴阳家神化君权的学说，极力鼓吹封禅和改制。元封元年（公元前110年），武帝举行封禅大典。太初元年（公元前104年），武帝颁令改制，以汉为土德，色上黄，数用5，定官名，协音律，并采用以正月为岁首的《太初历》，代替沿用了百余年的以十月为岁首的《颛顼历》。新的儒家也吸取了法家尊君抑臣的思想，并力图用刑法加强统治。所以汉武帝一方面"外施仁义"，一方面又条定刑法，重用酷吏。董仲舒把儒学引入法律，以《春秋》经义定疑狱，为判例200余则，称为《春秋决狱》，亦称《春秋决事比》。以后，汉宣帝刘询宣称汉家制度是霸道（法）王道（儒）杂而用之，不主张纯用儒家的德教。

儒家的独尊，有董仲舒倡议其间，而且新儒学的思想内容，也由他奠立基石。董仲舒，广川（今河北枣强境）人，习《公羊春秋》，景帝时为博士。武帝时，他上《天人三策》，系统地阐明了他的哲学思想和政治思想。他著有《春秋繁露》一书。

董仲舒认为人君受命于天，进行统治，所以应当"屈民而伸君，屈君而伸天"。如果人君无道，天即降灾异来谴告和威慑。如果人君面对灾异而不思改悔，就会出现"伤败"。因此人君必须"强勉行道"。这就是他的具有神秘色彩的"天人感应"学说。他认为《春秋》一书著录了长时期的天象资料，集中了天人相与之际的许多解释，所以后世言灾异要以《春秋》为根据。

董仲舒主张"道之大原出于天，天不变道亦不变"。这是他的形而上学的宇宙观和历史观。同时他又认为朝代改换，有举偏补弊的问题。他认为秦朝是乱世，像"朽木粪墙"一样，无可修治，继起的汉朝必须改弦更张，才能"善治"，这叫做"更化"。更化不但应表现为改正朔，易服色，制礼乐，而且还应表现为去秦弊政。这就是他提出限民名田、禁止专杀奴婢等要求的理论根据。不过在他看来，"王者有改制之名，无易道之实"，所以改制并不影响天道不变的理论，不影响封建统治的基础。

董仲舒据《公羊春秋》立说，主张一统，认为《春秋》大一统是天地之常经，古今之通谊。他的所谓一统，就是损抑诸侯，一统乎天子，并使四海"来臣"，但是如果师异道，人异论，百家殊方，旨意不同，人君就无以持一统。因此他要求罢黜百家，独尊儒术。

对于人君应当如何实行统治的问题，他主张效法天道。在他看来，天道之大者在阴阳，阳为德，阴为刑，所以人君的统治必须阴阳相兼，德刑并用。天道以阳为主，以阴佐阳，因此人君的统治也应当以德为主，以刑辅德。他的所谓德，主要是指仁义礼乐，人伦纲常。他以君臣、夫妻、父子为王道之三纲，并认为三纲可求于天，与天地、阴阳、冬夏相当，不能改变。他主张设学校以广教化，因为这是巩固封建统治的最可靠的堤防。

董仲舒的新的儒家学说，主旨是维护封建秩序。它适应文、景以来政治、经济发展的需要，对于巩固国家统一，防止暴政，缓和对农民的剥削压迫，有其积极作用。

武帝以来，儒学传授出现了一个昌盛的局面。博士官学中不但经学完备，而且由于经学师承的不同，一经兼有数家，各家屡有分合兴废。甘露三年（公元前51年），宣帝召集萧望之、刘向、韦玄成等儒生，在石渠阁会议讲论五经异同，由他自己称制临决。宣帝末年，《易》有施、孟、梁丘，《书》有欧阳、夏侯胜、夏侯建（大、小夏侯），《诗》有齐、鲁、韩，《礼》有后氏，《春秋》有公羊、谷梁，共12博士。其中梁丘《易》、夏侯《尚书》、谷梁《春秋》等博士是新增加的。博士就是经师，他们的任务是记诵和解释儒家经典。他们解经繁密驳杂，有时一经的解释达百余万言。博士有弟子，武帝时博士弟子50人，以后递增，成帝时多至3000人，东汉顺帝时甚至达到3万人。经学昌盛和博士弟子众多，主要是由于经学从理论上辩护汉朝的统治，因此统治者对儒生广开"禄利之路"的缘故。

在儒学发展的同时，也出现了搜集与整理图书的热潮。汉武帝敕丞相公孙弘广开献书之路，还设写书官抄写书籍。当时集中的图书数量颇多，外廷有太常、太史、博士之藏，宫内有延阁、广内、秘室之府。以后成帝命陈农访求天下遗书，又命刘向总校诸书。刘向校经传、诸子、诗赋，任宏校兵书，尹咸校数术（占卜之书），李柱国校方技（医药之书）。每一书校毕，都由刘向条成篇目，写出提要。刘向子刘歆继承父业，完成了这一工作，并且写出了《七略》一书。《七略》包括《辑略》（诸书总要）、《六艺略》《诸子略》《诗赋略》《兵书略》《数术略》《方技略》，总共著录图书13269卷。它是中国第一部目录书，它著录的书目，大致都保存在《汉书·艺文志》中。

刘歆在校书的过程中，发现了一些经书的不同底本。原来西汉博士所用经书，是根据老儒口授，用当时通行的隶书写成的，而民间却仍有用秦以前由古文字写成的经书。刘歆宣称他发现了古文《春秋左氏传》。他还说发现了《礼》39篇（《逸礼》）、《尚书》16篇（《古文尚书》）。这两种书是鲁共王坏孔子旧宅而得到，由孔子十二世孙孔安国献入秘府的。刘歆要求把这些书立于学官，并与反对此议的博士进行激烈辩论，之后，经学中出现了今文和古文两个流派，各持不同的底本，各有不同的经解。王莽当政时，为了托古改制的需要，曾为《古文尚书》《毛诗》《逸礼》等古文经立博士。王莽还命甄丰是正经典文字。东汉初年，取消古文经博士，复立今文经博士，共14博士。东汉时期民间立馆传经之风很盛，某些名学者世代传授某经，形成了经书的"家法"，著录生徒成千上万人。在民间传播的经学，有很多是古文经。

秦汉以来，出现了一种谶纬之学。谶是以诡语托为天命的预言，常附有图，故称图谶。据说秦始皇时卢生入海得图书，写有"亡秦者胡也"，这是关于图谶的最早记载。纬是与经相对而得名的，是托名孔子以诡语解经的书。当时的儒生以纬为内学，以经为外学。成、哀之际，谶纬流行。东汉初年，谶纬主要有81篇。儒生为了利禄，都兼习谶纬。谶纬的内容有的解经，有的述史，有的论天文、历数、地理，更多的则是宣扬神灵怪异，其中充斥着阴阳五行思想。这些内容，除包含一部分有用的自然科学知识和古史传说以外，绝大部分都荒诞不经，极便于人们穿凿附会，作任意的解释。王莽、刘秀称帝，都曾利用过谶纬。汉光武帝刘秀把谶纬作为一种重要的统治工具，甚至发诏颁令，施政用人，也要引用谶纬，谶纬实际上超过了经书的地位。中元元年（公元56年），光武帝颁布图谶于天下，更使图谶成为法定的经典。汉章帝会群儒于白虎观，讨论经义，由班固写成《白虎通》（又称《白虎通义》）一书，这部书系统地吸收了阴阳五行和谶纬之学，使之与今文经学糅为一体。《白虎通》的出现，是董仲舒以来儒家神秘主义哲学的进一步发展。

谶纬的流行，今文经的谶纬化，使经学的内容更为空疏荒诞，一些较有见识的人如桓谭、尹敏、郑兴、张衡等，都表示反对谶纬。桓谭力言谶不合经，表示自己不读谶书。桓谭提出精神居于形体，就像火在烛上燃烧这样一个唯物主义见解。这个见解虽有重大缺陷，但在哲学史上还是很可贵的。

在反谶纬思潮的影响下，许多儒生专攻或兼攻古文经。古文经学治学重在训诂，解经举其大义，不像今文经学那样重章句推衍。东汉古文经大师贾逵、服虔、马融等人，在经学上都有过一定贡献。古文经学家许慎为了反对今文经派根据隶定的古书穿凿附会而曲解经文，于是编成一部《说文解字》，共收小篆文字9353个，其他古文字重文1163个，按部首编排，逐字注释其形体音义。郑玄兼通今古文经而以古文经为主，他网罗众家之说，为《毛诗》《三礼》等书作出注解。许慎、郑玄的著作，除起了抑制今文经和谶纬发展的作用外，对于古史和古文字、古文献的研究，也有贡献。熹平四年（175年），蔡邕参校诸体文字的经书，用隶书书写五经（或云六经）经文，镌刻石碑，立于太学，这是中国最早的官定经本，后世称为"熹平石经"。这对于纠正今文经学家臆造别字，对于维护文字的统一，起了积极作用。

在反谶纬的思潮中，思想家王充在哲学问题上跳出了经学的圈子，以唯物主义思想有力地攻击了谶纬的虚妄，批判了经学的唯心主义体系。

王充，会稽上虞人，生于建武三年（公元27年），死于和帝永元年间。王充出身于"细族孤门"，早年曾在太学受业，在洛阳书肆中博览百家之言。后来，他做过短时期的州郡吏，其余的岁月，都是"贫无一亩庇身""贱无斗石之秩"，居家教授，专力著述，写成了《论衡》85篇（今存84篇）20余万言。

王充自称其思想违背儒家之说，符合黄老之义。他以道家自然之说立论，而对自然作了唯物主义的解释。他反对儒者的"天地故生人"之说，主张"天地合气，人偶自生"。他认为儒家天人感应说是虚妄的，因为天道自然无为，如谴告人，是有为，非自然。在他看来，天之所以无为，可以从天无口目，不会有嗜欲得到证明。他认为六经中常说到天，不过是为了教化无道，警诫愚者。

王充认为精神依存于形体，形须气而成，气须形而知。根据这种道理，他反对人死为鬼之说。他说，人靠精气生存，精气靠血脉形成。人死后血脉枯竭，精气消灭，形体腐朽而成灰土，哪有什么鬼呢？他从无鬼论出发，反对厚葬，提倡薄葬。

王充对于传统的学术和思想甚至对孔、孟和儒家经典，敢于独立思考，提出怀疑。他在《论衡·问孔》中反对世俗儒者信师而是古，因而对孔子的言论反复提出问难。他在《论衡》的其他部分，还分别对孟尹、墨子、韩非、邹衍等人进行了批判，其中所涉及的问题，有许多与汉朝的政治、文化设施有直接关系。

王充受当时生产水平和知识水平的限制，对于他自己引为论据的某些自然现象，有时理解错误，他无法透彻阐明唯物主义思想并把它贯彻到社会历史分析中去。他无法了解社会的阶级构成，不能正确说明人的主观作用。所以他不得不用天命来解释社会事物变化的终极原因，用骨相来解释个人的贵贱夭寿，因而陷入了宿命论。这是王充思想的重大缺陷。

由于《论衡》对汉代占统治地位的思想进行了无情的打击，所以这部卓越的著作在很长时间内无法公之于世，直到东汉末年才流传开来。

北击匈奴

汉武帝统汉时期，开疆拓土，尤为史家所称道。汉朝建立以后，一直受着北方强大的匈奴族的威胁。武帝以前各代皇帝均采取"和亲"政策。武帝时由于国力空前强盛，反击匈奴条件成熟了，遂于公元前133年至公元前119年对匈奴展开了大规模的反击。元光二年（公元前133年），汉与匈奴关系破裂，匈奴频频大举进攻汉朝北方边郡，汉军也屡屡发动反击，其中影响较大、带有决定性的是汉朝将军卫青、霍去病领兵攻击匈奴的3次战役。

第一次是在元朔二年（公元前127年）春，匈奴军队袭扰上谷、渔阳，杀掠吏民数千人。当时匈奴右贤王及白羊王、楼烦王占据河南地（即阴山、河套地区），并以此作为袭扰关中的出发基地，对汉京师长安构成很大的威胁。武帝不受匈奴军队袭扰上谷、渔阳的牵制，决定收复河南地，以彻底解除匈奴威胁长安的隐患。于是采取胡骑东进、汉军西击的作战方针，派车骑将军卫青、将军李息率兵出云中（今内蒙古自治区托克托旗），沿黄河北岸西进，用避实击虚的战略，迂回到陇西，对河套及其以南的匈奴军队进行大包围，发动突然袭击，歼敌数千人，获牛羊百余万头，匈奴白羊王领残部逃走，西汉完全收复了秦末以来被匈奴占领的河套地区。武帝采纳了谋臣主父偃的建议，在当地设置了朔方郡（今内蒙古自治区杭锦旗北）和五原郡（今内蒙古自治区包头市西），又派苏建督率10余万人兴建了朔方城，重修秦代所筑的旧长城，从内地移民10万在朔方定居，充实边防力量，建立了反击匈奴的前沿基地，消除了首都长安所受的威胁。汉得河南地后，匈奴贵族不甘心失败，连年入侵上谷、代郡、雁门、定襄、云中、上郡、朔方，企图夺回失地。汉军在卫青指挥下数度出击，在漠南多次战败匈奴，确保了朔方地区的巩固，使匈奴主力退往漠北。

第二次是在公元前121年。河西郡在今甘肃的武威、张掖、酒泉等地，因位于黄河之西，自古称为河西，是内地至西域的通道。匈奴驱逐大月氏占领河西后，将酒泉地区封给浑邪王，武威地区封给休屠王，借以西控西域各国，南与羌族联合，致使内地与西域的通道被阻断。为了打开通往西域的道路，保卫西部边境的安全，汉朝在元狩二年（公元前121年）三月，命将军霍去病率骑兵万人出征，发动了河西战役。

霍去病领兵出陇西，经金城（今甘肃兰州西北）、令居（今甘肃永登西），越乌鞘岭，穿过匈奴所属的5个王国，连战连捷，然后越过焉支山，涉千余里，和匈奴军队短兵相搏，大获全胜，杀其卢胡王、折兰王，俘虏浑邪王子及相国、都尉等，歼敌8960余人，缴获休屠王的祭天金人。匈奴浑邪王、休屠王等率败军逃走，汉兵在作战中亦伤亡7000余人。

同年夏天，霍去病再次西征，与合骑侯公孙敖领数万骑兵，从北地（今甘肃庆阳西北）出发，越贺兰山，绕居延泽，在祁连山与合黎山之间的黑河（今弱水上游）流域大破匈奴浑邪王、休屠王的军队，俘虏其五王及王母、单于阏氏、王子59人，相国、将军、当卢、都尉等63人，匈奴单桓王、酋涂王及相国、都尉等2500人投降，共斩敌3万余人。这次战役沉重地打击了匈奴右部，单于对接连失败的浑邪王、休屠王十分恼恨，要严加惩处，引起内讧。同年秋天，浑邪王杀休屠王，率众4万余人投降汉朝，武帝将他们安置在陇西、北地、上郡、朔方、云中5郡黄河以南的故塞之外，为五属国；又在河西陆续设置酒泉、武威、张掖、敦煌4郡，组织移民到那里定居。这次战役的胜利，沟通了内地与西域的直接交往，加强了中国与西方各国的经济、文化交流。匈奴失去了水草丰美的河西地区，经济上亦受到很大损失。

第三次是公元前119年。匈奴贵族在屡次失败之后，改变了作战的策略，其首领伊稚斜单于接受了汉朝降将赵信的建议，认为"汉兵不能度幕（沙漠）

轻留"，所以把军队主力和人畜转移到蒙古大沙漠以北，仅派遣少数部队袭扰汉朝边境。元狩三年，匈奴骑兵数万人攻入右北平、定襄，杀掠吏民数千人。为了彻底战胜匈奴，汉武帝召集诸将商议，决定利用赵信等人的错误判断，因势利导，乘其不备，集中骑兵 10 万人深入漠北，寻歼匈奴主力。

元狩四年，大将军卫青率前将军李广、左将军公孙贺、右将军赵食其、后将军曹襄等，领骑兵 5 万出定襄，骠骑将军霍去病率从骠侯赵破奴、昌武侯安稽、北地都尉卫山、校尉李敢及匈奴降将复陆支、伊即靬等，领骑兵 5 万东出代郡。

卫青出塞后，捕获俘虏，得知单于驻地，便率主力北进千余里，越过大漠，发现单于军队后，便下令用兵车环绕为营，以防突袭；又派出 5000 骑兵与敌人交战。至黄昏时，大风忽起，沙砾扑面，卫青乘机派部队从两侧迂回，包围了单于的营阵，激战至深夜，单于见汉军势众，自料不能取胜，率精骑数百突围，余众溃散。汉军歼敌 19000 人，获胜后遣轻骑追赶单于至天明，到寘颜山（今蒙古杭爱山南端）赵信城，缴获匈奴大批屯粮，补充军需，尽焚其城与余粮而还。

霍去病率军出代郡，北进 2000 余里，渡过大漠，同匈奴左贤王军队交战，大获全胜，俘屯头王、韩王以下 70400 余人。左贤王及部将弃军逃走，汉军追至狼居胥山（今蒙古乌兰巴托东），凯旋而归。

漠北之战是汉匈奴战争中规模最大的一役，汉军损失数万人、马 11 万匹，而匈奴军队的损失更为惨重，两路被歼达 9 万余人，其力量大为削弱，一时无力南渡大漠侵扰，造成了"是后匈奴远遁，而幕（漠）南无王庭"的局面。此后直到武帝去世（公元前 87 年），汉匈之间虽然不断有零星的交战，互有胜负，但匈奴总的趋势是日渐衰落，再也不能对汉朝构成严重的威胁了。

汉武帝击败匈奴后，西汉与匈奴仍维持着"和亲"关系。不过，这时的"和亲"与汉初已大不相同。汉元帝于竟宁元年（公元前 33 年）将宫女王昭君嫁给呼韩邪单于，加强了汉与匈奴的友好关系，"昭君出塞"的故事，至今传为佳话。

南北匈奴对峙

更始二年（公元 24 年）冬，更始帝刘玄为了弥合被王莽彻底破坏的汉匈关系，遣中郎将归德侯王飒与大司马护军陈遵出使匈奴，授予单于汉旧制印玺及王侯以下印绶，送还当年随须卜当、云至长安的亲属、贵人及随从中的幸存者，希望与匈奴重修往日的友好关系。然而，趁着新莽年间兵连祸结之机，重新控制西域、势力再次转盛的匈奴单于舆却十分狂傲，声称："匈奴与汉本是兄弟，只因匈奴内乱，宣帝辅立呼韩邪单于，所以匈奴称臣尊汉。如今汉朝也大乱，被王莽篡夺了皇位，匈奴出兵反击之，引起天下骚动，人心向汉。王莽败亡与汉室重兴，是匈奴有功于汉，汉理应尊我。"单于舆骄横的态度，显示出匈奴内部与汉敌对的强硬势力的重新抬头，致使更始政权试图与匈奴重新和好的努力归于失败。

建武初年，汉匈关系不仅没有好转的迹象，单于舆反而趁着东汉政权初建未稳、经济凋敝、人口锐减、百废待兴之时，联合北边的割据势力以及乌桓和新兴的鲜卑族，大规模侵扰北境。当时在北边的割据势力中，受到匈奴支持，不断骚扰中原的主要有彭宠、卢芳、张晔、李兴等人，其中以彭宠与卢芳势力最强，对北境的危害也最大。彭宠原本是更始帝刘玄的部将，后归附刘秀，屡立战功，封建忠侯，赐号大将军，因与幽州牧朱浮不和，起兵反叛，占据右北平及上谷数县后，与匈奴兵联合，攻拔蓟城，自立为燕王。但在建武五年（公元29年），彭宠被其苍头（奴仆）子密人所杀，匈奴利用其侵扰东北诸郡的企图随之破灭。彭宠虽死，但卢芳却仍旧与匈奴联合侵扰，北境局势依然十分严峻。卢芳是安定三水（今宁夏同心东）人，新莽末年起兵反莽。东汉初年，被三水豪杰拥为西平王，遣使与匈奴、羌人联络，被单于舆立为"汉帝"。在匈奴的支持下，占据五原、朔方、云中、定襄、雁门5郡，不断与匈奴及乌桓联合出兵侵略北边。建武六年，光武帝见卢芳与匈奴侵扰不息，遣展德侯王飒出使匈奴，以通旧好。匈奴虽然遣使回报，但单于舆以冒顿自比，态度倨傲，与卢芳联合侵扰北边如故。建武九年，光武帝因遣使修好无效，派大司马吴汉等率5万余人击卢芳，匈奴出动骑兵增援，汉军因作战不利退兵。此后，汉军虽连年在北境防御作战，但功效不著，依然无法遏制卢芳与匈奴日益猖獗的侵扰势头。虽然后来卢芳势穷投降，被光武帝封为代王，匈奴并没有因此而停止入侵。当时辽东、渔阳、上谷、中山、代郡、上党、天水、扶风等郡国（大体相当于今辽宁、河北、山西、陕西、甘肃北部一带），都曾饱受匈奴的侵扰杀掠之苦，连年不得安息。因无法阻挡匈奴的入侵，东汉政府曾于建武十五年（公元39年）徙雁门、代郡、上谷边民6万多人至居庸关（今北京昌平西北）、常山关（今河北涞源南）以东，以躲避匈奴。左部匈奴甚至进入塞内居住，朝廷深为忧患，只得增兵防范，但收效甚微。

建武二十四年（公元48年），匈奴内部发生重大变化，正式分裂为南北二部，匈奴与汉朝的关系也随之发生了根本性转变。

早在呼韩邪单于北迁单于庭之后，在漠南地区就形成了一个以八部大人为中心的政治集团，后归右谷蠡王伊屠知牙师（《汉书》作伊屠智牙师）统率。知牙师是王昭君与呼韩邪之子，单于舆之弟，后晋升为左贤王。依单于继承惯例，知牙师当继舆为单于。东汉初年，单于舆与汉朝为敌，不愿意单于之位落入与汉有较深渊源的知牙师之手，欲传位于子，因此杀知牙师，立子为左贤王。漠南八部大人及乌桓均归右奥鞬日逐王比统辖，比见单于舆冤杀知牙师，口出怨言："单于继位，以兄弟言之，右谷蠡王（指知牙师）当立；以子言之，我乃前单于（指乌珠留单于）长子，当立。"比心怀怨恨，同时惧怕被杀，因此很少参加龙庭会议。单于舆也察觉比有异志，于是遣两骨都侯至漠南，监护比所部兵。

建武二十二年（公元46年），单于舆死，子左贤王乌达鞮侯继立，不久亦死，弟左贤王蒲奴继位。其时匈奴因连年旱蝗成灾，赤地千里，草木尽枯，饥疫流行，人民牲畜大批死亡。蒲奴单于害怕汉乘其疲敝之时袭击，于是遣使至渔阳郡（治今北京密云县）请求和亲，试图缓和与汉的紧张关系，光武帝也遣中郎将李茂回报。乌桓见匈奴势衰，不愿再依附匈奴，于是出兵攻击匈奴，蒲奴单于不敌，率部众向北迁徙，对漠南实际上失去了控制。统率漠南的右奥鞬日逐王比见继单于之位无望，愈益愤恨，于是在建武二十三年（公元47年）密遣汉人郭衡奉匈奴地图至西河太守处请求内附。监护比部兵的两骨都侯发觉比有异志，遂于赴五月龙庭大会时密报单于，建议诛比。不意消息走漏，比集合八部四五万人自卫，蒲奴单于发万骑攻之，见比兵力强盛，不敢进兵而还，双方关系彻底决裂。

建武二十四年（公元48年）正月，漠南八部大人共议立比为呼韩邪单于。以比祖父呼韩邪单于附汉得安，故而沿袭其号，以示与汉和好之意。比亲至五原塞外，表示要"永为蕃蔽，捍御北虏（指北匈奴）"。自东汉初年以来，匈奴连年入侵，朝廷穷于应付，耗费甚巨；而今匈奴分裂，南匈奴自愿为汉保卫边塞，于汉无疑是有利之举。当时朝内的一些大臣不相信南匈奴附汉的诚意，坚持利用匈奴分裂之机出兵攻灭匈奴，光武帝为安境息民，决不允许挑起战端，于是采纳五官中郎将耿国的建议，应允了南匈奴通好的请求，从而确定了扶持南匈奴、抗击北匈奴的基本策略。事后汉匈关系的发展进程，证明了光武帝这一决策是正确的。

同年冬十月，在东汉政府的支持下，比自立为呼韩邪单于，即醢落尸逐鞮单于。从此，匈奴正式分为南北二部。由于南单于归附汉朝，北境再无侵扰之患。位于匈奴东北的乌桓、鲜卑，过去常追随匈奴入塞侵扰，见南匈奴附汉后，也遣使至洛阳朝贡，北境愈加平静。第二年春正月，南单于比为了扩展势力，同时也为争取朝廷更有力的支持，遣其递左贤王莫率兵攻击北匈奴，大获全胜，俘虏万余人、马7000多匹。北单于蒲奴为避南匈奴兵锋，退却近千里。三月，南单于遣使至洛阳，请求朝廷派使者监护，愿遣侍子入朝，复修呼韩匈奴邪单于故约。建武二十六年（公元50年）春，光武帝遣中郎将段彬等使南匈奴，于五原（治今内蒙古包头西）西部塞设南单于庭，始置"使匈奴中郎将"，率兵护卫南单于。同年秋天，南单于比遣子入侍，光武帝依诸侯王之制，授南单于比黄金质玺绶，另赐衣裳、冠带、车马、黄金、锦绣、缯布等财物珍宝，又从河东郡转输粮食 2.5 万多斛、牛羊 3.6 万 2000 多头赈济南匈奴部众。不久，因南单于与北匈奴交战不利，光武帝命将南单于庭徙至西河郡美稷（今内蒙古准格尔西北），设置官府，命中郎将段彬等驻居西河郡，由西河长史率 2000 骑兵、驰刑（被赦免的囚徒）500 人，协助段彬等护卫南单于。随着北境战事的停止，东汉政府将以前因战乱内徙的边民迁回故地；同时，为了使南匈奴担负起护卫北境的任务，光武帝允许北地、朔方、五原、云中、定襄、雁门、代郡、上谷等 8 郡由南匈奴部众放牧居住，南匈奴诸部王也率领其部众协助诸郡县戍守，侦察北匈奴动静。嗣后，东汉政府几乎每年都要给予南匈奴巨大的财政支持。据袁宏《后汉纪·和帝纪》记载，用于南匈奴的费用每年竟高达钱 1.9 亿之巨。

在东汉政府的全力支持下，南单于的统治趋于稳定，势力不断增强。在这种形势下，北单于十分惶恐，归还了一些以往被掠的汉民，以通善意；发兵击南匈奴时，骑兵每经过汉边塞亭障，总是声称是追击亡虏右奥鞬日逐王（指南单于比），绝非敢侵犯汉民。确实，此时在漠北的北匈奴处境十分困难，南匈奴的自立不仅使其丧失了漠南一大片水草丰润的土地，经济上陷入窘境，势力大衰，而且还时常受到北面丁令、东面乌桓、鲜卑、南面南匈奴的夹击，迫使北匈奴的势力逐渐向西部转移，以加强对西域诸国的控制。为了摆脱困境，北匈奴于建武二十七年（公元 51 年）首次遣使至武威郡请求和亲。光武帝命群臣廷议，一时争论不休，皇太子（即明帝刘庄）认为南匈奴新附，如接纳北匈奴，恐南匈奴生疑，反生事端。光武帝采纳太子之议，命令武威太守拒绝其使。其后，建武二十八年、三十一年，北匈奴两次遣使者入朝贡献，复请和亲，要求与汉互市。光武帝考虑到与南匈奴的友好关系，只是颇加赏赐，善言回报，不遣使者，拒议和亲与互市之事。

明帝即位之后，北匈奴因和亲与互市不成，发兵攻掠边塞，均被南匈奴与汉军击退。永平七年（公元 64 年），北匈奴似乎对和亲之事已经绝望，所以遣使入汉后，仅请求与汉互市。明帝不希望因拒绝互市而重起边衅，于是遣使回报，允许互市交易。互市虽然对匈奴与汉民均有益处，但汉与北匈奴通使，引起了南匈奴上层一些人的猜疑，须卜骨都侯等人准备借机叛乱，于是暗中与北匈奴联络，请求北匈奴出兵援助，这一图谋被朝廷及时发觉，于是在永平八年设置"度辽营"，以中郎将吴棠行度辽将军事，将兵屯于南单于庭西北的曼柏（今内蒙古东胜东北），又调骑都尉秦彭将兵屯南单于庭，以防须卜骨都侯的叛众与北匈奴交通。同年秋天，北匈奴果然发兵 2000 骑，携带马革船，准备从朔方渡过黄河迎须卜骨都侯的叛众，因见汉军防范严密，无隙可乘，失望而归。迎叛不成，北匈奴单于蒲奴恼羞成怒，屡次发兵大肆攻掠诸边郡，焚烧城邑，杀掠吏民，河西郡县城门连白天也得紧闭设防。

北匈奴不断侵扰边郡，终于迫使明帝下决心进行反击。永平十五年（公元72年），奉车都尉窦固等将兵出屯凉州（今甘肃张家川），预示着与北匈奴的最后决战即将爆发。

东汉王朝再次统一西域

汉安帝延光二年（123年）夏，北匈奴不断与车师联系，进袭河西地区，朝中关闭玉门关和阳关，放弃西域的论调又起。敦煌太守张珰上书说："臣在京师时，也以为西域应当放弃，现在亲到这里，才看到一旦放弃西域，则河西将不能保存。"为此，他进而向朝廷提出上中下三策确保西域的建议。大臣陈忠也上书陈述西域统一于汉的重大意义，他指出："西域归属汉朝已久，诸国均心向大汉。今匈奴已破车师，势必南攻鄯善。假如弃之不救，则诸国必然灰心而归顺匈奴。这样，匈奴之财势日增，气焰日盛。南面再联合南羌，那么，河西四郡当危在旦夕，河西既危，朝廷不能不救，必发重兵出征，耗费的资财将无法估计。主张放弃西域之人，只看到西域的绝远，怕消耗一点资财，却没有看到汉武帝苦心经略西域的巨大意义。现今敦煌孤危，远来告急，如不救助，对内则无以慰劳戍边屯守之吏民，对外则又不能向诸蛮显威，且要丧失大片国土，放弃西域绝非良策。"陈忠并建议应在敦煌设置校尉，按以往的制度增加四郡的屯兵，以镇抚西域诸国。汉安帝采纳了陈忠等的建议，遂于延光二年四月，以班勇为西域长史，将兵500人出屯柳中。延光三年（124年）正月，班勇至楼兰，鄯善归服于汉，龟兹王白英当时犹豫不决，班勇施以恩信劝其归顺，白英率姑墨、温宿王自缚而降于班勇。班勇在诸国归顺之后，便调集诸国之军1万多人进攻车师前王国，将北匈奴伊吾王击走，使车师前王国又复降于汉。

延光四年（125年）七月，西域长史班勇，调发敦煌、张掖、酒泉6000骑兵及鄯善、疏勒、车师前王国等诸国之军，进攻车师后王军就，一举将车师后王击败，歼灭后王国军8000多人。俘获军就和匈奴派驻后王国的使者，把他们押至杀害索班之地处死，将其首级传至京师。

永建元年十月，更立车师后王国加特奴为王。同时，派出兵马击杀了东且弥王，另立新王，于是，车师六国全部被汉军平定。接着，班勇又调集诸国军进击北匈奴呼衍王部，呼衍王败逃，其部众2万多人皆降于班勇军。班勇为使车师与北匈奴结仇，命加特奴亲自斩了单于之从兄。北单于率万余骑兵突袭车师后部，班勇命假司马曹俊率军救援，单于引军退走，曹俊率军追斩其贵人骨都侯。呼衍王由于彻底战败，迁至枯梧河上游一带。自此，车师诸国已无匈奴踪迹，城郭安定。北道诸国仅有焉耆王元孟尚未降服。

永建二年（127年）三月，班勇上书请求批准进攻焉耆王元孟。于是，东汉王朝命敦煌太守张朗率河西四郡兵3000多人配属班勇，班勇另调集诸国4万多人，兵分两路前往进击。班勇率军从南道入焉耆，太守张朗从北道率军而进，约期会攻焉耆。张朗因以前曾被治罪，欲争先立功赎罪，于是便兼程急进。进入焉耆后，不等班勇之军到达，便急派司马率军与焉耆军交战，歼灭敌军2000多人。元孟因怕抗击汉军被诛灭，遂遣使降于张朗军。张朗顺利进入焉耆，受降而还，张朗因而免罪，但班勇却以后期之罪被下狱。这位继承父志，一心为统一祖国西域的战将，竟被罢官，含恨而终。

汉顺帝阳嘉三年（134年）四月，车师后部司马率后王加特奴等1500人，掩击北匈奴部众于阊吾陆谷，捣毁匈奴庐落，斩数百人，俘获单于母和季母等数百人、牛羊10多万头、车1000多辆，兵器物资众多。

阳嘉四年（135年）正月，北匈奴呼衍王率兵袭击车师后部，汉顺帝遂命敦煌太守调集西域诸国兵及玉门关侯、伊吾司马，率6300多骑兵驰往救援，与北匈奴军交战于勒山，汉军战败。当年秋，呼衍王又率2000人进攻车师后部。

汉桓帝元嘉元年（151年）四月，北匈奴呼衍王率3000多骑兵进袭伊吾，伊吾司马毛恺遣500吏卒，于蒲类海东与呼衍王军交战，汉军兵少势弱，被北匈奴军全歼，呼衍王乘战胜之军威，转兵进攻伊吾屯城。当年夏，汉王朝命敦煌太守司马达率敦煌、酒泉、张掖属国兵4000多人，前往伊吾屯城增援，行至蒲类海地区时，呼衍王得知汉大军到，引军而退。

东汉征北匈奴第二次战役

东汉征北匈奴的第二次战役发生于汉和帝永元元年（公元89年）六月，止于永元三年（公元91年）二月。汉军统帅窦宪统率汉与南匈奴联军，经3个阶段作战，终于彻底打败了北匈奴。

汉章帝于章和二年（公元88年）二月病故，由太子刘肇即位，称汉和帝。和帝只有10岁，便由其母窦皇太后执政。窦太后精明干练，东汉政权至汉和帝时虽已开始呈现退坡迹象，但窦太后为首的东汉统治集团，仍有乘光武中兴以来的余威，恢复汉武帝时期强盛局面的雄心。此时，一些有利的外因条件也为东汉征匈奴提供了良好的战机。其一是班超在西域地区已节节取胜；其二是北匈奴统治集团内部发生了争立单于的斗争，内部四分五裂。南匈奴屯屠何单于，见北匈奴内部大乱，且连遭灾荒，遂想借机出兵灭亡北单于，统一匈奴全境。于是，便上书请求汉朝也同时出兵协助。屯屠何单于同时建议：发南匈奴国中之精兵，以左谷蠡王师子、右呼衍日逐王须訾率骑兵1万出朔方；左贤王安国、右大且渠王交勒苏率骑兵1万出居延塞；屯屠何自率骑兵万余人屯五原、朔方塞以为拒守。并请求天子派执金吾耿秉、度辽将军邓鸿及西河、云中、五原、朔方、上郡诸太守同时率军北进。请北地、安定太守率兵各屯守要塞，以防不测。屯屠何奏告汉朝说，其各部兵马将于九月调集河上，请天子准其所请。

东汉王朝接到南匈奴屯屠何单于的奏章之后，窦太后便以单于之书令耿秉阅读。耿秉看罢进言说："过去汉武帝统一天下，欲使匈奴臣服，可惜天下不作美，未能如愿。宣帝时期，呼韩邪单于降服，边境安定，全国统一，吏民休养生息60余年。至王莽篡位，变更单于称号，引起动乱，单于遂叛离汉朝。乌桓、鲜卑归顺汉朝后，威镇四夷，其效如此。现在天赐良机，北匈奴内部纷争；南匈奴主动请求倾国出动，征伐北虏，以夷制夷，国家之利，应予准奏"。耿秉并表示愿为国家效命。

窦太后赞同耿秉之义，但尚书宋意却反对耿秉的建议。认为夷狄反复无常，在其力量强时即侵凌弱者。自汉兴以来，国家数度征伐匈奴，耗费了大量人力物力。但自鲜卑归顺以后，斩获匈奴万数，夷虏相攻，汉坐享大功，且未费一兵一卒。如若听信南匈奴之策，让其吞并北匈奴，则鲜卑人必然受到限制。鲜卑外不能侵掠匈奴，内不能向汉朝请功，必然侵掠汉边境。

窦太后经过抉择，决意按耿秉议，发兵进击北匈奴，但同时也采纳宋意之议，不使南北匈奴合并为一国，以利分而治之。东汉三公九卿得知太后决意进兵，一齐向太后进谏，力图阻止此次征战，被窦太后回绝，决心以窦宪为车骑将军统率汉匈联军出征。

汉军第二次征匈奴战役，从部队的编成到作战目标，都进行了详尽的策划和周密准备。汉军决定发北军五校之军：步兵、长水、射声、屯骑、越骑，出动黎阳营、雍营之军；调发缘边12郡的精骑（云中、定襄、雁门、代郡、朔方、五原、上郡、西河、安定、北地、渔阳、上谷郡）；选拔边境郡县的鲜卑、乌桓等羌胡骑兵；此外还有南匈奴之精锐骑兵。东汉将这些骑兵编组为三路大军，分别向北匈奴进军，约期会师于涿邪山（阿尔泰山东脉及约今蒙古戈壁阿尔泰山西部地区），以期歼灭北单于之军。

第一阶段

汉和帝永元元年（公元89年）六月，汉军统帅车骑将军窦宪开始率三路大军出发。窦宪与执金吾耿秉各率精骑4000，会同南匈奴左谷蠡王师子的1万骑兵，共1.8万骑，由朔方郡的鸡鹿塞（今内蒙古杭锦后旗境）北进；南匈奴单于屯屠何，率匈奴万余骑兵出满夷谷（今内蒙古固阳县境）；度辽将军邓鸿及缘边义从羌胡8000骑，会同南匈奴左贤王安国所率之1万骑兵出稠阳塞（今内蒙古包头地区）。三路大军向涿邪山进发。为保障主力的安全。

窦宪派出副校尉阎盘、司马耿夔、耿谭率左谷蠡王师子和右呼衍王须訾等 1 万精骑为先锋。当汉军进至稽落山（今蒙古吉尔连察汗岭西北）地区时，与北单于统率的主力展开激战，大败北匈奴军。北匈奴军溃散，北单于遁走。汉军猛烈追杀，一直追至私渠比鞮海（今蒙古拜察干湖），斩杀匈奴名王以下 1.3 万人，获马牛羊等百万多头。温犊须、日逐、温吾、夫渠王柳鞮等 81 部率众归降者，前后达 20 多万人。窦宪、耿秉等登上燕然山（今蒙古杭爱山），令中护军班固刻石作铭，记述汉军的威德和丰功。窦宪派出了军司马吴汛、梁讽，携带金帛去招降北单于，然后班师回朝。吴汛、梁讽在追赶单于的途中，又接受了 1 万多人的投降，进至西海（今蒙古杜尔格湖）才追及北单于。吴汛等向北单于宣明汉朝的威德，赐北单于以金帛等物，北单于表示降服，愿意仿效呼韩邪单于，做汉的藩属，保国安民，于是，便随吴汛等率众东返。

第二阶段

北匈奴单于弟入侍后，汉以北单于未能亲自入朝，认为北单于不是真心诚服，窦宪遂准备第二次征讨北匈奴。汉和帝永元二年（公元 90 年）正月，窦宪派副校尉阎盘率 2000 骑兵进击屯驻于伊吾卢地区的北匈奴军，旋即将匈奴军击破，占领了伊吾卢地区，车师前后王均遣子入侍。

永元二年七月，窦宪率军出屯凉州，并以侍中邓叠为征西将军，做自己的副手。窦宪统辖陇西、汉阳、武都、金城、安定、北地、武威、张掖、敦煌、酒泉等郡兵马。

北单于见汉送回其弟右温禺鞮王，知道汉王朝责怪，于是便准备亲自入朝，并派出使者入塞通告。窦宪派班固、梁讽前往迎接。这时，南匈奴又上书请求出兵击灭北匈奴，接着便命左谷蠡王师子等率领左右两部 8000 骑兵出鸡鹿塞（今内蒙古杭锦后旗境）。南匈奴军出塞后，顺利进至涿邪山，留下辎重，轻兵疾进奔袭北单于庭。左部兵从北面越过西海（今蒙古杜尔格湖和哈腊湖以北），进至河云（今蒙古乌布苏诺尔省沃勒吉附近）地区；右部兵从匈奴河水（今蒙古拜达里格河）以西，绕过天山（今蒙古杭爱山东脉），南渡甘微河（今蒙古札布汗河）。两军会合后，乘夜包围了北单于本部。北单于大惊，率精兵千余人与南匈奴军激战。北单于负伤落马，又慌忙爬上马去，仅率轻骑数十人而逃。南匈奴军缴获了北单于的玉玺、俘获阏氏及儿女 5 人，斩首 8000 人，俘虏数千人。这时，南匈奴已相当强盛，拥有人口 3.4 万户，共 23 万多人，胜兵 5 万多人。

第三阶段

永元三年（公元 91 年），大将军窦宪鉴于北匈奴遭南匈奴打击后，已极度衰弱，遂想彻底将北匈奴击灭。便于二月，派左校尉耿夔、司马任尚率军出居延塞，将北单于所部包围于金微山，大破北匈奴军，俘获北单于母，斩名王以下 5000 多人。北单于逃走，不知所向。耿夔等率军出塞 5000 多里而还，这是自汉代出兵以来，最远的一次进军。朝廷为表彰耿夔的功勋，封其为粟邑侯。

北单于弟右谷蠡王于除鞬、骨都候以下数知人，驻于蒲类海（今新疆巴里坤湖）地区，遣使者入塞。大将军窦宪上书，请立于除鞬为北单于。朝廷允诺，并于永元四年（公元 92 年），命耿夔出使北匈奴授北单于玺绶，与南单于同等对待。至此，实现了窦太后既征服北匈奴，又与南匈奴分而治之的战略企图。

出使西域

概况

在同匈奴进行斗争的同时，西汉积极加强同西域的联系。为联系西域夹击匈奴，公元前 138 年，汉武帝募人出使西域，张骞应募，率众 100 余人首次出使西域。他们进入匈奴控制的河西地区时被俘获，被押送到单于王庭（约在今内蒙古呼和浩特一带）。匈奴诱迫张骞投降，而他保持汉节，严词拒绝，被拘留了 10 年左右。后趁匈奴看守不严而逃脱，西行数十日，翻过葱岭，到达大宛。大宛国王听闻汉朝富饶，想和汉朝通好，便派人向导，将张骞一行送往康居，转程到大月氏。当时大月氏已从伊犁河流域西迁，占据大夏故地。他们认为新居之地肥饶安宁，而汉朝距离太远，不愿与汉结盟，向匈奴报仇，收回故地。张骞在当地居留了一年，不得要领，无奈只得回国。途中他们又被匈奴截获，扣留了岁余。元朔三年（公元前 126 年），匈奴首领军臣单于病死，国内贵族争位，发生战乱，张骞与他的胡妻及随从堂邑父乘机逃走，返回长安，张骞首次出使西域，前后历时 13 年，历尽艰险，百余人的使团仅有两人生还。根据张骞的报告，武帝了解了西域各国的情况，决心加强双方的联系。元狩二年（公元前 121 年），汉军击败匈奴，夺取了河西走廊，从此，自盐泽以东，空无匈奴，汉朝与西域之间开辟了一条安全的通道。

元狩四年（公元前 119 年），张骞以中郎将奉命再次出使西域，目的是联络大国乌孙，请其返回故地河西，共同打击匈奴；并招引西域各国臣属于汉。汉朝的使团有 300 余人，每人马各 2 匹，并携带牛羊万头，价值亿万的金帛，顺利到达乌孙。乌孙国王猎骄靡年老，不能做主；大臣们都惧怕匈奴，认为汉朝太远，不愿迁回故地；但答应使者数十人随张骞入朝，献良马数十匹答谢。张骞又派遣副使分赴大宛、康居、大月氏、安息、身毒、于阗及诸旁国，进行外交活动。元鼎二年（公元前 115 年）夏，张骞同乌孙使者回国，其副使也带了西域各国的使者陆续还朝。从此，汉朝与西域葱岭内外诸国首次建立了外交关系，相互间的交往日益频繁起来，而乌孙后来也和汉朝通婚和好，共同击破匈奴。

汉朝通西域以后，中国和中亚、西亚、北非、欧洲的通商关系也开始发展起来。那时候，中国的丝和丝织品自长安西运，经河西走廊，然后分南北两路。南路由玉门关西行，沿昆仑山北麓至莎车（今新疆莎车县）。越葱岭，出大月氏，到安息（今伊朗）；北路由玉门关西行，沿天山南麓，越葱岭，到大宛、康居，再往西南到安息。再从安息转运到西亚、北非和欧洲的大秦，这就是历史上有名的"丝绸之路"。欧洲人非常喜欢中国丝绸，他们称中国为"丝国"。

出使西域

一提到西域，读者就会想到位于我国西陲的新疆地区。那里，北面是蜿蜒延伸的阿尔泰山，南面是巍峨高峻的莽莽昆仑。在这两大山脉之间，又横亘着绵延的天山山脉。在天山南北各有一个盆地：北面是准噶尔盆地，南面是塔里木盆地。塔里木盆地西枕葱岭（今帕米尔高原），东接历尽沧桑的古代盐泽（又叫蒲昌海，今罗布泊）。在塔里木盆地的中央，是浩瀚如海、一望无际的塔克拉玛干沙漠。著名的塔里木河贯穿沙漠，从西向东缓缓流过。在这河山壮丽、景色迷人的山山水水之间，又点缀着许许多多丰美的草地和绿洲。那里有流水环绕的田舍，绿树掩映的村庄，自由奔驰的马匹和牛羊。

但是，在西汉时期，西域的范围不仅包括现在的新疆地区，而且还包括跟这一地区山水相连的葱岭以西，一直到苏联的巴尔喀什湖一带。甚至对更西、更远的地区，当时也泛称西域。

当时，西域各族建立了许多"行邦"和"城邦"。早在两千多年以前，西汉时期的杰出外交家张骞和他的随从，就肩负着汉武帝的政治使命，两次出使西域，开辟了至今誉满中外的古代"丝绸之路"。

张骞通西域，在中国史、亚洲史，尤其是在东西交通史上，都有着深远的意义和影响。中外学者有的把它跟哥伦布"发现"美洲相提并论，有的把张骞称为"中国的利文斯敦"。尽管这种类比未必恰当，但是它说明张骞在历史上的杰出贡献，是人们所公认的。

勇当重任

张骞，汉中成固（今陕西城固）人。关于他的出生年月，史书上没有记载；对他早期的生活经历，我们也知道得很少。但是，从张骞出使和去世的时间来看，他大约生于汉文帝（公元前179—公元前157年在位）的中后期；到汉景帝（公元前156—公元前141年在位）时，他已经进入青年时代了。

汉文帝、汉景帝时，是汉朝社会经济恢复和发展卓有成效的时期，历史上称为"文景之治"。在这期间，西汉统治者为了巩固中央政权，一面打击和削弱地方割据势力，一面又不得不采取"轻徭薄赋""与民休息"的政策，逐渐扭转了汉朝初年经济凋敝、农田荒芜、人口大量减少的局面。张骞正是在这样的社会环境里成长起来的。

到汉武帝（公元前 140—公元前 87 年在位）即位时，距汉高祖刘邦建立汉朝（公元前 206 年）已经 60 多年了。

汉朝已开始跨入了它的全盛时期。据记载，当时封建国家的各种物资堆如山积。长安仓库里的钱币成千上万，有的连穿钱的绳子都烂断了，以至于无法计算。粮库里也是新粮压着陈粮，层层堆积，一直堆到露天地里，有些竟腐烂不可食。在街头巷尾、田野阡陌之间，膘肥体壮的马匹在嘶鸣奔驰，一些达官贵人连骑乘母马都觉得有失体面。商业、手工业也发展起来。长安的市场上，店铺林立，各种货物，花色繁多。一些富商大贾更是家财万贯，富似王侯；他们世代经商，周游天下，无所不至。

这时，张骞在汉武帝手下担任"郎"的职务。"郎"就是皇帝的侍从，平时负责守卫宫殿门户，皇帝外出时侍候皇帝的车骑。当时，"郎"没有固定的名额，待遇也比较微薄，俸禄（薪水）每年不过 300 石至 600 石，是一种地位较低的官。但是，"郎"又是地主阶级子弟追求仕进的捷径，他们有较多的机会接触最高统治集团，能够较多地了解当时的国家大事；最高统治者也往往从这些郎官里选拔人才。所以，当汉武帝凭借着国家富庶、兵强马壮的有利形势，决心对匈奴实行军事反击的时候，张骞便从一个普通侍从，很快成为历史舞台上的重要人物。

匈奴是我国北部的游牧民族。在楚汉战争期间（公元前 206—公元前 202年），项羽和刘邦争夺中原，匈奴冒顿单于乘机扩充势力，陆续征服了周围许多部落，控制了我国东北部、北部和西部的广大地区。匈奴往往"南下牧马"，匈奴贵族也乘机到中原地区掠夺人畜和财物，对汉朝威胁很大。汉高祖七年冬，匈奴冒顿单于率领骑兵围攻晋阳（今山西太原），汉高祖率领 30 万大军亲自迎战，结果在平城白登山（今山西大同东南）被匈奴精锐骑兵围困了 7 天7 夜，援绝粮尽，险些丧命。面对强大的匈奴，汉朝初年还没有足够的力量进行大规模的军事反击，只能消极防御。匈奴贵族却不断地向汉朝进攻。汉文帝前元十四年（公元前 166 年），匈奴老上单于率领 14 万骑兵攻入朝那、萧关（均在今宁夏固原东南），杀死汉朝都尉，掠夺大批人畜财物，并进至彭阳（今甘肃镇原东南），烧毁汉朝的回中宫（今陕西陇县西北），匈奴的侦察骑兵甚至逼近了甘泉宫（今陕西淳化西北），战争的气氛一时笼罩着长安。

为了解除这一威胁，汉武帝一即位，就积极准备军事反击，并筹划对付匈奴贵族的策略。恰在这时，汉武帝从匈奴俘虏那里得到了有关大月氏人的一个重要情报。

月氏本来是我国甘肃西北的一个相当强大的游牧部落，素来轻视匈奴。匈奴冒顿单于小时候就曾经在月氏做"人质"。后来，冒顿单于击败了月氏。到冒顿单于死后，老上单于又杀死月氏王，并把月氏王的头颅做成酒器。汉文帝时，月氏人忍受不了匈奴贵族的奴役和凌辱，被迫离开世代放牧的居住地，向西长途跋涉，迁徙到天山北麓的伊犁河流域，并在那里重建家园，这就是我国历史上所说的大月氏。大约在公元前139年至公元前129年之间，大月氏又受到乌孙（在今伊犁河、伊塞克湖一带）的攻击，再次向西南迁到妫水（今阿姆河）流域。

汉武帝从匈奴降人的口供中获悉，大月氏西迁以后，月氏王想报杀父之仇，常常"怨恨匈奴"，只愁没有人援助他，跟他联合起来，打击匈奴。这个消息使汉武帝非常高兴。他决定立即派人去联合大月氏。因为如果联合了大月氏，就等于切断了匈奴的"右臂"，匈奴就处于两面受敌的被动局面。这样，汉朝对匈奴的战争就有了胜利的把握。

但是，要联合大月氏，出使西域，这在当时是很不容易的事。我们打开地图就可以看到，如果从长安出发，溯渭河西行，越过秦岭，然后再折向西北，渡过黄河，好不容易才到了甘肃境内的河西地区。那里河流纵横，山岭连绵，在西北部的祁连山以北，合黎山和龙首山以南，乌鞘岭以西，有一条狭长的绿色地带，这就是著名的河西走廊。这是当时通往西域的唯一交通要道。那里遍布着沙漠、溪谷和山地，在水草茂密的天然绿洲上，可以看到匈奴人的稀稀落落的帐幕和畜群。匈奴浑邪王和休屠王控制着这个咽喉地带。

穿过河西走廊，继续前进，便进入了西域。当时，匈奴势力已经伸张到那里，天山一带和塔里木盆地东北部处于匈奴贵族的统治之下。匈奴日逐王还设置了僮仆都尉（奴隶总管），经常率领几千骑兵，往来于焉耆（今新疆焉耆）、危须（今新疆焉耆东北）、尉犁（今新疆尉犁北）一带，监视西域各族，征收繁重的赋税并经常掠夺财物。由于西域地广人稀，兵力分散，形不成统一力量，西域各族多数被迫屈服于匈奴。在这种情况下，要横贯举目荒旷、长达3000里的塔里木盆地，要翻越冰雪覆盖、岩崖险绝的葱岭，就更加艰难了。

然而，汉武帝毕竟是我国历史上一个"雄才大略"的封建皇帝，汉武帝时代又是我国封建社会人才辈出的时代。当汉武帝下令选拔人才的时候，地位低微的张骞，便勇敢地站出来，主动要求承担通西域的历史重任。

出使月氏

建元二年（公元前139年），张骞受汉武帝的派遣，肩负着联合大月氏，共同抗击匈奴的政治使命，带着随从 100 多人，踏上了漫长的征途，向西进发。这是张骞第一次出使西域，也是我国历史上有确凿记载的最早的一次探险和旅行。

张骞一行，由奴隶出身的匈奴人甘父做向导，从陇西（郡治在今甘肃临洮南）出发，很快进入河西走廊。

但是，正当他们风尘仆仆匆忙赶路的时候，遇到了匈奴骑兵。张骞一行全部被俘。匈奴骑兵把他们辗转押送至匈奴王庭（约在今内蒙古呼和浩特一带）。匈奴单于不准他们经过匈奴控制区前往西域，一直把他们拘留了 10 年。

在这 10 年里，张骞经受了严峻的考验。匈奴单于为了软化、拉拢张骞，给他娶了匈奴老婆。他虽然在匈奴有了妻和子，但是，这并没有动摇他完成使命的坚强意志。他在匈奴贵族的威逼利诱下，坚贞不屈；在困难和曲折面前，也没有灰心丧气。著名的史学家司马迁赞扬他"持汉节不失"，这说明张骞对自己的事业满怀信心，对汉朝始终忠诚不渝。

有志者事竟成。元光六年（公元前 129 年），张骞一行趁匈奴的监视有所放松，便毅然逃出匈奴地区，继续向西进发。他们首先取道位于天山南麓的车师（今新疆吐鲁番盆地），从那里穿过沟通天山南北的重要交通孔道，进入焉耆，再从焉耆溯塔里木河西行，经过龟兹（今新疆库车东）、疏勒（今新疆喀什）等地，翻越葱岭，到达大宛（今乌兹别克斯坦费尔干纳盆地）。一路上，张骞一行跋山涉水，备尝艰辛，加之又是匆匆逃出，经常缺粮断水，有时一连几天见不到人烟，只好靠甘父沿途射猎禽兽充饥。所以，从匈奴西部到大宛这段路程，他们一连奔波了几十天。

张骞到大宛后，看到大宛农业发达，盛产稻、麦和葡萄酒。富人藏酒多至万余石，能保存几十年不坏。大宛的良马也非常著名。大宛王早就听说汉朝富饶，想跟汉朝交往，只是"欲通不得"。汉朝使者的到来，使大宛王喜出望外。他热诚地询问张骞出使的目的，张骞说明要前往大月氏，不幸中途遇阻，好不容易才逃出匈奴地区，希望大宛王送他们去大月氏。大宛王高兴地答应了，特意派遣译员和向导，把张骞一行专程送到康居（约在今咸海以东、费尔干纳西北）。康居人又把张骞一行送到大月氏。

但是，大月氏的情况已经发生了变化。大月氏迁到妫水以后，征服了大夏（今阿姆河和兴都库什山之间，今阿富汗北部）。这一带土地肥沃，物产丰富，又很少受到外敌的侵扰，人民安居乐业。大月氏人也由游牧生活开始转为定居，已不愿再跟匈奴打仗。所以，汉朝在大月氏联合抗击匈奴的事，没有谈出结果。不久，张骞渡过妫水，到达大夏的蓝氏城（今阿富汗瓦齐拉巴德）；在那里了解到许多情况。经过一年多的考察，张骞决定回汉。

元朔元年（公元前 128 年），张骞一行踏上了归途。为了避开匈奴的势力，张骞决定改变路线，由来时的"北道"，改走"南道"。他们从大月氏出发，翻过葱岭，沿昆仑山北麓向东行进，经过莎车（今新疆莎车）、于阗（今新疆和田）、鄯善（今新疆若羌）等地，在进入羌人居住地时，再次被匈奴骑兵俘获，又被扣留了一年多。

到元朔三年（公元前126年）初，匈奴军臣单于死后，军臣单于的弟弟伊稚斜自立为单于，并打败了军臣单于的太子于单，匈奴贵族发生了内讧。同年春，匈奴太子于单逃到汉朝避难，被汉武帝封为陟安侯。大约与此同时，张骞也乘匈奴内乱的机会，带着他的妻子和甘父，一起回到汉朝。这就是张骞第一次出使西域的经过。

张骞这次出使西域，从公元前139年出发，到公元前126年回到汉朝，历时13年；出发时100多人，回来时只剩下张骞和甘父两个人。在这次出使过程中，汉朝付出了相当大的代价。

这次出使，张骞虽然没有完成联合大月氏的政治使命，但是，张骞此行的意义却远远超出他的直接使命之外。它在我国历史和东西交通史上，产生了深远的影响。

早在先秦时代，我国汉族人民和西域各族人民之间就在经济文化上有所往来，我国对西域就有所了解，我国古代典籍中也曾有过不少关于西域的记载和传说。但是，作为官方的正式使节，张骞和他的随从却是第一次"凿空"（开通）西域，实地勘察了东西交通的要道，开辟了那条闻名于世的"丝绸之路"。张骞亲自访问了大宛、康居、大月氏和大夏等许多地方，并从传闻中了解了乌孙、奄蔡、安息（今伊朗）、条支（今伊拉克）、身〔yuán 元〕毒（今印度）等地的许多情况。

张骞回到汉朝，曾就这次出使的见闻，向汉武帝提供了一个翔实而具体的报告，详细记载了上述地区的山川形势、地理位置、人口兵力、经济物产以及风俗习惯等。例如，我们从他的报告中知道，安息早在两千多年以前，就已经是"大小数百城，地方数千里"的大国；它不仅农业发达、盛产稻、麦和葡萄酒，而且商业也很兴隆。安息商人用车船把货物运销邻国，经商范围远至数千里，并广泛采用了铸有国王头像的银币。安息还出现了在皮革上横写的文字。这是我国对伊朗古代史的最早、最珍贵的记载。

由此可见，张骞第一次通西域以后，带来了有关我国新疆和广大西南亚地区的丰富知识和大量见闻，大大地开阔了我们古人的地理视野，改变了汉朝以前的地域观念，使人们知道了新的天地。这就为进一步发展我国汉族人民和西域各族人民之间的密切关系，为沟通国家间的友好往来，促进经济文化的进一步交流，谱写了新的有历史意义的一页。在今天，张骞报告的内容，不仅成为研究东西交通史的极为珍贵的史料，而且是我国和伊朗、阿富汗、印度等国，早在两千多年以前就已经存在的传统友谊和友好往来的历史见证。

汉武帝对这次通西域的成果十分满意。为了表彰张骞的功绩，汉武帝封他为太中大夫。匈奴人甘父，也因担任向导、佐助张骞有功，得到了奉使君的称号。

随军出征

早在张骞第一次通西域时，汉武帝便决定改变对匈奴的政策，由汉初的消极防御，转为积极自卫反击。

元光二年（公元前133年），汉朝在马邑（今山西朔县）附近山谷埋伏下30万大军，准备引诱匈奴主力深入，一举歼灭；后被匈奴单于察觉，没有成功。从此，汉和匈奴进入长期的战争状态。

元光六年（公元前129年），匈奴骑兵进攻上谷（郡治在今河北怀来东南），杀掠汉朝官民。汉武帝派年轻将领卫青、李广，各率骑兵一万，分四路出击匈奴。结果，汉军损失很大，一路毫无战绩，一路遭到惨败，名将李广也负伤被俘。后来，李广乘匈奴骑兵疏于防备，逃回汉营。只有卫青一路战功较著。这样，汉武帝不得不继续组织大规模的战役。

就在张骞回到汉朝的前一年，即元朔二年（公元前127年），匈奴再次进攻上谷和渔阳（郡治在今北京密云西南），杀掠上千人。卫青等率领汉军从云中（郡治在今内蒙古托克托东北）出发，然后向西迂回，直插陇西，在黄河南岸打败了匈奴白羊王和楼烦王。汉朝收复了河南地。这是汉朝对匈奴的第一次大战役。这次战役胜利以后，汉朝在河南地设置了朔方郡（郡治在今内蒙古杭锦旗北），并招募10万人口迁居朔方，修建城池，屯田积谷。这就加强了河南地的防御力量，大大减轻了匈奴对长安的威胁。

公元前126年张骞回到汉朝时，汉朝对匈奴的战争已经取得了第一次战役的胜利，但整个战局仍然吃紧。匈奴数万骑兵连续进攻代郡（郡治在今河北蔚县东北）、定襄（郡治在今内蒙古和林格尔西北）和上郡（郡治在今陕西榆林东南）等地，并杀死代郡太守，杀掠数千人。

元朔五年（公元前124年），匈奴右贤王又多次攻扰朔方郡。汉武帝派卫青等人共率领10余万骑兵，分路出发，出击匈奴。卫青一路约3万人，从高阙（今内蒙古杭锦后旗东北）出发，挺进六七百里。匈奴右贤王自以为离汉军尚远，竟喝得酩酊大醉；卫青在夜幕降临的时候，出其不意地把他包围。右贤王仅率领几百名精壮骑兵，突围逃走，匈奴损失1.5万余人，牲畜近百万头。第二年，张骞以校尉的军职，跟随卫青再次出击匈奴。

张骞在匈奴待了很久，对匈奴的情况比较熟悉，再加上他有惊人的记忆力和丰富的地理知识，所以，在这次出征中，张骞担任了汉军的向导。他不仅为汉军指点行军路线，而且能够判断水草、河道的分布，使汉军及时找到水源和草地，不致过于疲劳和饥渴，顺利推进数百里。

这年春，汉武帝因张骞屡建军功，又曾出使西域，封他为"博望侯"。

试通身毒

由于汉朝和匈奴的战争紧张激烈，旷日持久，匈奴仍然控制着汉朝到西域的交通要道，张骞便试图由我国西南地区，经过现在的印度，前往西域。

事情的经过是这样的：

张骞在大夏时，曾看到我国的蜀布和邛竹杖，并向大夏人询问这些东西的来历。大夏人告诉他，是大夏商人从身毒贩运来的；身毒国在大夏东南数千里，风俗跟大夏相同，只是气候低湿炎热。身毒人骑着大象打仗。他们的国土靠近大海。

这个发现，使张骞很感兴趣。他想：大夏在汉朝西南1.2万里，身毒又在大夏东南数千里，身毒又有蜀地的特产，可见蜀地离身毒不会太远。于是，张骞断定，要到大夏去，除了被匈奴控制着的那条道路以外，一定还有一条通往身毒，再从身毒转道大夏的道路。他认为，这后一条道路既近又安全，是从汉朝通往西方的一条捷径。但是，要探通这条道路，就必须经过我国西南地区，也就是当时所说的"西南夷"。

"西南夷"是汉朝统治者对散居在我国西南地区（今四川西部、南部和云南、贵州一带）各少数民族的总称。这些少数民族语言不同，风俗习惯不同，社会发展的水平也有很大差异。它们有的还处于原始社会，有的已进入阶级社会；有的已经定居，以农业为主，有的则随着牛羊迁徙，过着游牧生活。这些少数民族中比较大的有：夜郎（今贵州西南部）、滇（今云南昆明一带）、邛都（今四川西昌）以及徙（今四川天全）、莋（今四川汉源）、冉駹（今四川茂汶羌族自治县）、白马（今甘肃成县西）等。

西南各族跟巴蜀地区的汉族人民有着长期的经济往来和友好关系。早在战国时楚国设置的黔中郡就包括了现在的黔江流域和贵州东北一部分。楚国将领庄蹻还从黔中向西征服了滇池（今云南昆明）附近的千里沃野。由于秦国占领了黔中等地，断绝了庄蹻的归路，庄蹻乃改变习俗、服装自称滇王，建立滇国。秦时曾开辟五尺道，进一步沟通了蜀滇，密切了同内地的联系。秦末汉初，封建统治者同西南各族的关系虽已中断，但是各族人民之间的经济交流从未停止。巴蜀商人经常贩运西南各族的马匹、旄牛等特产。

汉武帝即位后，也曾努力恢复同西南各族的关系，沟通西南地区。建元六年（公元前135年）张骞出使西域后不久，汉武帝曾派唐蒙招服了夜郎及其邻近部落，并在那里设置了犍为郡（郡治在今四川宜宾）。接着，汉武帝又派司马相如通使邛、莋一带，并架桥筑路，设置 10 余县，隶属蜀郡（郡治在今四川成都）。后因经营西南地区费用浩繁，汉朝又忙于对匈奴的战争，夜郎、邛、莋等地同汉朝的关系才一度中断。

张骞回到汉朝以后，汉武帝听到了许多关于西方的"海外奇谈"，对异方奇物十分向往。这就促使汉武帝下定决心，尽快沟通东西交通，加强同西域的联系。为此，汉武帝曾多次向张骞询问大夏的情况。

元狩元年（公元前 122 年），张骞向汉武帝建议，通过"西南夷"，前往身毒，再转道大夏，以寻求通往西方的途径。汉武帝采纳了张骞的建议。于是，张骞在汉武帝的支持下，从蜀郡和犍为郡派出使者，分成几路，经冉駹、莋都、徙、邛等地，向西南进发。

各路汉使分别前进一两千里，便中途遇阻，南路使者只到昆明为止，没有能够通身毒。当汉使到达滇国时，滇王当羌问："汉跟滇相比，谁大！"汉使到夜郎时，夜郎侯也这样问。我们平常所说的"夜郎自大"这个成语，就是由此而来的。

汉朝先后派出使者 10 余起，进一步考察并了解了西南地区，恢复了同西南地区的交通，密切了汉族同西南各族之间的关系。同时，汉使还得知，从当时的昆明继续西行 1000 余里，有一个"乘象国"，名叫滇越（约在今云南腾冲、龙陵一带），蜀地的商人经常带着货物去滇越进行贸易。这就是说，蜀地的商人跟滇越的交往由来已久，而张骞在大夏见到的蜀布和邛竹杖也是通过这里运往身毒，然后才转到大夏去的。张骞所要寻找的那条通往身毒的捷径，也就是从我国四川、云南，经过今天的缅甸和印度，通往西亚的交通要道。早在著名的"丝绸之路"正式开辟以前，我国和东南亚的交通要道就已经畅通，这是中缅、中印人民友好关系史上的一段佳话。

由此可见，当时的汉朝使者尽管没有能够到达印度，但是，张骞的判断是大胆的，准确的。这充分表现了张骞作为古代探险家、旅行家的杰出才能。

元鼎六年（到公元前 111 年），当汉朝打败了匈奴，同西域的交通畅通之后，汉武帝又继续经营西南地区，并在邛都设置越嶲郡，在莋都设置了沈黎郡，在冉駹设置了汶山郡，在白马设置了牂柯郡。元封二年（公元前 109 年），滇王归服汉朝，汉武帝赐给滇王印绶，并设置了益州郡。这样，不仅西南地区归入汉朝管辖，汉族和西南各族关系也更为密切，而且对进一步发展我国同东南亚的经济文化交流有着重要意义。到东汉时，益州郡又改为永昌郡（郡治在今云南保山），继续成为对外通商的要地。

收复河西

早在张骞出使西域归来后，就向汉武帝汇报了河西地区的形势，指出匈奴右翼控制着陇西长城以西，直到盐泽以东，堵住了汉朝向西的通道。鉴于张骞西南探险没有成功，汉武帝决定调整对匈奴战争的具体部署，把主攻的方向移到河西（黄河以西的甘肃一带）。

元狩二年（公元前121年），汉武帝组织了对匈奴的第二次大战役。目的就是打通通往西域的道路。在这次战役中，张骞以卫尉从征。

这年春，汉武帝派霍去病（公元前140—前117年）率领骑兵一万人，从陇西出发，然后向西北迂回，横扫匈奴五属国，一直攻过河西走廊的焉支山（今甘肃山丹东南），进击1000多里。杀掉了匈奴折兰王和卢侯王，活捉了匈奴浑邪王的儿子，缴获了匈奴休屠王的祭天金人（佛像），使匈奴损失近万人。

同年夏，汉武帝又派出两路大军：一路由霍去病等率领，从北地（郡治在今甘肃庆阳西北）出发；另一路由李广、张骞率领，从右北平（郡治在今辽宁凌源西南）出发。每路又分为两支，异道而行。

张骞和李广一路是负责策应霍去病攻势的。李广率4000骑先行，张骞率1万骑为后援，两军相距数百里。不料，李广一支被匈奴左贤王的4万骑兵包围。经过一天激战，汉军伤亡惨重，但李广像往常一样，谈笑风生，意气自如。次日，汉军重整旗鼓，再同匈奴作战，正在危急关头，张骞率领的后续部队终于赶到。匈奴左贤王乘机撤退，汉军也人困马乏，无力追击。这次，张骞由于贻误军机，被废为庶人。

张骞、李广一路虽然失利，主攻河西的霍去病却大获全胜。霍去病也和他的另一支友军失去联系，但是这位出色的将领仍然大胆深入，向西挺进2000里，渡过居延泽（今属内蒙古额济纳旗），直逼祁连山下，歼灭匈奴数万人。

这次战役的胜利，促使匈奴贵族内部发生了分化。长期控制河西走廊的匈奴浑邪王和休屠王，因为在战斗中遭到惨败，引起了匈奴单于的猜忌和不满。匈奴单于准备把他们招到王庭处死。在这种情况下，匈奴浑邪王和休屠王决定归服汉朝，并派人同汉朝联系。这年秋，浑邪王杀掉中途变卦的休屠王，率领4万人投奔汉朝。汉武帝动员了200辆车去迎接他们，并把他们安置在陇西、北地、上郡、朔方、云中五郡的塞外。浑邪王还被封为漯阴侯，他的部下也各有封赏。

此后，从金城（今甘肃兰州西北）、黄河以西，沿着祁连山，一直到盐泽，匈奴的势力几乎绝迹。汉朝陆续在河西走廊设置了武威、酒泉、张掖、敦煌，史称"河西四镇"，以保护西域交通。

元狩四年（公元前119年），汉武帝又发动了对匈奴的第三次大战役。卫青、霍去病分别从定襄、代郡出发，长驱直入，挺进到今蒙古大沙漠以北，大败匈奴单于和左贤王，消灭了匈奴的主力。从此，匈奴远遁，匈奴王庭也被迫迁到大沙漠以北，匈奴的势力逐渐衰落。

汉朝和匈奴贵族之间，经过了长达 10 余年的大规模的战争，汉朝终于赢得了决定性的胜利。匈奴对汉朝的长期威胁基本解除，汉朝和西域之间的交通也基本畅通了。为了进一步发展汉朝同西域各族的密切关系，广泛联系中亚、西亚各国，孤立和打击匈奴在西域的势力，汉武帝又派张骞第二次出使西域，联合乌孙。

联合乌孙

乌孙也是一个逐水草迁徙的游牧部落。最初，乌孙和月氏都住在甘肃西部、敦煌和祁连山之间。后来，乌孙被月氏打败，乌孙王也被月氏人杀死。乌孙人不得已归服了匈奴。乌孙王的儿子腊骄靡被匈奴单于收养。腊骄靡长大以后，才智过人，屡有战功，匈奴单于便把乌孙旧部交给他，腊骄靡做了乌孙王。这时，月氏人已经向西迁到伊犁河流域。腊骄靡为了报杀父之仇。在匈奴的援助下，把月氏人赶出了伊犁河流域，并在那里从事放牧和狩猎，重建家园。乌孙盛产马匹，富户养马多至四五千匹，成为西域地区的一个拥有骑兵 10 余万的强大民族。汉武帝时，乌孙跟匈奴的关系已经疏远，乌孙王不想再继续依附匈奴。为此，匈奴就派兵攻打乌孙，结果反为乌孙所败。

在汉朝对匈奴的第三次战役胜利结束以后，张骞就向汉武帝建议联合乌孙。他说："现在匈奴已被汉朝打败，乌孙过去居住的地方也因赶走了匈奴而空闲着，听说乌孙人对他们的旧居十分留恋，又很喜欢汉朝出产的物品，如果我们多送他们一些礼物，请他们重新迁到原来的地方，再把汉公主嫁给乌孙王做夫人，双方约为兄弟，乌孙王肯定会答应的。这样就切断了匈奴的'右臂'。"张骞认为，只有联合了乌孙，乌孙以西的大夏等国，都可以应招而至，向汉朝称臣。

雄心勃勃的汉武帝，采纳了张骞的建议，并拜他为中郎将，再次派他出使西域。张骞率领随从 300 人，每人各备两匹马，并携带着价值成千上万的金币丝绸等贵重物品和 1 万多头牛羊，浩浩荡荡地出发了。

张骞这次出使跟第一次出使相比，已经不大一样了。这次出使不仅随员、物资成倍增加，而且还带着许多"持节"副使同行，以便沿途派往各地。同时，形势也发生了变化，汉朝已经赢得了对匈战争的胜利，通往西域的咽喉要地——河西走廊，已经在汉朝的统治之下。张骞和他的随从人员可以跃马扬鞭，奋力前进，不必再过多地担心匈奴骑兵的袭击了。所以，这次出使西域，张骞所率领的既是一个规格很高的"外交使团"，又是一支规模庞大的商队。

张骞一行顺利地到达了乌孙。但是，乌孙正闹着内部纠纷。那位能征善战的乌孙王腊骄靡，这时已经年过花甲，老态龙钟。他以长子早死，便想把王位传给长孙军须靡。这件事引起了他的次子翁归靡的不满。翁归靡率领一万骑兵发动叛乱，要攻打军须靡；乌孙王和军须靡，也各率骑兵万余人以自保。由于这场叔侄之间争夺王位继承权的斗争，几乎使乌孙一分为三。

张骞见了乌孙王，转达了汉武帝的旨意，劝他东迁故地，跟汉朝结为兄弟，共同抗击匈奴。年迈的乌孙王认为，乌孙离汉朝太远，并且曾长期依附匈奴，大臣们也都不想东迁；又鉴于乌孙近于分裂状态，自己不便过于专断。所以，同汉朝联合共击匈奴的事，一直定不下来。

于是，张骞把副使分别派往大宛、康居、大月氏、大夏、安息和身毒等地，自己决定回汉。乌孙王特意派遣使者数十人，带着良马数十匹，还有译员、向导等，跟张骞一起到汉朝答谢，同时也为了进一步了解汉朝的情况。

元鼎二年（公元前115年），张骞回到汉朝。汉武帝拜他为大行。第二年，张骞便去世了。

张骞死后一年多，他派往大月氏、大夏、安息等地的副使，分别在对方使者的陪同下，陆续回到汉朝。从此，汉朝同西域、西亚各国建立了友好关系。随同张骞一起来到汉朝的乌孙使者，亲眼看到汉朝地广人多，国家富强。他们回去以后，传达了这些情况。乌孙由此更加重视同汉朝的友谊。

元封六年（公元前105年），乌孙王腊骄靡派使者来到长安，并以良马千匹作聘礼，主动要求同汉朝和亲。汉武帝把江都公主细君嫁给年逾古稀的腊骄靡，并送她大批物资，带去大批随员。汉武帝还指示细君："从其国俗，欲与乌孙共灭胡（指匈奴）。"腊骄靡死后，细君公主便按照乌孙的风俗，嫁给了腊骄靡的继承人军须靡。细君死后，汉朝又把解忧公主嫁给乌孙王军须靡。以后，军须靡的叔叔翁归靡做了乌孙王，又娶了解忧公主做夫人。汉朝和乌孙长期保持着十分亲密的关系。

由于西域各族人民的共同努力，以及汉武帝对西域的经营，到汉宣帝（公元前73—公元前49年在位）时，西域的形势已经发生了根本变化。当时，匈奴准备进攻乌孙，乌孙王翁归靡和解忧公主向汉朝求援。汉宣帝派出10余万骑兵配合乌孙骑兵，共同夹击匈奴。在声势浩大的联合反击下，匈奴损失数万人，牲畜70万头。

宣帝神爵二年（公元前60年），匈奴贵族又发生内讧。曾经直接控制西域的匈奴日逐王归服汉朝。匈奴对西域的控制趋于瓦解。同年，汉宣帝在地处西域中心的乌垒城（今新疆轮台东）设置西域都护府，并任命郑吉为西域都护，统辖乌孙、康居等36国。这是汉朝在巴尔喀什湖以东、以南的广大地区正式设置行政机构的开始。从此，"汉之号令颁西域矣"。

这就是说，在张骞死后50多年，不仅仅汉朝和乌孙结成同盟，汉族和西域各族亲密友好，张骞的未竟使命业已完成，而且，早在两千多年以前，我国汉朝就在上述地区行使了有效管辖。据记载，自汉宣帝至新莽时期，先后任西域都护的有18人，其姓名见于史书的就有郑吉、韩宣、甘延寿、段会宗、李崇等 10 人。《汉书·西域传》记载，西域地区下自译长、城长，上至侯、王，佩戴汉朝印绶的就有 376 人。由此可见，张骞通西域在我国统一的多民族的封建国家的形成过程中，在我们中华民族史上，有着重要的意义和深远的影响。

青史留名

我们伟大的祖国，从秦朝起就是一个统一的多民族的封建国家；到汉武帝时，更以一个富强辽阔的封建帝国屹立在世界的东方。

张骞是汉武帝时期的杰出人物，是古代伟大的探险家、旅行家和外交家。他顺应历史潮流，在历史上做出了卓越的贡献。

从祖国的北部沙漠到西南山区，从天山南北到葱岭内外，到处留下了张骞的足迹。张骞以顽强的意志和坚忍不拔的精神，翻过了千年冰封的崇山峻岭，渡过了无数的激流和险滩，跨过了荒凉的溪谷和低洼的盆地，走遍了祖国的许多绿洲和草原。张骞游踪之广，见闻之富，在两千多年以前是举世罕见的。

张骞两次出使西域，不仅在汉族和西域各族之间加深了友谊，增进了相互了解，为进一步密切关系创造了条件；而且，考察和开辟了著名的"丝绸之路"，沟通了经过我国新疆地区，到达西亚的交通要道。张骞亲自到达现在的阿富汗等地，此后，他的副使和其他使节又陆续到达印度、伊朗以及阿拉伯半岛和里海之滨，使汉朝和西亚、南亚许多国家和地区正式建立了友好关系。到西汉末年，除了"南道"和"北道"之外，又开辟了一条新道。也就是从敦煌出发后，向北走，避开坎坷难行的白龙堆沙漠，取道伊吾（今新疆哈密），越过博格达山，经车师后国（今新疆吉木萨尔），然后沿天山北麓西行，到达乌孙，称为新北道。此后，各条路线也继续向西延伸。到东汉时，甘英已经到达了西海（今波斯湾）沿岸，并知道了通往罗马的路线。

张骞不仅以"凿空西域"的不朽功绩而享有盛名，而且还以刚毅坚强的性格和胸襟开阔、待人诚恳的宝贵品质，深受爱戴。张骞死后，汉朝派出的使者"皆称博望侯"；汉使所到之处，都因此受到信任和欢迎。张骞的封号，竟成了汉朝使者的美称。史称张骞"为人强力，宽大信人，蛮夷爱之"，这是很中肯的评价，绝不是过誉之词。

在张骞通西域，特别是在汉武帝收复河西，张骞出使乌孙之后，揭开了东西交通的序幕，东西人员的往来和经济文化的交流出现了新局面。在我国历史上，又翻开了新的有意义的一页。

当时，汉朝派出的使节，每批多者数百人，少者百余人；一年之中，多则 10 余起，少则五六起；路程远的往返要八九年，路程近的也要三五年。西域的使者和商人，也跋山涉水，披星戴月，云集汉朝边塞。所谓"驰命走驿，不绝于时月；商胡贩客，日款于塞下"，就是指这种情况而言的。在使者相望于道、络绎不绝的频繁往来中，欧洲人也开始来到了中国。

这些客人，跟着汉武帝到处观光游览。汉武帝让西方的"眩人"当众表演杂技，吞刀吐火，自缚自解，以至于方圆300里的人都赶来围观，盛况空前。汉武帝还设盛宴招待四方宾客，并赏赐他们大量丝绸等物。汉宣帝亲自在平乐观接见、宴请匈奴贵族和使者，并把汉朝官属侍御上百人集中在上林苑，专门学习乌孙语言。汉朝派往中亚、西亚等地的使者也受到欢迎和款待。安息王曾派两万骑兵到远离京城的东部边界迎接汉朝客人。

在东西往来的人员中，除了负有各种使命，又在客观上又起到了物资文化交流作用的正式使节之外，更多的是打着使者旗号的商人。此外还有为数众多的汉族士兵、田卒，以及西域各族派到汉朝学习参观的贵族子弟。至于不见史籍记载的民间往来，更是难以数计。随着人员往来的增加，经济文化交流也日趋频繁。

我国是发明丝绸和冶铁术最早的国家。早在公元前5世纪，丝绸就开始西传。西方曾把中国称为"丝国"，把中国古代的首都称为"丝城"。我国生产的铁器也素享盛名。据记载，大宛以西至安息国，"其地皆无丝、漆，不知铸铁器"，是汉朝的逃亡士卒教会了他们铸造兵器，并传去了"黄白金"（铜锡合金）。在张骞通西域之后，丝绸大量西传。波斯既是丝绸的消费地，又是向罗马贩运的中转站。其他如养蚕术、漆器、铁器和冶铁术以及其他工艺品和桃、杏、梨等农产品，也相继传到波斯、印度等地。汉朝的先进生产技术，如井渠法，也传到大宛，并在西域地区被广为采用。

同时，汉朝的先进文化，也对西域各族发生了相当大的影响。据记载，汉宣帝时，乌孙解忧公主曾派她的长女弟史到长安学习鼓琴。在归途中，莎车王绛宾把弟史留下做了他的夫人。以后他们夫妇俩又多次到汉朝朝聘，汉宣帝赏赐他们车骑旗鼓，歌吹数十人，以及各种丝织品、珍宝等多至数千万。由于他们"乐汉家衣服制度"，所以，回到莎车后，在宫室建造、警卫配置、出入传呼、鸣钟击鼓等许多方面，多进行学习和模仿，一切"如汉家仪"。这个故事可以说明汉族文化在西域各族的传播情况。

另一方面，汉朝使节从大宛引进了葡萄和苜蓿，汉武帝不仅在离宫别观附近大量种植，而且大力推广。其他如胡桃（核桃）、石榴、胡麻（芝麻）、胡豆（蚕虫）、胡瓜（黄瓜）、胡蒜（大蒜）、胡萝卜等，也移到我国中原地区安家落户，成为我国人民的生活必需品。西方的毛皮、毛织品，也成为长安市场的名贵商品。至于名马、骆驼、狮子、安息雀（鸵鸟）等异兽珍禽，也陆续东来。西方的音乐、舞蹈、绘画、雕塑、杂技等，也对我国古代的文化艺术产生了积极的影响。

总之，这种"殊方异物，四面而至"的盛况，反映了东西交通开辟后，东西经济文化交流出现的新局面。

王莽新政

元寿二年（公元前 1 年）哀帝死，王莽在其姑母元帝皇后王政君的支持下，拥立年仅 9 岁的刘衎为平帝，自任大司马、安汉公，掌握政权。后来王莽毒杀平帝，又废孺子婴，自立为皇帝，改国号为"新"。

王莽出身于元、成两帝之际望族，在官僚、外戚之中地位显赫。王莽本人谦恭俭约，礼贤下士，有"当世名士"之誉。平帝以 9 岁继位，王莽以大司马领尚书事辅政。王莽大权在握，立即把专横一时的外戚董贤铲除，把董贤和外戚丁氏、傅氏的亲属都免官爵，徙远方，改善了当时的政治状况。王莽还重视荒政，为救济灾民曾一次捐献钱百万、田 30 顷。在他的带动下，有官僚、豪富 230 余人捐献田宅，用以救灾。他又废呼池苑（今甘肃华亭）为安民县，以安置灾民。灾民可分得田宅、器具、耕牛、谷种、粮食等。他还扩大太学，广招太学生；网罗学有专长的士人有数千之多，安置在长安，给予优待。对汉宗室和功臣的后裔以及年老致仕（退休）的高官，都给予照顾。于是在他掌权不久，就得到多数贵族、官僚、地主和儒生们的爱戴，希望他能有一番作为，以稳定社会秩序，保住封建地主阶级的统治。广大劳动人民希望社会安定，能够生活下去，对他也产生过一些幻想。

王莽对当时的社会问题比较重视，是贵族、官僚集团中的一个比较有见识的人物，也有改善社会、政治状况的要求。但他又有强烈的树立自己的权威的要求。这虽有为了改革需要的一面，但其不择手段的做法，也暴露了他个人的野心。他辅政之后，以周公辅成王的故事比附自己。平帝元始元年（公元元年），他称"安汉公"。四年，称"宰衡"。五年，毒杀平帝，另立一个两岁小儿刘婴为帝，号"孺子"，史称孺子婴；自为"假皇帝"，实际和真皇帝一样。过了 3 年，他又废掉孺子婴，正式当了皇帝，改国号"新"，改元"始建国"。

新朝始建国元年（公元 9 年），王莽宣布改制。其主要内容是：第一，"更名天下田曰王田……皆不得买卖""其男口不盈八，而田过一井者，分余田予九族邻里乡党"。原先无地的，按一夫一妻授田百亩。改"奴婢曰私属"，不得买卖。王田奴婢令的目的是解决土地和奴婢问题。但是贵族、官僚和大地主占有大量的土地和奴婢，他们反对这个法令，无地的农民实际上分不到土地，也都非常不满。土地、奴婢买卖照旧进行。3 年后，王莽只得废除这个法令。第二，实行五均，赊贷和六筦，五均是在长安和全国 5 大城市洛阳、邯郸、临淄、宛、成都，设立"五均司市师"，各郡县设司市，大都由地方官兼任。五均官的职责是平均物价，抑制商贾囤积居奇，收取租税及办理赊贷等。六筦是官卖盐、铁、酒，收取山泽出产税，官铸铜钱，五均赊贷。这个政策基本上是武帝实行过的办法，只是多了一个赊贷。目的是抑制兼并、扶助贫弱，实际上成了地主和官僚商人掠夺人民财富的一种手段。第三，改变币制，禁止私铸钱币，国家垄断铸币权。王莽多次改变币制，货币繁杂，而比价又极端不合理，例如他发行的大钱，每个还不到五铢钱两个半重，却要当 50 个五铢钱使用。这实际上也是掠夺财富的一种手段，很多人因此倾家破产。此外，王莽还无端挑起对匈奴和东北、西南境内少数民族的战争，造成人民大批死亡，更加深了人民的痛苦。

王莽改制是地主阶级在严重危机下的一次自救运动，企图通过改制，强迫大地主、大商人放弃一部分利益，限制土地兼并和农民奴隶化的继续发展，使封建经济得到适当调整，缓和当时已经激化的阶级矛盾，以巩固新莽政权。但由于大地主、大官僚、大商人的顽强反抗，而王莽又未能坚持到底，中途放弃改革。再加上王莽用人不当，吏治腐败，贪官污吏利用改革"侵渔百姓"，以致"农商失业，食货俱废"，造成社会经济更大混乱，人民生活更加悲惨。随着王莽改制的破产，一场酝酿已久的农民大起义终于爆发了。

天凤四年（公元 17 年），长江中游的荆州地区连年灾荒，饥民们在新市人（今湖北京山）王匡、王凤兄弟的领导下发动起义。几个月就发展到七八千人。因为这支起义军最初驻扎在绿林山（今湖北大洪山）中，故称为"绿林军"。绿林军到处攻打地主武装，夺取地主的粮食财物，赈济贫民，深受群众欢迎，很快发展到 5 万人。地皇三年（公元 22 年），绿林山一带瘟疫蔓延，绿林军死亡过半，乃离开绿林山，分散活动。一路由王常、成丹等率领，西入南郡，叫做"下江兵"；一路由王匡、王凤等率领北向南阳，叫做"新市兵"。这时平林（今湖北随县）人陈牧、廖湛也聚众千余人起义，号"平林兵"。七月，新市兵进攻随县，与平林兵汇合。绿林军的战斗沉重地打击了王莽在南方的统治。

天凤元年（公元 14 年），琅玡郡海曲县（今山东日照）吕母率领 100 多人首举义旗，自称将军，占领海曲县城，杀县令，起义军发展到数千人。天凤五年（公元 18 年），琅玡（今山东诸城）人樊崇率领 100 多人，在莒县（今山东莒县）起义。这一年，山东大饥，贫苦和饥饿的农民纷纷前来参加，起义军很快发展到几万人。吕母死后，她的军队加入了樊崇的队伍。他们活动于泰山、沂蒙山区。这是一支贫苦农民组成的起义军，作风淳朴，"无文书、旌旗、部曲、号令"，但组织纪律却很严明，他们相约"杀人者死，伤人者偿伤"，保护人民的生命安全。他们在作战时，为了同敌军相区别，每人都用赤色涂眉，故史称"赤眉军"。赤眉军在东方的发展，引起了王莽的惊恐。地皇三年，王莽派更始将军廉丹、太师王匡率军向赤眉军发动进攻。王莽军队所到之处，烧杀抢掠，无恶不作。当时流传着这样一首歌谣："宁逢赤眉，不逢太师；太师尚可，更始杀我。"起义军与王莽军在成昌（今山东东平西）展开激战，王莽军大败，廉丹被杀，王匡逃走。起义军乘胜追击，一直打到无盐（今山东东平东），杀敌万余。这次战役后，赤眉军势力大增，人数发展到十几万人。他们转战于山东、河北、河南、安徽等省交界的广大地区，瓦解了王莽在东方的统治。

在绿林、赤眉起义的同时，黄河从北广大地区的农民也纷纷起义，其中比较著名的有"铜马、大肜、高湖、重连、铁胫、大抢、尤来、上江、青犊、五校、檀乡、五幡、五楼、富平、获索等，各领部曲，众合数百万人。"他们到处捕杀官吏，镇压豪强，动摇了王莽在北方的统治。

正当各地起义风起云涌的时候，一些豪强地主和刘姓贵族，也乘机举兵反对王莽，以图"复高祖之业"。他们之中有加入平林兵的西汉宗室、破落贵族刘玄；有组织"舂陵兵"的南阳著名地主兼商人刘縯、刘秀兄弟。这支舂陵兵后来与平林、新市农民军联合了。到地皇四年（公元23年），绿林军已发展到10万人。为了更好地联合各路起义军共同推翻王莽政权，绿林军的领袖决定建立自己的政权。这一年的二月，刘玄在王匡、王凤等人的支持下在洛阳称帝，建号更始。不久，起义军内部分裂，刘玄杀死刘縯。刘秀则北上图谋发展。同年，刘玄派王匡等兵分两路进攻洛阳、长安。十月，长安城破，王莽被杀，新莽政权宣告垮台。

公元24年春，刘玄由洛阳迁都长安，随后大封宗室，日夜饮酒作乐。义军将领对此大为不满。于是绿林军部分将领与赤眉军联合，大败刘玄军，赤眉军拥立刘盆子为皇帝，建立了另一个政权。公元25年秋，绿林军、赤眉军联合攻入长安杀死刘玄，更始政权灭亡。但由于关中豪强地主隐匿粮食，城中缺粮，加上刘秀的进攻，义军被迫撤出长安。公元27年，赤眉军在宜阳被刘秀绞杀。

刘縯被杀后，刘秀极力克制自己，避免与刘玄冲突。公元23年，刘玄派刘秀到黄河以北招抚义军。刘秀到河北后，得到当地地主阶级的支持，并利用分化、利诱等手段，收编了河北义军，壮大了自己的势力，在河北站稳了脚跟之后，刘秀便派军南下镇压义军，并着手建立政权。公元25年，刘秀在鄗称帝，建元建武，不久移都洛阳，史称东汉。此后，又经过10余年的时间，消灭了各地的割据势力，完成了全国的统一。